Maldita Juventud! (novela Contemporánea)

Arévalo González, Rafael

R. AREVALO GONZALEZ

¡MALDITA JUVENTUD!

(NOVELA CONTEMPORÁNEA)

CARACAS

IMPRENTA « COLÓN »

1904

DEDICATORIA

❧

Señor don Francisco Pimentel.

P.

¿ *Recuerda Ud. cierto cuento inédito que le leí á mediados de febrero de 1903 ?*

Aquel cuento era el embrión de esta novela, y en tal se convirtió por obra y gracia del espíritu estimulador de Ud.

Yo quería saber si merecía figurar en una colección que pensaba publicar entonces, y cuando terminé la lectura díjome Ud :—«Convierta ese cuento en un drama.»

Mucho me sorprendió esa frase ; pero no pudiendo echarla á mala parte, puesto que me son tan conocidas la seriedad y la hidalguía de Ud., la tomé al punto como sincero consejo y no como simple broma.

Fue, sin embargo, necesario que se dignase repetírmelo en varias ocasiones para decidirme á seguirlo.

Mas, ¿ cómo hacerlo ?

Para escribir dramas son indispensables, además de cierta disposición intelectual, el conocimiento de los resortes de la escena y la seguridad de que, una vez concluida la obra, buena ó mala, ha de ser representada.

¿ Y dónde encontraría yo una compañía, siquiera mediocre, que accediese á poner en escena un drama mío ?

Así pensaba yo siempre que intentaba atender la bondadosa exhortación de Ud., y después de largo vacilar resolví escribir una novela.

Héla aquí, mi buen amigo. Es ahijada de Ud. Echele la bendición y que Dios le dé buena suerte.

Su sincero apreciador,

R. A. G.

Caracas : junio de 1904.

PRIMERA PARTE

I

De una calesa cuyos caballos han venido á escape, fustigados por Mascavidrio, el tartamudo cochero que conoce medio Caracas, baja en la estación del ferrocarril del norte Daniel Mitral, maleta en mano. A empellones y codazos ábrese campo por entre la turba de muchachos que, audaces y bullidores, le ofrecen á gritos sus servicios ó tratan de arrebatarle la liviana carga.

—Déme la maleta, señor.

—Yo se la llevo, caballero.

—A mí, por medio.

—Por una locha yo.

—Hasta por un centavo.

—¡Miserable!

Así alborotan los «pacotilleros,» pero como es de poco peso la maleta y no quiere el viajero verse obligado á vigilar á quien se la entregue, desdeña tan enojosas ofertas, se dirige al sitio donde espenden los billetes, compra uno de segunda clase y corre al tren que ya con fuertes bufidos y prolongados silbos manifiesta su ardorosa impaciencia. De pronto párase al pasar cerca de un vagón de primera, mira atentamente á lo interior y de un salto entra allí, al tiempo en que la máquina emprende la marcha hacia el vecino puerto de La Guaira.

Es Daniel Mitral un elegante joven que aun no ha cumplido seis lustros de edad ; alto, robusto, de ojos negros y muy vivos, de amplia frente reveladora de rara inteligencia, y de bigotes moderados, pero siempre retorcidos con esmero.

Sólo tiene parientes lejanos, y acaba de heredar del tío materno que costeó su ·educación algunos bienes de fortuna, por lo cual ha resuelto satisfacer el gran deseo de viajar por Europa ; pero como no son muy cuantiosos esos bienes, ha formado previamente el propósito de someterse á estrecho é inalterable plan de economía, á fin de prolongar sus viajes por varios años sólo con las rentas. Por eso compró billete de segunda ; pero helo ahí, en un vagón de primera.

Poderoso motivo lo ha inducido á cometer esa infracción, pues es en verdad irresistible para un joven de su edad y de su carácter la atracción de una mujer que acaso no cuente más de veintisiete años, y en quien se hallan reunidos todos los hechizos que ejercen sublime tiranía sobre el corazón del hombre.

¿ Cómo no pagar el exceso de cuatro bolívares para contemplar durante dos horas á la mujer más bella que en su vida ha visto ? ¿ No está viajando para conocer y admirar las maravillas del mundo ?

¿Y en dónde hallar prodigio superior á la maravillosa hermosura que están sus ojos viendo?

Daniel Mitral, que ha tomado asiento frente á la desconocida, la mira fijamente, con persistencia de adoración; como un enamorado de las bellas artes que permaneciera en éxtasis ante una estatua, después de haber tratado de descubrir en ella algún defecto. Y luégo, habiendo contemplado el armonioso conjunto de la hermosa, le examina atentamente cada uno de sus visibles atractivos como pudiera hacerlo un miembro del jurado en algún concurso de bellezas, comparándolo con los más notables de las niñas por quienes ha sentido amor.

«Esos ojos—dice mentalmente—son tan grandes y tan negros como los de Luisa; no tienen, es verdad, su expresión de inocencia, pero en cambio, hay tal fuego en sus miradas, que parecen chispas con las cuales el amor produce hogueras en todo corazón cercano. Esa boca nos infunde la ardiente sed del beso; no es pequeña ni perfecta como la de María, sino roja, provocativa y voluptuosa como la de Amalia. Esa nariz, como la de Carmen, parece modelada por el cincel de un genio; tiene la misma gracia, la misma corrección de líneas. ¡Y qué frente tan despejada y tersa! No diré que es, como la de Olimpia, página en blanco donde el ángel del candor ha de escribir una estrofa de luz; pero al verla, úno cree que está leyendo un poema de amor y de esperanza escrito en un fragmento de cielo......»

Con la mirada fija en la frente de la desconocida, Daniel suspende sus mentales comparaciones como tratando de escudriñar lo interior de la hermosa cabeza que tiene delante. Luégo, reanudándolas, añade: «La garganta de Rosaura que tanto me provocaba acariciar, no es tan primorosa como esa, que tiene la blancura de la azucena y la tentadora morbidez de donde parece que surgen, como alados geniecillos, los antojos. ¡Y qué manos! Bien ha hecho en·quitarse el guante de la derecha, pues así puedo admirar ese incomparable hechizo que envidiaría aun la misma Teresa, cuyas delicadas manecitas me inspiraron los mejores versos que en mi vida he escrito.»

Es después de pasar revista á esos atractivos de la dama desconocida cuando Daniel Mitral fija la atención en un señor que está al lado de ella.

—¿Quién será ese hombre?—se pregunta en tono de desprecio.—¿Estará ahí para formar contraste con tan bella mujer y realzar su hermosura?

La desfavorable sensación que causa en Daniel el aludido compañero de la dama, es natural, porque todo en ese sujeto produce repulsión.

Su cobriza piel está cubierta de negruscos granos y de pequeñas cicatrices redondeadas y de color blanco mate; ya tiene la frente surcada de arrugas, no obstante que aún no ha llegado á los cuarenta años; tiende su nariz á parecerse á un tomate maduro; asqueroso humor le mana de los ojos sin pestañas, y desiertos están los sitios de las cejas.

A Daniel, cuando lo mira detenidamente, le dan ganas de escupir, y aun le parece que al olfato le viene insoportable hedor.

No se explica cómo esa mujer puede permanecer al lado de hombre tan despreciable, y ya le está picando la curiosidad de escudriñar el punto.

—¿Serán esposos?—se pregunta á sí mismo.—Nó; imposible! No pueden haberse desposado la personificación más característica del vicio y la más lozana manifestación de la salud. ¿ Serán hermanos ? Pero si no hay ni aun dos rasgos parecidos en uno y otro semblante......

Es atributo de la mujer hermosa el inspirarnos deseos de averiguar cuanto con ella se relacione, y son vehementes esos deseos cuando hay en torno de sí atmósfera de misterio.

—¿ Quién será ese hombre ?—se pregunta por vigésima vez Daniel cuando una niña de ocho ó nueve años, que está asomada á un ventanillo del tren, dice dirigiéndose á los desconocidos :

—Papá, mamá : ¿ qué comerán aquellos pobrecitos chivos en esos cerros tan pelados ?

«¡ Son esposos !»—piensa el joven, y tras largo rato de embrolladas reflexiones, se sonríe, cual pudiera hacerlo un soñador á quien la maga de los deseos mostrara, á través del sutil velillo del ensueño, la lúbrica visión que codician los sentidos.

«¡ Esposos !»—repite, en tanto que un pecaminoso pensamiento le está golpeando en el cerebro cual si tratase de instalarse allí indefinidamente.

¿ Qué empresa más fácil que la de asaltar esa fortaleza de hermosura de que es dueño y señor un valetudinario de la crápula ?

El sentido común le está diciendo que esa mujer, ó es una excepcional personificación de la fidelidad conyugal, ó se halla al borde del adulterio, pronta á caer al primer empujón de una mano audaz.

Sí, continúa pensando ; él la empujará, y si cayese, ¿ quién sería el principal culpado ?

¿ El ? ¿ Acaso es propio de la humana condición resistir al poder de tantas tentaciones juntas? ¿ Hay, por ventura, alguna voluntad tan vigorosa que no

pueda ser arrastrada por la fuerza de·atracción de
una mujer tan linda y al parecer tan desgraciada,
circunstancias que piden adoración para ella y que
prometen todas las delicias de su amor?

¿Sería ella? Algo más que indulgencia debe
merecer la joven esposa que en el viaje de la vida
conyugal, en ese viaje tan pródigo de inolvidables
placeres, ve á su compañero caído en medio del
camino y abrumado por el fardo de las funestas
consecuencias de sus juveniles excesos.

Así va pensando Daniel Mitral mientras el
tren recorre las atrevidas curvas del camino férreo,
objeto de admiración de viajeros extraños, y en
tanto que los desconocidos esposos, en prolongado
silencio que pone de manifiesto la sequedad de sus
mutuas relaciones, pasean distraídamente la mirada
por los «pelados cerros» que ni aun para los chivos tienen alimento, según ha observado la niñita
que está asomada todavía á un ventanillo del tren.

De sus observaciones Mitral infiere que no se
trata de luchar contra un amor conyugal, ni siquiera de romper la armonía de un hogar, y que la
codiciada conquista acaso no tenga más inconveniente que su misma facilidad. Porque él, en punto
de amor, gusta de vencer resistencias y salvar obstáculos. No le agradan las empresas demasiado
fáciles, aunque también es cierto que jamás se
prestaría á desempeñar el papel del casto José ante
la mujer de Putifar.

Bien advierte él que pretende nada menos que
ser cómplice de un adulterio; pero á su cerebro
afluyen, sin provocarlo, multitud de ideas que anticipadamente se empeñan en disculpar su futuro
proceder.

En todo tiempo le ha inspirado horror el intervevir en adulterios, pues sabe cuán sagrados son la paz de un hogar, el honor de un hombre y la virtud de una mujer, por lo cual siempre ha tratado de evitar que su conciencia cargue con la abrumadora cruz del remordimiento de haber conspirado contra aquellos inapreciables dones, que nunca jamás, una vez perdidos, pueden ser recuperados.

Pero, flaca filosofía y débil moral son las que retroceden y vacilan en llegando la ocasión de resolverse en hechos sus preceptos ; y tales deben de ser las de Daniel, pues ahora la mente le rechaza las reflexiones filosóficas como odiosos estorbos, y ya no le parecen tan censurables los propósitos que le ha inspirado la presencia de esa mujer, no obstante comprender que están en contraposición con los principios de la moral.

Y además, con gran empeño trata de mostrarse á sus propios ojos como inconsciente instrumento de castigo con que la eterna justicia hará purgar á ese sifilítico el doble delito de haber abusado de la juventud, y de haber fundado un hogar casándose con una mujer hermosa y joven, cuando ha debido recluirse en el hospital ó buscar una enfermera vieja y fea para que le curase las asquerosas pústulas.

Daniel no es destinista, pero ahora se le ocurre creer que la mano del destino lo ha colocado allí para ser el sustituto de ese marido que, á la mitad del delicioso viaje conyugal, ha caído abrumado por el peso de las funestas consecuencias de sus excesos juveniles.

¿Y qué hacer en tal caso? ¿Resistir á las imposiciones del destino? ¿Protestar contra el fallo de la eterna justicia? ¿Pretender borrar lo que ya está escrito en el misterioso libro de los venideros sucesos?

Ese sifilítico es un gran culpado por haber engañado á esa mujer uniéndola á su envenenada existencia; luego merece el peor de los castigos.

Venga, pues, en buenhora el honor de ser instrumento de expiación para que la divina justicia castigue en este mundo á un execrable delincuente.

A esto han venido á parar las meditaciones del joven viajero, cuya filosofía, por lo visto, es muy cómoda, así como su moral muy adaptable á las tenaces exigencias del deseo.

Tal sucede á menudo en lo tocante á la humana condición, la cual trata de que en el sistema de sus deberes de conciencia haya una puerta de escape, por donde huyan las preocupaciones cuando por otra entren en tropel irresistible las excusas.

¿Y dónde faltan éstas si es que se trata de aprovechar la ocasión de adueñarse de una mujer hermosísima, cuya fragilidad se presume porque es desgraciada y porque debe de odiar ó despreciar á su marido?

Cuando el hombre comprende el mal, pero no obstante ello quiere incurrir en él, idea el modo de tranquilizar su conciencia con acomodaticias conclusiones, como las deducidas por Mitral en su larga meditación, la cual termina cuando la desconocida, invitada por su hija, se acerca á un ventanillo para ver el mar, que al salir el tren de un túnel apareció, distante, pero magnífico y extenso.

Ella inclinándose se asoma, y entonces Daniel puede contemplar su esbeltez y la admirable armonía de su tamaño y de su grueso, que tanto realzan su elegante traje gris.

Daniel se asoma también por otro ventanillo, pero más que el poético paisaje, mira el divino perfil de la dama, que ahora tiene por fondo el limpio azul del firmamento, del cual se destaca como la silueta de una diosa.

¿Qué le importan á él los ranchos que coronan las colinas, las pequeñas sementeras que los rodean, las profundas hondonadas, los altos picos; la exuberante vegetación de algunas lomas, la esterilidad de muchos cerros, el visible contento con que ara la tierra el labrador, la inmensa extensión del mar, los barquichuelos que sobre él se balancean y el gran vapor que á lo lejos va desplegando largo penacho de humo?

Nada, absolutamente nada puede ahora parecerle digno de una siquiera de las miradas cuyo monopolio corresponde á ese intachable perfil, que comienza con la recta de una frente tersa, y concluye con la curva de una graciosísima barbilla, gorda y provocativa, ante la cual surge la tentación del mordisco, si bien en breve, disipándose, deja el temor de haber incurrido en profanación imperdonable.

Deseoso está Daniel de que su mirada se encuentre con la de la desconocida, y por ello varias veces se ha mostrado como distraído y viendo á otro lado, para mirarla de pronto y sorprenderla. Tiene ganas de recibir de frente la luz de sus ojos y observar lo que ella puede sentir en caso tal; pero todos sus intentos han sido infructuosos. Sin embargo, cuando menos lo esperaba se le cumple el deseo. El tren se ha parado; la máquina repone el agua consumida, y bufa y lanza fuertes y sucesivos resoplidos levantando partículas de tierra; los viajeros contemplan la operación, no por interesante, sino por distraerse en algo. De pronto arranca la máquina, estremécense los vagones, tambalean los que están de pies y la admirable desconocida cae repentinamente en su asiento al lado de su marido, quien le dirige un gruñido á manera de reprimenda.

Ella, por ese movimiento natural en tales casos, levanta la mirada que se encuentra con la de Daniel. Hay en sus ojos un fulgor terrible, sin duda producido por la imprudente é inmerecida reprensión de su esposo.

«¡Qué relaciones tan tirantes!»—piensa Mitral, y se sonríe con natural malicia.

II

En la estación de Maiquetía un amigo del sifilítico se le acerca y le saluda. Por lo que en breve diálogo se dicen, impónese Daniel de que aquél con su mujer y con su hija, va de temporada á Macuto, observando así las prescripciones del doctor Rus.

El saber esto bástale á Daniel para diferir su viaje á Europa, resuelto á irse tras de los desconocidos; según él, empujado por la mano poderosa del destino que fatalmente le impone imprevisto rumbo; pero en verdad arrastrado por la fuerza fascinadora de la mujer más bella que en su vida ha visto, y por la tentación de una conquista ardientemente apetecible, cuyo fondo criminoso va cubierto con la halagadora apariencia de los castigos divinos.

En llegando á La Guaira lluévenle tarjetas de ofrecimiento de hoteles, pero los cuatro viajeros mencionados se encaminan al tren que á corta distancia espera pasajeros para Macuto.

El enfermo va apoyándose en el brazo de su hija, andando pausadamente; su mujer los precede, y detrás de todos Daniel.

Es de ver, cuando una dama hermosa se dirige á un vagón, cómo relampaguea la alegría en los ojos de los hombres que lo ocupan, porque en verdad que es grato el viajar con bellas compañeras.

Las mujeres elegantes cuando están viajando adquieren particular prestigio, tanto por su belleza, como por el ocio y la sed de sensaciones de los circunstantes, que en vagones, hoteles y vapores conviértense en rendidos súbditos de pequeños reinos.

Al acercarse los desconocidos al tren de Macuto, Franco Golding, Moreau y el doctor Graciano Riera les ofrecen cortesmente sus puestos, que ellos aceptan.

En seguida los caballeros nombrados, como los otros que allí van, dirígense señas interrogativas y se preguntan disimuladamente lo que ningún hombre deja de preguntar cuando ve por primera vez una mujer hermosa :—*¿Quién es ella?*

Las miradas de todos han caído sobre la bellísima viajera cual bandadas de sedientas avecillas que bajan veloces á saciar la sed en cristalina fuentecilla, donde todo es poesía, y en la cual se retrata el cielo, purísimo y sereno.

—¿Será soltera?—se pregunta Franco Golding llevándose la diestra al sitio donde los de su edad tienen los bigotes.

—¡Soy casado!—dice para sí Moreau como recordándose sus deberes de esposo; pero arreglándose con esmero la «boulanger».

—¡Qué maravilla, Dios mío! ¡Qué maravilla! —exclama el doctor Riera. Y sintiéndose retroceder gran trecho en el camino de la vida, se echa aire, más rápidamente que de costumbre, con su enorme abanico de palma moriche.

No sabe por qué, pero lo cierto es que ahora siente más calor que otras veces, y calor firme y tenaz que resiste al continuo movimiento de la amplia palma.

Es que á veces, para realizarse el sueño de Fausto, no es menester que intervenga Mefistófeles, pues basta con la presencia de Margarita.

En el «Botiquín de la Estación» hay otros caballeros que también van á Macuto. Es preciso añadir otro vagón y así se hace, pero pocos entran en él, pues casi todos prefieren ir incómodamente con tal de poder contemplar de cerca á la hermosa viajera.

Don Guillermo Golding, que ha tenido el cuidado de limpiar muy bien sus espejuelos, hace de lejos una significativa seña á don Fernando Franchi como diciéndole: *¡Qué lástima que estemos tan viejos, compañero!*; y Genaro Lobo, sonriendo maliciosamente como acostumbra hacerlo, dice por lo bajo á don Carlos Galán, que va también embelesado:

—¿A que antes de que lleguemos á Punta de Mulato el doctor Riera se prende á conversar con esa señora?

Matharán, el activo dueño de esta línea férrea, hace parar el tren frente á la oficina del Cable Francés, y al subir pónese aún más rubicundo y abre los ojos como cuando tiene delante una bandeja con ostras de Chichiriviche.

A Daniel Mitral, que está sentado detrás de ella, le mortifican sobremanera esas manifestaciones de admiración y la insistencia con que todos la ven. Diríase que ya se juzga dueño de esa mujer y con derecho á celarla.

Ahora no puede verla de frente. No le es posible contemplar ni sus grandes ojos, ni sus tentadores labios, ni su serena frente, ni el armonioso conjunto de sus incomparables facciones, porque está de espalda; pero ha descubierto en su cuello, algo más abajo de la oreja izquierda, un primoroso lunar, brillante de puro negro, que contempla extasiado y al cual su exaltada imaginación se lo representa como una pequeñísima abertura por donde pudiera penetrar su alma para ir á confundirse con el alma de esa hechicera mujer que tan violenta pasión le ha inspirado.

¡Cómo se muerde Daniel los labios al cumplirse el pronóstico de Genaro Lobo!

Ya el doctor Riera, en efecto, está dialogando con la hermosa desconocida.

Sabiendo, quizás por antigua experiencia, que es muy cierto el refrán que dice que «también por las ramas puede subirse á los árboles», comenzó por preguntar á la niñita si le gustaba mucho la vista del mar.

—Mucho—dijo ella—y más me gustará bañarme en él.

Momentos después todos saben que el enfermo se llama don Leonardo Aragón; su esposa, Mariana, y su hija, Mila; que van á pasar larga temporada en Macuto, porque ya el reumatismo le está entorpeciendo á aquél el movimiento de brazos y piernas, y que han vivido mucho tiempo en los balnearios de Las Trincheras y de San Juan de los Morros, cuyas aguas son una «bendición del cielo».

El doctor Obdulio Alvarez aprovecha la coyuntura para tomar parte en la conversación, y diserta extensamente sobre las propiedades de las aguas termales, y sobre la superioridad en ciertos casos de los baños de mar.

Luego otros más entran en conversación por la brecha que intrépidamente abrió el doctor Riera, lo cual la hace recordar otro refrán que afirma que «nadie sabe para quién trabaja».

El tren en tanto avanza por la playa, corcoveando á trechos, pitando de rato en rato, y tratando de impedir, con el desapacible traquetear de sus vagones, la animada conversación de los que van saltando en los asientos.

El sol, ya á pocos pasos del zenit, reverbera en la arena ; la brisa, después de alborotar las ondas marinas, ataca al tren con ímpetu por el flanco izquierdo, cual si intentase lanzarlo sobre los tupidos manglares ; bandadas de alcarabanes y de gaviotas merodean por diversos puntos, y uno á uno se precipitan, como piedras desprendidas, sobre los pececillos que á flor de agua miran brillar ; y el mar, como ciertos valientes de esta tierra, después de alborotar á distancia, pareciendo que va á arrollarlo todo con la fuerza irresistible de sus olas, convierte en inofensiva espuma su bravura y viene á prosternarse humildemente ante la playa.

Ya se advierte la proximidad de Macuto por el frescor delicioso de los plantíos de cocoteros, en cuyas palmas, multicordes cítaras, Eolo y sus hijos tocan un himno de bienvenida á los viajeros. Ya vacas amarradas que pastan por allí, gallos que cantan más allá y perros que ladran en diversos puntos, anuncian que el poblado está cercano. Ya están allí las casas de la Guzmania, poética avanzada del famoso balneario.

Pita por última vez el tren, da algunos corco-
vos más, y párase. Cuán corto ha parecido el viaje
á los admiradores de la gentil Mariana de Aragón.

En la estación está Coppola, dueño del Casino, vestido de blanco, con la mano izquierda en un
bolsillo del pantalón, y dándose con la otra palma-
ditas en la prominente panza, como lo acostumbra
cuando está de plácemes.

El sabe que la familia Aragón va á hospedarse en su establecimiento, ha visto ya á la señora, y
bien sabido se tiene que las huéspedas hermosas
producen á los hoteles cuantiosos proventos

Por lo pronto, y en prueba de lo acertado de
esa observación, Rafael Domínguez, Eleuterio Morales, hijo, Cabrera Malo, los jóvenes Pumares y
varios más que acostumbran hospedarse en otras
casas, exigen al diligente hostelero que les reser-
ve cuartos. Coppola se sonríe, empínase en la
punta de los pies, descarga luego el cuerpo sobre
los talones, dase otra más fuerte palmada en el
vientre, levanta los hombros, encoge el cuello, y
con el tono que emplean los posaderos que no necesitan huéspedes, y en lenguaje especialísimo donde
parece que se tiran de las greñas los vocablos espa-
ñoles con los italianos, les dice:

—Io non so, cabalieri, si hay habitachioni
per ustedes.

La comitiva se pone en marcha. A su frente
va la señora de Aragón, y en seguida don Leonardo apoyándose en el brazo de Mila. Aquélla parece una soberana que hace su entrada triunfal en
un nuevo reino, y él junto á su hija, un redimido
del vicio á quien el ángel del candor quiere conducir por la senda del bien.

Bajo los árboles que están frente á «La Alemanía» hay un corrillo de damas y caballeros. Alberto Smith tiene la palabra, lo que no es sorprendente, puesto que no está allí su primo Germán Stelling. Mas no hay que compadecer á los oyentes por ese monopolio, pues Smith—y en esto sólo Vicente Pimentel le iguala—guarda en la memoria rico acervo de cuentos y de anécdotas, que en la conversación aplica con oportunidad y gracia.

Al ver á Mariana que se acerca, Smith interrumpe su relato, pónese en pie y le clava la mirada en el rostro con presunción de experto en punto de belleza.

Pasa el numeroso séquito de esa reina, y después Coppola, á quien parece que le han crecido palmo y medio las pequeñas piernas y varios centímetros la prominente panza.

Los jóvenes del corrillo se dirigen mutuamente la pregunta propia de tales casos :—*¿Quién es esa mujer?*

Smith la sigue con la mirada, como alelado, sin acordarse del cuento pendiente.

—Continúe, doctor—le dice una señorita.

—¿Como que se le ha perdido una igual?—le pregunta otra.

Smith prosigue el cuento interrumpido, el cual ha recordado con motivo de haber improvisado el doctor Zerpa, como suele hacerlo cuando está de buen humor, una serie de versos pareados.

Refiere el narrador que el doctor Manuel María Urbaneja obligaba todos los sábados á sus discípulos de la Universidad á improvisar versos pareados, con el fin de infundirles amor á la poesía y descubrir á los que tuviesen aptitud para el cultivo de ella. Entre los alumnos había uno que podría distinguirse como poeta cuando San Juan

Evangelista bajase el dedo, ó cuando al general José Manuel Hernández le retoñasen los que perdió en la acción de «Los Lirios», y el día en que por vez primera le pidió el doctor Urbaneja dos versos pareados, á duras penas improvisó los siguientes:

> *Yo iba por un callejón*
> *Y me salió un león.*

Llegó el sábado siguiente sin que dicho alumno hubiera podido parear otros versos, y cuando le tocó el turno de improvisar, repitió los mismos. De este modo salió del paso en otros dos sábados: era una especie de clisé que tenía para los días críticos, y que ya no se cuidaba de cambiar, pues suponía que era su maestro el sér más desmemoriado de Caracas.

> *Yo iba por un callejón*
> *Y me salió un león.*

Por indulgencia ó por lo que fuera, nada le había dicho el doctor Urbaneja; pero no se le había pasado inadvertida la jugarreta, y el quinto sábado, conociéndole la intención de acudir al clisé de marras, se le anticipó diciéndole:

—Ya sé con lo que usted me va á salir: con los mismos versitos de siempre.

—No, doctor: hoy traigo otros.

—Vamos á ver; dígalos, pues.

> —*Yo iba por dos callejones*
> *Y me salieron dos leones.*

III

Elegante edificio es el Casino, que en los buenos tiempos de Macuto el célebre Meserón elevó á gran altura de prosperidad y fama. Está situado á la parte oriental del pueblo, como á ochenta metros de la playa; por delante tiene varios árboles que le dan frescura y agradable apariencia, y entre ellos sobresalen los dos corpulentos laureles de la entrada. Hállase colocado como á más de dos metros sobre el nivel de la calle, lo cual permite que desde allí se alcance extensa y admirable perspectiva: hacia el frente el mar, á la izquierda la calle que termina en el Parque, y á la derecha una gran sementera de malojo; después la playa y más allá los mangos de «La Ceiba», las rocas del «Playón», y los cocoteros de El Cojo. Súbese al Casino por varias gradas, y su primera parte es un amplio corredor con más de quince mesas redondas y varias sillas y mecedoras de junco. Es allí donde se come, se tertulia y se baila, casi al aire libre; pues no teniendo pared al frente ni á un lado de la dere-

cha, sino una baranda de madera como de vara y
media de alto, la brisa del mar entra libremente
cargada de saludables sales. Los cuartos son cómo-
dos, y muchos de ellos tienen ventanas que dan
á la calle de la derecha y á la del fondo. Este
edificio forma esquina, sólo está unido al resto de
la manzana por la izquierda, y es de muy ligera
construcción, casi todo de madera; muy bueno en
época de temblores, pero malo para tiempos de
guerra, ó lo que es lo mismo, para casi siempre.

Coppola, como ya está dicho, es el propietario
de este establecimiento, en cuya dirección es hábilmente secundado por la «sua cara» compañera,
la cual no le aventaja en la exuberancia de carnes, pero sí en lo de mascullar vocablos castella-
nos con la intrepidez y desparpajo con que ciertas
señoritas de esta tierra mastican el francés.

———

La mañana, espléndida y serena, todo lo em-
bellece con sus raudales de apacible luz; por
la avenida del malecón se pasean muchos temporadistas, y otros entran en los baños y salen
de ellos; cantando barcarolas los pescadores reza-
gados aparejan sus botes, y multitud de niños co-
rretean por la playa.

Apoyada en la baranda del Casino, la señora
Mariana de Aragón sigue con la mirada á un
botecito que se aleja con dos pescadores que, obedeciendo á la ruda, pero noble ley del trabajo,
van á regar el mar con el sudor de sus frentes.
La fijeza de su mirada revela ó gran interés por
aquellos oscuros hijos del pueblo, ó el dominio
en su mente de un pensamiento tenaz y acaso
rato. Mila figura entre los niños que por la

playa recogen caracolillos y piedrecitas blancas;
y bajo los frondosos laureles que se hallan á la
entrada del Casino, don Leonardo está refiriendo
á varios jóvenes algunas de las aventuras de su
juventud; de aquella borrascosa juventud que á
menudo bendice porque lo colmó de placeres, cuyos
recuerdos son ahora lenitivo para los crueles padecimientos que le produce su terrible enfermedad.

En el corredor, sentado en una mecedora
de mimbres, Daniel Mitral finge que lee *El Pregonero* y contempla por sobre el periódico las
curvas magestuosas que expiran en el talle de la
inclinada y pensativa Mariana, que viste elegante
bata blanca de piqué adornada de finísimos encajes.

Las batas blancas parecen inventadas para aumentar el suplicio de los que han tenido la desgracia de enamorarse de mujeres casadas. Tienen no
sé qué de propicio para la multiplicación de los
antojos, y entre sus pliegues como que se esconden
los geniecillos de las irresistibles tentaciones.

Con ese traje hubieran podido presentarse
Cleopatra á Antonio, y Frinea ante sus jueces.

Daniel también medita, porque hace cinco
días que están en Macuto, hospedados en un mismo
hotel, y aún no se ha atrevido á dirigirle la palabra
á la señora de Aragón. ¿Qué es de su audacia?
¿Por qué ese miedo? Esto se pregunta varias veces sin que pueda explicarse tan lamentable pérdida de tiempo; porque él cree que lo ha perdido, ig-
norando el valor del silencio en ciertos casos.

¡Perder tiempo el amor! Eso nunca será, pues
él habla todos los idiomas, y acaso se exprese mejor cuando no hace uso de ninguno.

¿Qué hubiera querido Daniel Mitral decir á

la señora de Aragón con la boca, que ya no le haya dicho con los ojos?

¿Que la ama? ¡Bah! ¡Si él pudiese leer en el pensamiento de ella, ahora que tiene la mirada fija en aquel botecito que se aleja!

Es precisamente la actitud respetuosa y reservada de Daniel lo que le ha llamado la atención y lo que está analizando actualmente en su laboratorio de ideas.

Las mujeres que, por sus excelsas dotes personales, están habituadas á oír por doquiera explosiones de admiración, fíjanse más en el raro despego de algunos jóvenes que en los apasionados elogios que otros les prodigan; porque el mayor mérito de los homenajes consiste en la sinceridad, y ésta suele manifestarse más á las claras en la timidez silenciosa que por el entusiasmo decidor.

Además, Mariana sabe ya que Mitral pensaba ir á Europa, y su nueva y repentina resolución de quedarse en Macuto le parece harto significativa; tanto como la insistencia con que la mira, pues siempre que vuelve la vista á él, se encuentran sus miradas. Ya por reconocimiento ó por simpatía ó por otra cualquiera causa, es lo cierto que en su pecho ha surgido el deseo de ayudar á ese joven en el propósito de acercársele para conversar con ella. Así resuelve hacerlo, y como en tratándose de arbitrar recursos de esa especie la imaginación de la mujer es siempre más fecunda que la del hombre, al punto encuentra el medio.

Allá, cerca del horizonte del mar, se divisa una línea negra; es un grupo de gaviotas que se balancean sobre las olas. Mariana finge creer que es un vapor y pregunta á la madama Coppola si tiene un binóculo, porque el día anterior vio uno en manos de Daniel. Este aprovecha la ocasión, corre á su cuarto, que es el primero de la izquierda, vuelve, presenta á la señora de Aragón el objeto pedido y se queda á su lado.

—¡Ah! nó—dice ella viendo hacia el mar con el binóculo—no es un vapor, son unos pájaros.

Eso mismo pudiera ver Daniel sin auxilio alguno, pero sus ojos están fijos en el primoroso lunar, brillante de puro negro, que ella tiene en el cuello, algo más abajo de la oreja izquierda, y que semeja pequeñísima abertura por donde el alma quisiera penetrar para confundirse con el alma que ese cuerpo encierra.

Mariana añade entregándole el binóculo á Daniel:

—Vea usted, caballero, por donde van ya los pescadores que salieron hace poco.

—¡Qué soledad tan imponente—dice él viendo por el binóculo—la que rodea á aquellos hombres! Es así como siempre la codicia el amor.

—Pero un amor sobre las olas debe de ser no muy firme.

—Si la mujer que lo inspira ha nacido para ser de todos adorada; si es una emperatriz de corazones, en el mar ó en el aire ó en la tierra, donde quiera es firme.

—¿Y hay—pregunta ella con animadora sonrisa—emperatrices de corazones? He ahí un imperio del cual no tenía noticias.

—Me ha hecho usted esa pregunta, señora, por no haber seguido el consejo griego que dice: *conócete á tí mismo*.

Por tan expresiva respuesta comprende la señora de Aragón que el nuevo cortejador nada tiene de tímido, y que no ha menester de estímulos para

que se lance resuelto y animoso á la conquista del
corazón cuyo dominio, según se advierte ya, es el
punto á donde tienden sus ensueños más hermosos.

Ella no había creído en la cortedad de su carácter; pues ha observado cuán decidor suele mostrarse con las otras damas, y de ahí que su reserva
para con ella, por especial, le hubiera halagado su
natural orgullo de mujer convencida de que no tiene rival en hermosura, y de que cada cual le rinde
homenaje á su manera. Ahora está aún más cierta de
no haberse equivocado, y más aún se regocija;
pues no cabe tanta dicha para una bella en tener
un león á sus pies, amansado por el influjo de su
belleza, como en ver á un hombre osado, mostrarse tímido ante ella no más, por la fascinación
que ejerce sobre él.

La señora de Aragón y Mitral continúan dialogando; y de él hay que decir que parece dispuesto á resarcirse del tiempo perdido, y que á sus expansiones, ya que ella les ha quitado el obstáculo
que las retenía, se desbordan fertilizando el campo
donde está sembrando esperanzas para cosechar
realidades.

Y en cuanto á ella, le oye con agrado, pues
le parece fácil y amena su palabra y delicada-
mente ingeniosos sus requiebros, si bien se abs-
tiene de darle aliento, como había pensado hacerlo, creyéndole de ello menesteroso.

Cuando el simpático aspecto de un hombre
ha impresionado favorablemente el corazón de una
mujer, todos sus dichos le parecen refinadas expresiones del buen gusto; pero lo que Mariana
piensa respecto de Mitral no es exagerado, porque, realmente, él posee el raro dón que tan en
alto grado poseía nuestro poeta Gutiérrez Coll:

sabe conversar. Y cuando es su interlocutora una dama á quien quiere agradar, despliega todos los atractivos del lenguaje humano, desde los inesperados arranques de las almas exaltadas de admiración, hasta ese leve tono de temor que tanto gusta á la mujer cuando no es propio del carácter, sino una peculiaridad manifiesta del sentimiento que inspira.

—¡Hermosa mañana!—dice la señora de Aragón.

—No la olvidaré jamás—añade Daniel con énfasis.

Hace rato que viene ella proponiendo nuevos temas para el diálogo y desechándolos á poco, porque él, queriendo ir demasiado aprisa, le contesta de modo tal, que no le permite añadir palabra sin que se exponga á verse de pronto engolfada en una conversación abundante de sirtes y de escollos.

—¿Es usted soltero, señor Mitral?

—Sí, señora: soy completamente libre, y sin embargo, reniego del matrimonio.

Al oír esta respuesta, dicha con rara entonación, Mariana advierte que él le ha atribuido á su pregunta mayor importancia que la que ella le ha dado, y vuelve á cambiar repentinamente el rumbo del diálogo señalando al doctor Riera que, rodeado de un grupo de graciosas señoritas caraqueñas, á quienes muestra un álbum de autógrafos, se halla en el amplio balcón de lo que él llama su *cabaña*, y que es una cómoda casa de dos pisos con vista al mar.

—Espiritual señor es ése—dice Mariana refiriéndose al citado doctor.—Cómo sería en su juventud.

—Es que casi siempre vive en este delicioso pueblo, y aquí se expande el espíritu, porque sólo se respira aromas, y porque es poesía cuanto miran los ojos.

—No me sorprendería que usted también se convirtiera aquí en poeta.

—¿Y por qué dudarlo, si ya he encontrado una musa?

Otra vez tuerce Mariana el rumbo de la conversación con prontitud y destreza; y de esta suerte, truncando temas y esquivando intencionadas alusiones, continúa el diálogo hasta que viene Mila, con el rostro encendido, la rubia cabellera suelta y un rústico sombrero casi lleno de caracolillos, uvas de playa y piedrecitas blancas, á recordar á su madre que es la hora del baño.

Se van.

Daniel permanece en el mismo sitio, porque allí el ambiente está impregnado del perfume de la magnolia humana que acaba de alejarse; porque allí como que vagan todavía, cabalgando sobre los átomos del aire, las armoniosas notas de su acento, cual legión de amazonas á quienes pasa revista el alma, y porque desde allí puede ver el mar, el afortunado que en breve va á gozar de la dicha incomparable de poseer á una mujer más bella que la impúdica diosa que nació de su espuma.

¡Cómo lo envidia!

Largo rato permanece Daniel con la centelleante mirada fija en el agua.

«Ahora—piensa—debe de estar desnudándose...... Estará bajando las gradas, á donde las débiles olas van humildemente á besarle los lindos

piececitos...... Ya se ha zabullido en ese envidiable mar, que no puede comprender la magnitud
de su dicha!......

«Àbrázala bien, afortunado mar; bésala, bésala; perfuma tus ondas con los efluvios de su
divino cuerpo para que me deleites cuando me esté
bañando en tí......»

Y la mirada de Daniel centellea aún más.

IV

Mientras su mujer conversaba con Daniel, don Leonardo refirió á varios jóvenes, que tuvieron el mal gusto de oírle, algunas aventuras de su juventud. Ahora está sentado á la entrada de los baños de mar, á donde fué penosamente apoyándose en el brazo de su hija, quien le invitó con instancia para que hiciese ejercicio.

Tacoa, el más gordo, más obsequioso y más popular de los hijos de Macuto; el antiguo é inamovible encargado de los baños, ofreció, sin sospechar que de ello pudiera arrepentirse, una silla al sifilítico, por culpa de sus pecados.

—¡Qué de hermosas pantorrillas habrá usted visto, amigo Tacoa!—dice el libertino.

—Nó, señor. Yo no me ocupo en lo que no me tiene cuenta.

—¿De veras? ¿Conque quiere usted hacerme creer que de cuando en cuando no echa sus vistazos por entre las rendijas de esa puerta?

—Pues si no quiere creerlo......

—Verdad es que ya usted tiene sus añitos encima, y seguramente le pasa ahora lo que á mí. Ya las mujeres no me llaman la atención; pero antes me entusiasmaban de manera increíble. En mi juventud figuré en infinidad de aventuras amorosas. ¡Bendita juventud! ¡Qué de placeres me brindaste!

—Pero ahora como que se le están convirtiendo en dolores—observa Tacoa acomodándose las elásticas y guiñando el ojo izquierdo, como suele hacerlo Hipólito Acosta cuando escucha una grave revelación policial.

—Ahora estoy pasando la dentera de tantas «medias naranjas» que me comí.

—¿Con concha y todo?

—Y hasta con pepas. Pero yo gozo con los recuerdos de mi juventud como usted no se figura. En mi tiempo fui el padrote del Estado Vallenilla, que era entonces el barrio más turbulento de Caracas. Y ha de saber usted, amigo Tacoa, que baile en que no estuviera yo se acababa con seguridad á palos.

—Pues no era usted ningún bendito.

—Y en todas las mujeres de Caño Amarillo y del Callejón del Silencio mandaba yo. Era una especie de Salomón.

—Con la diferencia de que aquel rey era dueño de lo mejor, y usted de lo peor.

—No eran tan malas.

—Ni gozaba de la exclusiva tampoco.

—Es verdad; pero puerta en que yo tocase, á cualquiera hora de la noche, se abría en el acto, y el que estuviese dentro, por el fondo se tiraba á la quebrada de Caroata.

—¡Caramba!—exclama Tacoa.

—Y entre ellas había algunas **muy buenas.**

¿Conoció usted en el Caracol á Rufina la *Morenita*?

—No tuve ese honor—contesta secamente Tacoa, y vuelve á acomodarse las elásticas.

—Pues entienda usted que era lo que se llama una real moza. Con decirle que nunca se ponía ligas......

—¿Porque tampoco usaba medias?

—Porque no las necesitaba.

Tacoa guiña otra vez el ojo izquierdo, y por tercera se sube las elásticas.

—¿Tampoco conoció usted á Mauricia la *Llanera*?

—Tampoco.

—¿Cómo no la iba á conocer, hombre? Una zamba buena moza que vivía en el Callejón de Peníchez, y que tenía un mordisco en una oreja.

El paciente encargado de los baños, á quien ya le está cargando la impertinente charla del libertino, mueve otra vez la cabeza de derecha á izquierda y viceversa.

—Pues ese mordisco se lo dio la *Chata* una vez que se agarraron por mí.

—¡Qué afortunado era usted!—dice Tacoa en són de mofa con el ojo izquierdo cerrado y el otro entreabierto.

—¡Bendita juventud!—exclama don Leonardo con efusión de sátiro satisfecho.—Cuánto gocé entonces, pues me temían todos los hombres y me amaban todas las mujeres.

—¡Qué felicidad!

—Sí, amigo mío: como usted lo oye. Esa Mauricia que le acabo de nombrar, la *Llanera*, se enamoró de tal modo de mí, que hasta se puso á tomar un brevaje negro y amargo que le vendió una vieja ; porque la muy fatua se imaginaba que á mí se me podría cebar con chiquitines.

—¿Y el brevaje no le dio resultado?

—Por un tris se sale con la suya ; pero á los cinco meses se cayó de una hamaca y abortó.

—¡Qué lástima!— exclama Tacoa con otra guiñada del izquierdo.

—Yo me alegré, porque al fin y al cabo era una boca menos que pidiera.

Así continúa don Leonardo Aragón abusando del suave carácter del famoso bañero, quien ya conoce, por sus intolerables narraciones, los nombres de combate de todas las perdidas que en un tiempo alborotaron por los suburbios de Caracas.

Después de recomendarse de tal modo el libertino, trajo á cuenta su fama de valiente.

—Pues sí, amigo Tacoa : yo era lo que se llama un calavera completo ; cuadrado como el dado. Bebía más que toda una cuerda de músicos malos, y jamás me emborrachaba. Y como guapo no se diga. Nunca cargaba ni revólver, ni bastón, ni puñal, porque papá me los quitaba ; pero un carpintero amigo mío me prestaba un martillo, que escondía bajo el chaleco, y con el cual hice diabluras. Más de treinta cabezas rompí con él.

—Es digno de figurar en el Museo—dice Tacoa subiéndose las elásticas, al tiempo en que aparece en la puerta del baño la hermosa Mariana, retorciéndose la mojada cabellera, que llora amargas, pero perfumadas lágrimas.

El robusto encargado de los baños, no obstante estar acostumbrado á ver mujeres hermosas recién salidas del agua, donde parece que se les aumenta la hermosura, como á las flores la lozanía, abre desmesuradamente los ojos como Vulcano cuando Venus apareció en su fragua.

Poco después, viendo á los esposos que se alejan, dice á Johan con ambos pulgares en las elásticas:

—No me explico cómo pudo tan bella señora casarse con ese hombre.

V

Para provocar la reacción necesaria después del baño, Mariana quiere dar un paseo por el Parque, en lo cual su marido no la acompaña, pues se siente fatigado, y como tampoco puede caminar sin apoyo, llama á un muchacho para que reemplace á su hija, y ésta y su madre se dirigen por la sombreada acera hacia el ameno sitio donde todo es poesía.

Bajo los árboles de «La Alemania» están jugando al dominó Luis Muñoz Tébar, León Ponte, Riera y Delfín Aguilera, tres doctores legítimos ·y un coronel falsificado, ó sea : dos pares de magníficos, de excelentes, de incomparables chambones, en cuya invencibilidad cada cual cree á pie juntillas.

¡Qué algazara tienen! Todos hablan á un tiempo, y á cada pieza colocada sucede una disputa.

—¿Por qué no me mandaste el cuatro blanco?

—Este cinco lo metí yo.

—Tu pasaste por los blancos.

—No, señor : fue Odoardo quien lo metió.

—¿Pero tú no ves que vengo metiéndolos desde el principio? Yo cogí un violín de blancos.

—¿Y entonces por qué no me tapaste el tres?

—Si yo soy mano, chico.

—¿Y si me ahorcan al general Mora?

—No, señor; yo salí.

—¿Pero por qué le tienes tanto miedo á los dobles?

—Tú no juegas sino para tí.

—¡Chambón!

—¿Por qué no tiraste la tranca?

De esta suerte continúa la partida de dominó, que es el juego de las inevitables discusiones, porque cada cual pretende que el compañero cargue con toda la responsabilidad de la derrota, ni más ni menos que lo que ocurre en la guerra.

Una partida de dominó sin altercados no es posible, como no lo será tampoco, al menos en Venezuela, una campaña militar en que al primer revés no sobrevenga la anarquía.

Continúa la partida.

—¿Pero por qué no te acuestas, chico?

—Por mandarte el cinco.

—No silbes tanto, don Anselmo.

—¡Compañero, por Dios! ¿Por qué no me había mandado antes ese seis uno?

—¿Y por dónde lo metía?

—¡Pero Luis, cómo me ahorcas el doble cuatro?

—¿Y acaso yo soy brujo?

El doctor Riera tira la tranca, no por creer que pueda ganarla, sino porque está aburrido de la diana que le está silbando Aguilera, con acompañamiento de golpecitos en la mesa, y porque ha visto á Mariana que se acerca, y quiere estar en actitud de emprender conversación con ella y acompañarla en su paseo.

—Miren ; miren eso que viene ahí. ¡Ayayay, Dios mío ! ¡Qué cosa tan buena !

La señora de Aragón camina con majestuoso donaire de soberana, pensando que acaso tenga razón Daniel Mitral para llamarla «emperatriz de corazones», pues por doquiera que pasa todo corazón se prosterna de hinojos.

Su copiosa cabellera, húmeda y suelta, le cubre la espalda dando maravillosos cambiantes á la luz del sol entre los finísimos hilos de azabache ; y su sangre, vigorosa y sana, reaccionando de la frialdad del baño, le extiende por las frescas mejillas el suave y sonrosado color de algunos caracolillos de mar.

En el mundo entero podrá haber alguna mujer en belleza igual, que no superior ; pero lo que indudablemente no se hallará es otra que tenga su distinguido porte, su admirable garbo, su gentileza incomparable y la misma gracia en el andar.

Cuando uno la mira venir siente en todo el sér el leve extremecimiento de la emoción, cual si fuese un ente divino que se presenta de improviso, ó la amada á quien se ha esperado por largo tiempo con ansiedad irrefrenable.

¡Qué bella está, así, recién bañada, envuelta en la luz del sol, la cabellera desatada, coloreándosele las mejillas, y vestida con esa bata blanca de finísimos encajes !

Los dominocistas pónense de pies, sienten un vuelco en el corazón, se cuadran, y aunque se hallan en la calle, echan una mirada en torno como buscando un espejo para ver si están sus personas en actitud conquistadora.

—A los pies de usted, mi señora—dice el doctor Riera.—Señorita Mila : ¿cómo le ha ido ?

—Buen día, doctor.

—Muy bien, doctor : ¿ y á usted ?

—A mí siempre me va admirablemente en este Macuto donde tantas cosas buenas se ven.

—Delicioso pueblo, en verdad—dice Mariana. —Yo no lo conocía.

—Para nosotros los hombres lo es sobre todo, pues cada temporada puede decirse que es un concurso de bellezas, cuya palma de triunfo en este año corresponde á usted.

—Y á usted la de los caballeros espirituales y galantes.

—Señora : tengo el gusto de presentarle al doctor León Ponte, al doctor Luis Muñoz Tébar y al señor Aguilera.

Poco después los cuatro caballeros nombrados acompañan á Mariana y á su hija por el Parque.

¡Qué sitio tan ameno ! Hay allí concierto de pájaros con acompañamiento del rumor de varias fuentes y del armonioso ruído de las hojas que la brisa sin cesar agita.

Cuando llegan allí las mujeres, ganas les entran de aflojarse los cordones del corsé para aspirar con libertad el puro ambiente que tanto codician los pulmones ; y los hombres se quitan el sombrero para que la fresca brisa, que el mar y las plantas han enriquecido, les acaricie la frente.

Allí opulentos laureles, esbeltos almendrones y caobos de diversas clases entrelazan sus ramas, siempre exentas de hojas amarillas, que el viento de continuo arranca ; allí hay guayabos y aguacates que con sus sabrosos frutos atraen bandadas de alados trovadores; allí plumas de agua se deshacen en el aire; y tupidas cepas de bambúes crujen y se balancean cual poderosos navíos que azota el temporal.

Después de haberse paseado largo rato por las encimentadas avenidas, la señora de Aragón y su séquito siéntanse en los bancos del centro, al tiempo en que por el ángulo sureste entra Daniel Mitral. Al verle se le anima el semblante á Mariana, pues por la mente le cruza este pensamiento: *Viene buscándome; ya le hago falta.*

Mas, ¡oh desengaño! Daniel dice al llegar que va á la estación á recibir á un amigo que debe de venir por el tren de las doce.

Gran pesar le causa á Mariana el creer que se había engañado; pero es ahora cuando lo está, pues Mitral ha mentido. El no espera á nadie, y era á ella á quien buscaba, pues se impuso de que estaba paseándose por el Parque cuando Coppola preguntó á don Leonardo:—«*¿É la siñora e la siñorina, per dónde andate?*

Sin embargo, como nada es perdido en el proceso de una amorosa pasión, la mentira de Daniel, que tanto ha desconsolado á Mariana, sirve para que ella advierta qué viva complacencia le produjo la idea de que era por él solicitada, y para que observe cuánto le desagrada el pensar que se había engañado.

Este suceso le pone de manifiesto el interés que le inspira Mitral y el gozo que le causa el verse cortejada por él.

Y esto merece ser considerado detenidamente, porque, viéndolo bien, á ella nunca le han producido duradera impresión las manifestaciones de otros admiradores, ni había sentido el deseo de que tal ó cual joven continuara galanteándola. ¿Por qué, pues, ese cambio en su modo de ser? Bien sabe ella que no puede corresponder á ninguno, porque eso sería criminal; ni fomentar la pretensión de alguno porque ello fuera perverso; tampoco es de esas casquilucias que, porque cunda la fama de su belleza, van por doquiera distribuyendo miradas y sonrisas, como letras de cambio escritas con tinta verde y pagaderas á plazos más ó menos largos en favores efectivos y sonantes.

¿Estará, por ventura, el ambiente de Macuto saturado de la vanidad de ciertas damiselas engreídas, que vienen aquí, no por restablecer la salud, ni en pos de lícitos esparcimientos, sino para dar mayor extensión á sus frívolos devaneos? Tampoco es esa la causa, pues ahora recuerda que desde que vio á Mitral en el tren de Caracas le pareció simpático y aun le fue muy grata la persistencia con que él la miraba.

Claramente advierte la hermosa dama que Cupido, al servicio de Satán, la está empujando hacia un sendero que inesperadamente ha visto á un lado del camino conyugal; de ese triste, lóbrego y medroso camino á cuya mitad cayó su esposo, abrumado por las consecuencias de sus juveniles excesos.

¿Qué ve adelante en ese camino? Aridez, soledad, sombras, tristeza: nada que pueda conmoverle gratamente el corazón; ni una florecita de afecto cuya fragancia la conforte; ni una fuentecilla de sensaciones que le mitigue la sed que está padeciendo su alma, joven todavía. Y en cambio, en el sendero por donde quiere conducirla el ciego rapazuelo brotan por doquiera manantiales de irresistibles tentaciones, y huele á mirtos y á rosas, fragantes flores consagradas á la impúdica Afrodita.

¿Qué hacer? ¿Seguir por el camino del deber conyugal?

¡Ah! el cielo sabe que no desea otra cosa; pero confiesa que ahora como que le está faltando el ánimo para continuar luchando contra el hastío que le produce el pensar en su situación, inaceptablemente excepcional, puesto que carece de las ilusiones de las solteras, de la felicidad de las casadas y de la resignación de las viudas.

Que el adulterio es crimen abominable? Bien lo sabe. ¿Quién más que ella ha censurado á tal y á cual señora por haber hecho trizas la honra de sus esposos? Pero el caso no es el mismo, y ahora comprende que realmente ocurren, á las veces, circunstancias atenuantes, que deben tenerse en cuenta si se quiere ser juez y no censor.

Ahora advierte que cuando el delito es un efecto hay que juzgarlo como tal, y que debemos descargar la mayor parte de nuestra reprobación sobre la causa que lo produjo.

A esta serie de pensamientos opone otros de diversa índole, como avergonzada de sí misma. Pero nó, nó; el adulterio no puede tener atenuación; es el más abominable de los crímenes. ¡Qué abismo tan espantoso! Líbrela el cielo de caer en él. Si es necesario su martirio, sea: lo acepta resignada, y ya que su marido no puede amenizarle el viaje conyugal, coge su cruz y sigue su camino. ¡Adelante!

En tanto que así medita Mariana, su hija recoge almendrones por la alameda, y los caballeros que la acompañan, entre los cuales se hallan tres más recién incorporados, discuten sobre política, con motivo de haber recordado alguien que el Parque de Macuto es obra que debemos á Guzmán Blanco.

Se han dividido en dos grupos : unos ponen á Guzmán Blanco por las nubes, y otros lo arrastran por el suelo.   Tal es la suerte de los hombres que han entrado en los dominios de la historia.

Los guzmancistas mencionan las dotes administrativas y el génio reformador del Ilustre, y los contrarios recuerdan su soberbia, su codicia y su índole autoritaria.   Aquéllos citan carreteras, universidades, capitolios, escuelas, alamedas, puentes, ferrocarriles, y todo cuanto forma el gran haber de dicho magistrado, y los otros señalan, como inmensa partida del debe, la influencia perniciosa de su sistema autocrático en el carácter nacional. Dice Daniel :

—Yo le perdonaría á Guzmán Blanco todo, si no se hubiese propuesto estrangular entre nosotros el valor cívico, alma de la verdadera república ; pues la falta de esa virtud ciudadana acaso sea la causa de nuestros grandes males, originados todos ellos de nuestra arraigada propensión á resolver los problemas sociales, políticos y administrativos en los campos de batalla y no en las plazas públicas, que es á donde debemos ir á buscar el bien que perseguimos.

—¿ Y crees tú ¡oh cándido amigo !—pregunta Juan Veroes—que el valor cívico es planta que pueda fructificar, ó prender siquiera en esta tierra ?

—Si yo no tuviese la esperanza de que tal suceda algún día, ya habría renegado de mi patria ; pues no merece serlo de buenos ciudadanos la nación que oponga irremediable esterilidad al cultivo del civismo, que es el verdadero árbol de la libertad.

—Transige, amigo, y confórmate con que en Venezuela haya paz por algunos años.

—Pero ese deseo y el mío son uno mismo; porque la paz sólida y perdurable es fruto que sólo lo produce aquel árbol.

—El cual nunca verás floreciente en Venezuela.

—¿Por qué no?

—Porque ello no conviene á los gobernantes.

—Á los gobernantes estultos nó; pero de modo muy distinto piensan los que, llevando luz bastante en el cerebro, alcanzan á comprender que es preferible que se les pida con los propios labios y no por boca de los fusiles, y que se les diga la verdad en el lenguaje de la imprenta, á que se los ataque con mortífero plomo.

—Contéstame esta pregunta — dice Claudio Fernández.—¿Crees que con ese sistema hubiera Guzmán gobernado en paz tantos años?

—Perdona si esa pregunta te la correspondo con otra: ¿y crees tú que hubo paz en tiempo de Guzmán Blanco?

—¡Cómo nó!

—Pues entonces, anda y pregúntale á Landaeta Rosales cuántas revoluciones hubo bajo aquella dictadura.

—¿Cuántas? ¿Lo sabes tú?

—¡Catorce! Ya ves que ese sistema no puede recomendarse como el más eficaz para lograr la armonía nacional. Y ojalá en ello se fije algún magistrado de recto criterio y de sanos propósitos para que, extrayéndole á lo pasado cuanto contiene de enseñanza generosa, reconstituya la verdadera república sobre el sólido cimiento del libre y constante ejercicio del derecho, y distribuya la semilla del civismo en la Casa de Gobierno, ya que entre nosotros toda iniciativa debe venir de arriba para que no se pierda, á fin de que algún día no sea planta exótica en Venezuela el valor cívico, que es con lo que debemos sustituir nuestros ímpetus belicosos, para que en las plazas públicas y no en campos de batalla pugnen por el triunfo las legítimas aspiraciones de los buenos ciudadanos.

—¿Y habrá magistrado que tal haga?—pregunta Mariana, que ha interrumpido la serie de sus pensamientos para oír al joven que con tanta animación discute, porque ella, como casi todas las mujeres venezolanas, no desdeña las cuestiones políticas, tan relacionadas con el interés general.

—No lo sé—contesta Daniel—pero sí puedo afirmar que la gloria de quien se propusiera cultivar las virtudes cívicas, en vez de anonadarlas como hizo Guzmán Blanco y como ha hecho Porfirio Díaz, sería perdurable y sólida cual obelisco egipcio, y más resplandeciente que esa mentida gloria, especie de columneta de escarcha que descansa sobre la muy transitoria novedad de las obras de ornato. Para quien haga de cada venezolano un ciudadano ; para quien nos levante al nivel de los hombres libres mediante el ejercicio del derecho ; para quien propague la escuela del civismo, proscribiendo por siempre el funesto sistema de la lucha armada ; para quien convierta en república este gran rebaño de hombres, para ese serán las bendiciones de la historia y la admiración y gratitud de las generaciones redimidas ; no para los que crean que engordar á los gobernados á todo trance es la única misión del gobernante ; pues los cerdos engordan mucho en el lodo. ¿Y hay quien envidie la suerte de los cerdos ?

—Ya viene el tren, señor Mitral—dice Mariana.

El se encoge de hombros.

—¿No va á recibir á su amigo?—añade ella.

Ahora recuerda Daniel la mentira que dijo al llegar para prevenir las maliciosas conjeturas de los concurrentes, y acaso también por hacerse el encontradizo con Mariana, satisfaciendo así su deseo de volver á verla sin parecer como violando la táctica ingeniosa que recomienda las treguas en las campañas de amor.

Mariana comprende la ficción y se sonríe como diciendo: *te cogí en el embuste*. Y á fe que no es escaso el regocijo que esto le causa, lo cual demuestra la ineficacia de las anteriores reflexiones sobre la necesidad de coger la cruz y continuar su camino.

Cerebro y corazón, seguid luchando.

VI

A la misma hora en que ocurre la descrita escena del Parque juegan al ajedrez en el amplio corredor del Casino dos caballeros, de quienes podríamos decir, dando paradójico colorido á la expresión, que son jóvenes y no lo parecen, ó que lo parecen y no lo son.

¿Sus nombres? De todos conocidos y por todos apreciados: Maximiliano Lores y Carlos Perret.

Acaban de llegar en el tren de las once, y habiendo dicho Lores á Perret que recientemente había estudiado una ingeniosa apertura de Tchigorine, entrambos concertaron una partida para jugarla al llegar. Pero no bien la han comenzado, cuando don Leonardo Aragón se les acerca y les dice:

—¿Como que están ustedes jugando ajedrez?

—Es usted adivino—contesta Lores en el tono zumbón que emplea á veces.—Voy á comerme este peoncito.

—Y yo este otro—dice Perret.

—Pues yo nunca pude aprender ese juego—

añade don Leonardo, resuelto á entrar en conversación con dichos señores, aunque no los conoce.

—¡Qué lástima!—exclama Lores al tiempo en que enroca.

—¿Y *carga la burra* sí aprendió á jugar?—pregunta Perret proponiendo el cambio de la dama.

—Ah! eso sí—contesta don Leonardo.—Y por cierto que la jugaba muy bien. Figúrense ustedes que durante siete meses yo iba todas las noches á jugarla con un viejo, con una vieja, hermana del viejo, y con una muchacha, hija de la vieja, que al fin y al cabo salió embarazada.

—¿Quién—pregunta Lores fingiendo sorpresa—la vieja ó la muchacha? Me cómo este alfil.

—¡La muchacha, hombre! la muchacha; que por cierto era muy buena moza. Quizás ustedes la conocieron, porque después de haber vivido algún tiempo conmigo, se entregó á la mala vida.

—Por lo visto—observa Perret—no era muy buena la que llevaba.

—Pero ella estaba muy satisfecha, pues bastante le daba yo. La dejé porque me fastidié, y porque en esos días llegó á Caracas una cubanita que era una novedad.

—¿Conque también le gustan las cubanitas, eh?—pregunta Lores.—Jaque al rey.

—Y hasta las turcas. ¿Saben ustedes que una vez me enamoré perdidamente de una turca?

—¿De veras? ¿Y qué tal era? Me cómo este caballo.

—Buena; muy buena, aunque un poco desaseada.

—Eso con el amor no se siente—afirma Perret.

—Compinche—dice por lo bajo Lores á su compañero mientras don Leonardo se suena la nariz con estrépito digno de un fuelle de herrería— ¿quién será este moscardón que nos ha caído encima? Jaque al rey.

—Pues sí, señores—continúa Aragón introduciéndose un dedo en las ventanillas de la irritada nariz—la turca no tenía buen olor. · Por cierto que un día se lo echó en cara la *Pata de Catre*, y ella se vengó dándole una cortada en un cachete. Todo por celos de mí.

—¿Conque también se enamoró usted de la *Pata de Catre?*

—Ella de mí; porque, no es por alabarme, pero lo cierto es que todas las mujeres me querían. Yo no sé qué me encontraban. ¡Bendita juventud!

—Sería usted muy buen mozo.

—Hombre, yo no sé.

—O muy rico.

—Sí; mi padre tenía varias haciendas y algunas casas, á pesar de que yo le botaba mucho.

—Jaque al rey.

Don Leonardo se suena otra vez y Lores aprovecha esto para decir:

—Ya me está cargando la charla de este hombre. Si sigue me hará perder el partido.

Este ha llegado á punto de conflicto: carácter decisivo puede tener, tanto el más leve descuido como cualquier hábil jugada.

Los jugadores meditan, y don Leonardo sigue charlando.

Lores fuma, fuma, fuma.

Perret se retuerce los escasos bigotes con nervioso movimiento.

Entrambos se disputan la ofensiva incesante, pues están las fuerzas tan equilibradas, que el que

pára un golpe está siempre en actitud de devolver-
lo incontinenti.

El sistema nervioso de Lores, excitado é indómito, sigue pidiendo más cigarrillos, como un toro
español pudiera pedir más caballos.

Perret acelera el retorcer de su bigote; y don
Leonardo repite la historieta de la mujer que tomó
un brevaje negro y amargo, y que «no se salió con
la suya por haberse caído de una hamaca.»

Perret ha logrado formar una de esas terribles
combinaciones propias de su brillante modo de jugar, y que proporcionan un triunfo cierto cuando
no conducen á un desastre inevitable.

La combinación comienza por la entrega de
una torre, que ha resuelto sacrificar para obtener
ventajosísima posición y atacar en seguida tenaz-
mente hasta dar el mate.

Lores, sorprendido de pronto por esta inesperada entrega de pieza tan importante, pregunta :

—¿ No será mucho ?

—Pero luego, sabiendo con quien se está entendiendo, comprende que no se trata de un descuido del contrario, sino de un premeditado movimiento que debe de tener decisiva trascendencia.

Enciende otro cigarrillo, después de haber
aventado la colilla del predecesor soplando fuertemente por la boquilla de cerezo. En seguida
apoya la barba en la mano izquierda, como suele
hacerlo en los trances apurados, y deja oír como
sordos pujidos que á intervalos le salen de la
nariz.

Tras larga meditación, en que fuma y fuma
echando por las nasales ventanillas el humo que
nerviosamente aspira, se incorpora y se despere-
za, como quien ha concluido agobiante tarea. Ya

conoce el plan de su contrario. ¿Pero cómo contrarrestarlo? La disyuntva es forzosa: ó acepta la torre que de balde le ofrece Perret, ó pierde un caballo después del cambio de otras piezas. En el primer caso, adquiere superioridad en el número de piezas, pero desventaja en la posición, y queda expuesto á un formidable ataque; y en el segundo, la pérdida de un caballo en final de juego, y teniendo por contrario á uno de los tres grandes ajedrecistas de Venezuela, equivaldría á rendirse á discreción.

Lores acepta la torre y enciende otro cigarrillo.

Perret comienza el vigoroso ataque.

Lores á su vez intenta un sacrificio y propone el cambio de un alfil por un peón; pero su contrario lo rehusa.

Perret ataca con la dama. Lores se defiende heroicamente, pero pujando por la nariz, y don Leonardo les pregunta:

—¿Saben ustedes cuánto gasté en Claudia la *Bigotuda?*

—No me acuerdo—dice Perret, que es el que está ahora en actitud de bromear.—Me cómo este caballo.

—Pues gasté más de dos mil pesos, que poco á poco le había rasguñado á papá.

—Pues era usted un buen rasguñador.

—¿No conocieron ustedes á la *Bigotuda?*

—¿La *Bigo* qué?

—La *Bigotuda*, una que vivía en el Callejón de Muchinga. La llamaban así, porque tenía un bigotito que al principio le hacía mucha gracia, pero que después le creció demasiado.

—Me cómo este peoncito.

—La *Bigotuda* era muy hermosa; no tenía más que un defecto.

—¿ Cuál ?

—Que le faltaba un pecho.

—Jaque al rey.

—Esa mujer sí que me quiso de veras.

—Jaque al rey.

—Por ella me dieron un balazo en una pierna.

—Jaque al rey.

—Pero á quien me lo dió le rajé poco después la cabeza con un martillo.

—Jaque al rey.

—Y si no llega tan ligero la policía, lo mato á martillazos.

—Jaque al rey.

—¡ Bendita juventud la mía ! Gocé como ninguno.

Perret anuncia mate en cinco jugadas con caballo y dama.

—Á propósito de damas—dice Lores rindiéndose y señalando á Mariana que se acerca—mire qué dama tan estupenda, compinche.

—Esa es mi esposa—dice don Leonardo.

Lores, que acaba de poner tabaco en la pipa, mira atentamente al sifilítico, á quien ahora supone atacado de la chifladura de creerse dueño de todas las mujeres. Probablemente esté ideando alguna broma, cuando ¡oh sorpresa ! Coppola dice :

—Siñor Leonardi : ahí vienen la sua esposa e la sua figlia. ¿ Volete manyare de una vez ?

Mariana sube las gradas del Casino como una reina que va á sentarse en su trono. La fulgurante mirada de sus ojos parece que dice:—*De ro-dillas.*

Está más hermosa que nunca; con la suelta cabellera agitada por la brisa y con las mejillas, rosas de salud, vivamente encendidas, acaso no tanto por el sol como por las ardientes frases que Daniel le ha dicho por la calle.

Hay en el Casino muchos huéspedes nuevos que por primera vez la ven, y cada cual pregunta con empeño:

—¿Quién es? ¿Quién es?

Y cuando alguno contesta:—*Es la esposa de aquel señor,* el preguntante supone que le hablan en broma, se impacienta y va á hacerle á otro la misma pregunta.

VII

Coppola está satisfecho.

—¡ Mañífico domingo !—exclama á cada rato.
Qué sér tan amable es un hostelero satisfecho.
Personalmente dirige el servicio del almuerzo.

—¿ Volete hervido de pescato, cabalieri?

No halla cómo obsequiar á sus muchos comensales, cuyo número se aumenta á la llegada de cada tren.

—Une cope limpie per le dotore. ¡ Liyero !

Para las damas, sobre todo, trata de ser tan atento como un francés.

—Siñorina : la pòlenta e mañífica.

En todo está ; á todo atiende para que nadie carezca de nada.

—Il yenerale non tiene servilleta. ¡ Maledeto !

A veces se impacienta por la lentitud de los mesoneros.

—¡ Per la madona ! Questa siñora ha finito. Llévate le plato.

Mientras así se afana el diligente Coppola, sus

huéspedes comen escandalosamente : como tiburones los hombres, y como tintoreras las mujeres.

Y cuenta que hay entre ellas algunas tintoreritas muy lindas, por cuyas rojas boquitas desaparecen rápidamente los bocados, cual ágiles insectos que penetran en la corola de encendidos claveles. Y es de justicia hacer mención especial de una enorme tintorera de incomparables mofletes, de voluminoso tórax, de amplísimas caderas y de varonil aspecto, que come con *eduardístico* apetito.

Se llama doña Juliana de Andral, y es viuda de un antiguo empleado público, que nació y murió con el biberón del presupuesto en la boca. Esta señora, que no es tan mala como á primera vista lo hace creer su repulsiva facha, vino al mundo para comer, y tiene tres hijas que seguramente llevan la marca de fábrica en los dientes, los cuales podrán ser perlas, y tan blancas y pequeñas como se quiera ; pero, maldita la gracia que le hace esa clase de perlas á Coppola, ni á ningún posadero observador y de nervios quisquillosos.

Las tres tintoreritas hijas de doña Juliana, que en punto de apetito es la tintorera por antonomasia, son muy bonitas ; pero algo difícil se les está haciendo el conseguir novios, tanto por la voracidad de sus encantadores estomaguitos, como porque doña Juliana parece á todos inaceptable como suegra ; pues tiene el tipo de aquella que, levantándola por los cabellos, en cierta ocasión remató el diablo de este modo : —*Se vende una suegra.*—*¿ Cuánto vale ?*—*Es suya.*

Y sin esperar la oferta, se la arrojó al que le hizo la pregunta.

La viuda de Andral es un derroche de carnes bajo un vestido de treinta y pico de varas ; al andar

se balancea como una fragata escasa de lastre; no
tiene cuello, y cualquier cochino congo le envidiaría su gran papada, si los cochinos congos fueran
capaces de tener envidia. Sus ojos son garzos y soñolientos como los de una perra perdiguera cuando
está descansando; tiene su nariz anchas alas, y
hay sobre su labio superior un bozo que seguramente hará recordar á don Leonardo el de Claudia la
Bigotuda.

En sus frecuentes ratos de expansión suele
decir doña Juliana que ese bigotito encantaba á su
adorado Andral; y ello podrá ser cierto, pero esto
no probaría sino que también entre los empleados
públicos se cuentan personas de muy mal gusto.

No más de cuatro horas hace que llegó doña
Juliana con sus tres hijas, María, Pepita y Jacinta,
y ya han inspirado pánico atroz á Coppola, á quien
gusta que sus huéspedes le hagan honor al selecto
menú, pero ¡vamos! que dejen algo para los demás, y sobre todo, que no se ceben con tanto encar-
nizamiento en las mejores viandas.

El denuedo con que la viuda almuerza no le
impide observar á Mariana, cuyo enlace con aquel
hombre no se explica. Probablemente ella no le es
fiel. ¿Quién será el favorecido? En Caracas tiene
una amiga capaz de averiguarlo en media hora. La
invitará para que pase unos días en Macuto. A esa
sí que no se le escapa nada. Qué de cosas sabrá
por ella! Mientras tanto, no está demás que se
coma otra chuleta á la milanesa.

—¡Señor Coppola!

—A la vostra disposicione, siñora.

—Hágame el favor de traerme otra chuleta.
Están muy buenas.

—Para mí también, mamá.

—Y para mí.

—Y para mí.

Coppola pone los ojos en blanco, pues hace rato viene observando que la tintorera y las tres tintoreritas han pedido repetición del m smo plato á distintos mesoneros. ¡Como que se han propuesto arruinarlo! *¡Per Dío santo, questo es horrípile!*

Poco después se presenta un mesonero, á quien Coppola dio órdenes en voz baja, con una chuleta y tres ruedas de carite frito. Las tintoreritas aceptan la transacción.

El ruido ascoso de una nariz que se suena con estrépito llama la atención de todos los comensales, y algunos exclaman:—¡Qué puerco!

Es don Leonardo, quien en sonándose dice á la madama Coppola:

—La primera vez que comí polenta me la brindó una italiana con quien tuve relaciones.

—¿Era persona princhipale?

—No mucho. Era la mujer de uno de los primeros zapateros remendones que llegaron á Caracas.

—¡Per Dío santo, siñor Leonardi!

—Usted no puede imaginarse, madama, cuánto gocé cuando era joven. ¡Bendita juventud! Ahora vivo de sus recuerdos.

—Y de sus consecuencias morirá—dice en voz baja el doctor Tamayo á sus compañeros de mesa redonda: Parra Almenar, Grisanti y Díaz Rodríguez.

—¿Lo has asístido?—pregunta Parra.

—No, pero basta verlo para comprender que su sífilis es incurable.

—¿ Y cómo se habrá conservado su mujer en tan buena salud ?

—Seguramente la contagió al principio ; pero curada á tiempo, lo obligaría á renunciar sus derechos maritales.

—Trabajo debe de haberle costado mantener tal renuncia—dice Díaz Rodríguez—porque la mujer es bellísima.

—El cuidado habrá sido de ella.

—Como que no son muy cordiales sus relaciones.

—Claramente se advierte que es la hijita el lazo que los mantiene juntos.

—Coppola : mándenos unas ostras.

—Y cuatro copitas de oporto.

—La niñita es muy linda también.

—Sí, pero me gusta más la madre.

—No dirás lo mismo dentro de siete ú ocho años.

—Acuérdate de preguntármelo entonces.

—Coppola : mándeme una botellita de soda.

—Creo que por bella que llegue á ser la hija, nunca lo será más que la madre, pues la belleza de ésta no puede ser superada.

—¿ Cómo se llama la niña ?

—Mila.

—Bonito nombre.

—Ella lo es más.

—Son muy dulces sus ojos.

—Y su boquita, aunque quizá algo pequeña, es primorosa.

—Mesonero : de esa soda nó ; tráigame de la marca Z.

—¿ Esa es la de Zuloaga ?

—Sí, es muy buena, y no sé por qué se importa de otras marcas.

—Porque sois raros los que hacéis justicia á los productos criollos.

—Es cierto ; entre nosotros se prefieren los que vienen del exterior, á todo trance.

—Lo que es yo, siempre doy la preferencia á lo que se produce aquí. Soy decidido protector de la industria nacional, pues creo que ello es deber de todo buen patriota. Favoreciendo nuestro desarrollo industrial se favorece á la Patria, puesto que se propende á su prosperidad, la cual implica el bienestar de cada uno.

—Si todos pensasen como tú, otro gallo nos cantara.

—A propósito de gallos ; Coppola, háganos preparar cuatro cocktelitos como los de esta mañana.

—¿ Con brande ?

—Sí ; pero que no sea venezolano, porque de eso no tenemos fábricas que trabajen á la luz del día, sino sitios desconocidos donde se falsifica un brevaje que es para el hígado un poderoso corrosivo. Así como pido protección para las empresas respetables, quiero que se persiga á los falsificadores de productos extranjeros, que nos están envenenando sin conmiseración alguna.

—Propongo que Díaz Rodríguez dedique un capítulo de su próxima novela á las venenosas adulteraciones.

—¿ Y crees que pueda yo conseguir con un capítulo novelesco lo que tantas veces han pedido en vano los periódicos ?

—El periódico pasa y el libro queda. Cuando tengas necesidad de despachar á algún personaje para el otro mundo, envenénalo con un poco de mantequilla.

—¿Y cómo va esa novela, Manuel? ¿Está muy adelantada?

—No mucho. Aquí se escribe con gran desaliento, porque es muy corto el número de lectores de obras literarias. Como que falta tiempo para leer artículos políticos. ..

—Eso es verdad.

—Para que florezca la literatura de un país, preciso es que haya estímulo. Se nos hace cuesta arriba el escribir sabiendo que lo hacemos sólo para unos cuantos, acaso más amigos del autor que de las bellas letras.

—En cambio, de toda novela extranjera que llega se venden miles de ejemplares.

—Esto es lo que más nos desalienta.

Sin embargo, hay que perseverar para imponer, á fuerza de pluma, la afición por las obras nacionales.

—Como quien dice: hay que abrir ostras con las uñas.

—Y á propósito de ostras: qué buenas están éstas; pidamos más. Coppola: más ostras.

—¡Oh, dotore, son finita!

—¿Y por qué compró tan pocas?

—Io a comprato molto, ma questos recién casados que sono en lotra mesa se han manyato come chinque docena; e siguen manyando.

—¿Tendrán algún desafío?

—Io non so.

—Pues si no lo sabe, tráiganos frutas.

Todo es animación en el espacioso comedor del Casino, donde están almorzando con sublime apetito más de setenta personas. Unos mastican otros hablan, tales ríen, y aun hay algunos que hacen todo eso á un mismo tiempo.

El chocar de platos y de copas, el estampido de botellas que avientan lejos los corchos, y el sordo ruido de los que saca el tirabuzón, producen una música, que no será armoniosa, pero sí deliciosamente original : es lo que pudiéramos llamar el gran himno del estómago.

La alegría es general, pero la excepción es Coppola, pues está cabizbajo y preocupado porque doña Juliana é hijas aún no han pedido el café.

Muchos se hablan de mesa á mesa y se pasan finezas de frutas y de flores.

La voz dominante es la de un compatriota de Coppola, que vino á esta tierra para establecer una latonería ó cosa por el estilo; pero habiendo observado cuan pródiga de halagos suele ser en Venezuela la carrera de las armas, de la noche á la mañana se hizo general. Por eso ostenta sobre los hombros seudas charreteras, tamañas como las manos de cambur cuyaco que producen los feraces terrenos de Barlovento.

Actualmente está refiriendo una de sus guerreras aventuras.

¡Qué Garibaldi ni qué Víctor Manuel! ¿Espartaco? Más estupendo aún resultó el que fue latonero mediocre en Italia, y á poco héroe insigne en Venezuela.

Coppola está orgulloso de su egregio paisano y le oye con delirio.

¡Cuántas batallas ganadas por la pujanza de su brazo! ¡Qué de proezas alcanzadas por el denuedo que encierra ese pecho, nutrido con tantas sabrosas macarronadas! Mil veces le ha visto la cara á la muerte; pero como también la muerte se la ha visto á él, ella ha huído amedrentada.

Actualmente refiere las peripecias de una campaña que hizo por los llanos del Guárico, en la cual luchó como un león, gozó mucho y padeció aún más. Al concluir su relato, emite esta sentencia, que no debe pasar inadvertida:

—Si non fuera per le garapata e le zancú, la guera sería un paranda.

Los mesoneros, en tanto, ni un segundo se detienen; siguen saltando corchos; sucédense las carcajadas; sostiénese á alto grado la animación de la tertulia; y se aumenta el incesante chocar de platos y de copas.

¡Cuánto alborozo!

Sublime himno es el himno triunfal del estómago.

VIII

A las tres de la tarde hace su entrada triunfal en el Casino Panchito Magdaleno, al frente de nueve músicos caraqueños.

¡Con qué alborozo lo reciben! Panchito por aquí, Magdaleno por allá. ¡Viva Panchito! ¡Viva Magdaleno! ¡Gloria eterna á Panchito Magdaleno!

No con más júbilo recibieron los parisienses á Bonaparte, vencedor en Marengo.

—¡Viva Panchito Magdaleno!

—¡Viva!

—Todo este corotaje estorba—grita el doctor Riera con voz de jefe.—A ver, muchachos: quiten estas mesas y estas sillas.

—Sí, sí; á bailar sea dicho—gritan varias voces.

—Que nadie se quede sentado—añade el doctor Riera, temeroso de que algunas damas, por casadas, se nieguen á bailar, y entre ellas la señora de Aragón.

Daniel Mitral observa que dicho doctor se va acercando disimuladamente á Mariana, y resuelve tomarle la delantera. Ella, recostada de la baranda, está mirando al mar.

Daniel se le aproxima sin que ella lo advierta. Quiere respetar su silencio, pero teme que alguno se le anticipe. Se acerca aún más, y en seguida retrocede. No intentara interrumpir su meditación si pudiese adivinar los pensamientos que le están cruzando por la mente.

Está pensando en él, en su gallarda figura, en el vigor persuasivo de su palabra cuando quiere convencer, y en la ternura de su acento si anhela conmover.

Está paladeando en el alma las frases que él le dijo por la calle cuando venían. Fueron pocas; pero qué finas; qué dulcemente delicadas; qué expresivas!

Cuántos detalles, cuán insignificantes incidentes le vienen á la memoria! Durante el almuerzo Daniel no cesó de dirigirle miradas, tímidas á veces y otras ardientes. Qué azoramiento cuando él la sorprendía mirándole! Y él nó; cuando lo era, se sonreía como muy satisfecho de ello. Si ese joven supiera que ya lo ha puesto en parangón con su esposo. El seguramente se llenaría de júbilo, pero ella se avergüenza de esto; pues por algo dijo alguien que el comparar es el primer paso en falso que dan las mujeres infieles. Mas no pudo evitarlo: al lado tenía á su marido y en otra mesa, pero enfrente, estaba Daniel: asqueroso el úno, seductor el ótro. Y pensó así: «si éste fuera como aquél; ó si aquél fuera lo que es éste.» Después...... ¡Dios mío, qué de ideas extravagantes! No quiere recordarlas; nó; uo lo quiere.

Cuando se levantaron de la mesa, él se le acercó, intentó decirle algo, pero no pudo por la intensa emoción que lo agitaba; quiso disimular y le dijo una nadería. Lo que observa en él es bien raro, y sólo puede definirse por ideas contradictorias: es algo así como la *osadía del tímido* ó la *timidez del osado*. Bien se advierte una dualidad en su carácter, consecuencia sin duda de violenta perturbación. ¿Y cómo le gusta más á ella: azorado ó decidor? Francamente: de ambos modos.

Y él, ¿qué pensará de ella? ¿Creerá fácil su conquista? Es menester tomar todas las precauciones necesarias para evitar que él no se forje ilusiones autorizado por imprudencias de ella. Más aún: precisa hacerle comprender que hasta sus meras pretensiones serían consideradas como imperdonables agravios......

En tanto que así medita la hermosa, reclinada de la baranda del Casino, su mirada cabalga sobre los burros de agua con enjalmas de espuma que vienen á la playa.

Su brazo izquierdo, en cuya mano apoya la mejilla, se destaca semi—desnudo como un primor del arte que creó á la Venus manca. Es un brazo admirable: surge de entre la manga de finísimos encajes como una columna de forma artística levantada al amor con pétalos de nardos y azucenas. La luz, enamorada de sus rubios y sutiles vellos, los besa, y al besarlos se adormece y queda entre ellos como en desmayo de sensual embriaguez.

Daniel ansía ver ese brazo apoyándose en su

hombro, mientras se deje llevar junto con Mariana por las armoniosas ondas de la orquesta; cuyos largos preludios están excitando vivamente la impaciencia, que pugna por arrancar, cual caballo que piafa ganoso de correr.

Doña Juliana de Andral, la que come como una tintorera, la rechoncha viuda de nueve. arrobas, favorece sin pensarlo el propósito de Daniel, deteniendo al doctor Riera cuando éste se dirige á donde está Mariana para invitarla á bailar el primer vals.

—Doctor—le dice la tintorera—¿ usted todavía baila ?

—Y como cuando estaba en los veinte, señora.

—Pues yo fuí la mejor pareja de mi tiempo, doctor, y todavía me aplico.

Don Graciano, gallo jugado en setenta plazas, le ve la oreja al lobo; pásase la diestra por la lustrosa calva; se agacha, pareciendo aún más pequeño, como abrumado por una enorme carga, pues ya se imagina estar cargando con ese vejestorio de más de dos quintales, y se aleja presuroso sin acordarse ya ni de Mariana ni de nadie.

La señora de Aragón sigue meditando, y Daniel respetando su imponente actitud.

Magdaleno da en el atril los golpecitos convenidos, y á un tiempo mismo salen de todos los instrumentos los acordes del vals «Amor y Primavera», que van á poner en movimiento á todos los parejas, en cuyos corazones golpeaba el piafador corcel de la impaciencia.

Mariana apea su mirada de un burro de agua que con enjalma de espuma viene hacia la pla-

yá, vuelve la cara y mira á Daniel que está á
tres pasos de distancia contemplándola en éxtasis. Él se acerca y le ofrece el brazo para bailar; ella lo acepta y más de veinte miradas de
envidia caen sobre él. ¿Y sobre ella? Otras
tantas, pues Mitral, además de gallardo, tiene
fama de excelente pareja.

El magestuoso donaire con que ella toma
la posición adecuada para danzar, revela que es
experta en el arte.

Ya se ha cumplido el vivo deseo de Daniel: ya está apoyado en su hombro derecho el
primoroso brazo que há admirado tanto, y que
parece formado con pétalos de nardos y azucenas;
ya está aspirando el aliento que ella respira, ese
perfumado aliento que la brisa del mar, infatigable recolectora de perfumes, le disputa, codi-
ciosa y cruel.

—Y hay quien diga—exclama Daniel, ex-
teriorizando su mental soliloquio—que la felicidad completa no existe en la tierra. Desmienta
á quien tal diga, señora, pues yo soy feliz en este
instante: incomparablemente feliz.

—¿Por qué, señor Mitral?

—¿Necesito decirlo? Porque estoy bailando
con usted.

—Recuerde, señor, que sólo puede ser completamente feliz quien nada desee. ¿Se han cumplido todos los deseos de usted?

Mariana comprende al punto que ha dicho
demasiado; que se le ha escapado una indiscreta
pregunta que puede situarla muy mal y dar pábulo á las esperanzas de él. Está visto que
siempre ha de cometer imprudencias delante de
ese joven! Quisiera recoger sus últimas pala-

bras, á las cuales ya Daniel les está extrayendo en el laboratorio de su cerebro todo el jugo de intención que contienen y todo el néctar de esperanza que le brindan.

Realmente: ¿cómo puede ser feliz mientras no satisfaga el deseo de poseer su corazón?

¿Existe la felicidad sin el amor de esa mujer? ¿Y lo ha conquistado acaso?

Cierto que no; pero, ó él es el más presuntuoso de los hombres, ó aquellas significativas palabras de Mariana son la clave de la no distante felicidad que ansía.

Ambos bailan automáticamente; ella preocupada por las imprudentes frases que ha dicho á Daniel, y éste acariciándolas en la mente é interpretándolas como insinuaciones espoleadoras para que partan á rienda suelta sus pretensiones amorosas en pos del bien apetecido.

Hay un instante de violenta sensación para Mitral; pues por impedir que Mariana tropiece con otro pareja, la hace dar media vuelta, atrayéndola á sí de tal modo, que un bucle de su cabellera, impelido por la brisa, viene á ponérsele al alcance de los labios, acaso para pedirle un beso á cuenta de mayor cantidad.

El beso sale; suave, pero perceptible, y repercute en el alma de Mariana como nota más melodiosa aún que las del vals «Amor y Primavera».

Quizás esté engañado; pero á Daniel le parece que ella le estrechó la mano cuando le besó el rizo. ¿Será cierto?

De pronto le asalta el temor de que ella se haya enojado por su irreverencia. ¡Está tan seria! ¿Cómo averiguar qué especie de sensaciones la preocupan en este instante ? Quién fuera adivino ; pues á serlo, pidiérale perdón si le fuesen contrarias esas sensaciones, ó si favorables, le besara otra vez el mismo bucle, que continúa traveseando delante de sus labios, como un chiquillo juguetón que á cogerlo desafía.

El temor de haber provocado su enojo lo acoquina. Nada es más imponente que una mujer bella cuando está enojada.

Termina el vals.

—¡ Bravo, Panchito !—exclaman por todas partes.

—¡ Buen vals !—añade Mariano Michelena—¿ Es verdad ó nó es verdad ?

Doña Juliana, la que come como tintorera, resopla ahora como ballena. ¡ Ha bailado también !

¿ Quién ha cargado con esa calamidad de nueve arrobas ?

¿ Quién es el héroe de semejante hazaña ?

¿ Quién el mártir que de tal modo ha conquistado un puésto en el martirologio de los parejas complacientes ?

El menos tonto de todos ; pero el que mejor se adapta á las imposiciones de las circunstancias en las lides amorosas : José Antonio Espinoza, el afortunado autor de *Regionales*.

Bien sabía él que sus amigos, en viéndole bailar con doña Juliana, se reirían de lo lindo ; pero no es hombre que se pára en pequeñeces. Le gusta Jacinta, la menor de las tintoreritas, y ha resuelto poner de su parte á la tintorera madre, á todo trance, pues con ese espíritu de observación que le valió para escribir su obra, ha comprendido que doña Juliana será capaz de cargar en la palma de la mano á todo el que tenga la intrepidez de bailar con ella.

Algunos creyeron que José Antonio no llegaría á tanto en su heroísmo. ¡Qué poco le conocen!

Ahora están satisfechos ambos parejas. Doña Juliana asegura á sus hijas, entre bufido y bufido, que el coronel Espinoza es el joven más amable y más inteligente de cuantos se ponen flores en el ojal. (José Antonio tiene un clavel de muerto en el sitio indicado.)

El autor de *Regionales*, por su parte, en premio de su hazaña, se pasea por los corredores del Casino, de bracero con su amada Jacinta.

Con ella baila la segunda pieza, y al terminarla, oyéndole decir que tiene sed, le pregunta:

—¿Quiere usted agua, señorita?

—Prefiero champaña, porque estoy muy sudada y me puedo resfriar.

La champañita esa no estaba en el presupuesto de José Antonio; pero él no es hombre que se pára en pequeñeces. Pide champaña.

Y lo que es estar de malas! En el mostrador hay una fuente de hermosos racimos de uvas moscateles, y Jacinta los elogia de modo harto significativo.

Tampoco estaban las uvas en el presupuesto de José Antonio; pero no hay que pararse en pequeñeces.

—¿Quiere usted comer unas uvitas?

—¡Ah! coronel: es usted muy amable. Ya que usted se empeña......

Y uva tras uva, más de cuatro racimos van á

parar al encantador estomaguito de la tintorerita menor.

Luego, para asentar, otra copa de champaña, que tampoco estaba en el presupuesto.

Al tiempo de pagar, el agraciado saca del bolsillo su único capital: lo que había reservado para el regreso á Caracas. La cosa está «escasona.»

—Ahora te traigo los dos reales que faltan—dice por lo bajo al dependiente ; dale en seguida el brazo á Jacinta y se aleja presuroso de la aciaga fuente de uvas moscateles.

Cuando poco después Ramoncito Ayala le pregunta cómo le fué con Jacinta, el autor de *Regionales* contesta :

—No me hables más de esa mujer. Préstame dos reales, hermanón.

Incontinenti vuelve á donde venden las uvas, paga el piquito pendiente y desaparece.

Se tocan tres piezas más sin que el coronel Espinoza aparezca por el corredor. Doña Juliana, creyéndole capaz de reincidir, le busca ansiosa ; y Jacinta, dirigiendo de cuando en cuando miradas gulosas al ambigú del Casino, suspira por el simpático joven que tan cortesmente la obsequió, y que con tan finos modales le dirigió algunas expresivas frasecitas ; dulces, muy dulces, aunque no tanto como las uvas.

El autor de *Regionales*, en tanto, puesto á buen recaudo, jura por las once mil vírgenes no volver á bailar nunca jamás con viejas de nueve arrobas, ni con niñas á quienes les gusten tanto las uvas moscateles.

La segunda pieza la ha bailado Mariana con el doctor Riera y la siguiente con León Ponte :

entrambos la elogian incesantemente como espléndida pareja.

—¡ Sublime !

—¡ Estupenda !

—¡ Vale un imperio !

—¡ Vale diez !

Sólo Daniel Mitral no la elogia, pues por
ese egoísmo propio del amor, quiere antes bien,
que no se propague la fama de esa «hada del
baile», como la ha denominado don Graciano en
uno de sus frecuentes raptos de entusiasmo.

La siguiente pieza también la baila con ella,
y á fe que las bailara todas, si á ello no se opu-
sieran las conveniencias sociales.

Es una polka, una bellísima polka nacida
de la mágica flauta de Manuel Guadalajara ;
creación de ese talento musical que en un país
algo más elevado que el nuestro sobre el nivel
de la civilización, acaso, como Teresita Carreño,
hubiera tocado con la frente el cielo de la fama
universal.

Un clavel encarnado se desprende del seno
de la bella Mariana, donde finísimos encajes de
Lieja permiten ver partículas de un edén en que
no faltan las tentaciones de manzanas más apetecibles que las que había en el Paraíso de nuestros primeros padres.

Daniel recoge la flor y dice :

—Quiere ser mía. ¿ La conservo ?

El corazón le ordena á Mariana decir que sí ;
pero el buen juicio le advierte que eso sería ir
demasiado aprisa.

—¡ Imposible !—contesta.

Daniel se somete y devuelve la flor sin añadir palabra. Esta humildad la enternece, y el

propio corazón la acusa de cruel; y no en vano, pues variando de modo de pensar, opina ahora que ha debido dejársela. ¿Por qué ese empeño en entorpecer la marcha de lo inevitable, oponiendo necias preocupaciones, cual menudas piedrecitas con que se intentara detener á un tren en su carrera? Ella comprende que, empujada por irresistible y misteriosa fuerza, avanza á largos pasos hacia el delito; hacia el más abominable de los crímenes. Pero, ¿dónde hallar fuerzas para contrarrestar la fatal que empujándola está? ¿En quién ha de apoyarse para resistir? ¿En su marido? En este instante se está sonando la nariz con estrépito digno de un fuelle de herrería. Vuelve la vista á él, y hasta náuseas siente al ver su cobriza piel cubierta de negruscos granos y de pequeñas cicatrices de color blanco mate, su nariz que tiende á parecer un tomate maduro, y sus ojos sin pestañas de donde mana asqueroso humor. Sin poder contenerse ahora, y buscándole un vado á la complacencia, pregunta á Mitral.

—¿Para qué quería usted este clavel?

—Para que me perfume la existencia.

Mariana comprende que su pregunta ha dejado traslucir los pensamientos que acaban de cruzarle por la mente, é intenta velarlos dándole á la conversación giro de chanza.

—Las flores, señor Mitral, usted lo sabe, sólo viven un día. ¿Cómo, pues, podría perfumarle la existencia este clavel que mañana estará seco y sin aroma?

—No ignoro, señora, que mañana habrá perdido su fragancia natural; pero sé también que conservará por siempre el perfume de que se ha

impregnado en el seno de usted. Aspirándolo,
señora, mi alma pensará que está en la Gloria.

Las palabras de amor; esas que dicta el corazón cuando está prosternado, esas que salen de
entre los labios haciéndolos palpitar cual vibraciones de sonoras fibras, son en el papel como
rosas marchitas, como sonidos inarmónicos, porque carecen de las partículas de alma con que nacieron.

Cada palabra de las últimas de Daniel ha
salido con parte de su alma; por eso Mariana las
acoge en la suya como á una bandada de divinas
mensajeras.

Ellas le hablan el lenguaje del sentimiento y la conmueven, pues no hay otro más elo-
cuente. Quiere acceder, y aun levanta la mano
para desprender la flor pedida, pero se detiene,
porque la razón le advierte que la facilidad es germen de destrucción que muy pronto apolilla las
conquistas amorosas.

No puede ser. Con gusto se la daría, porque
así se lo está ordenando el corazón; pero quiere
evitar que su amor nazca con el pecado original
de la fácil complacencia.

Guardará el clavel, y acaso algún día pueda
presentárselo como testimonio de la antigüedad
de su cariño.

IX

Coppola y Tacoa, continúan satisfechos.

Parece 'que ambos engordan más cuando en Macuto se aumenta el flujo de temporadistas, y las dos semanas siguientes al domingo en que hubo el baile referido, han transcurrido colmando los mejores deseos del dueño del Casino y del encargado de los baños de mar.

Aquel domingo, después del baile, hubo un paseo general por la playa hasta las siete de la noche, y en terminando la comida, los que no estaban invitados para el gran baile de la familia Escobar, fueron á formar en las barras. Entre éstos se contaban Mariana, Mila, Daniel, otras damas y otros caballeros, que mucho estaban gozando, viendo gozar, hasta que cuatro ó seis jovencitos, de los que en Caracas han acabado con esa clase de diversiones, obligaron á las damas á retirarse por no seguir oyendo las vulgaridades é indecencias que ellos querían hacer pasar por chistes de buen gusto.

Sí ; son esos graciosos al mazo los que han hecho proscribir de la sociedad caraqueña la costumbre de buscar en el baile cultos esparcimientos, fortalecedores del alma y necesarios para la propagación y refinamiento del trato social.

En las otras poblaciones de la República existe, más ó menos frecuente, el culto á Tersícore, mientras que en Caracas, en la capital, un baile es hoy en día sorprendente novedad.

¿ De quién la culpa ?

De esos necios jovenzuelos que, ya por mala educación, ya por relajamiento de costumbre, ó ya por despecho, van á las barras á provocar desagrados y á interrumpir el placer de otros.

¡ Y de qué modo ! Con vulgaridades que llaman chistes, y con simplezas abortadas que quieren hacer pasar por partos del ingenio. Por eso, para dar un baile en Caracas, es indispensable echarse un revólver en el bolsillo, como en cierta ocasión lo hizo el general Pulgar, para decir á los espectadores al tiempo de abrir las ventanas : *Vean lo que tengo aquí para los desordenados*. De ahí proviene el hastío que está apolillando nuestras prácticas sociales, de ahí la soledad de los salones caraqueños.

La sociedad de la capital no recobrará su pasada animación hasta después de haber añadido á las letanías este ruego : *De los graciosos de las barras, líbranos Señor ;* ó acaso más eficazmente cuando la autoridad policial resuelva acabar con esa plaga.

Al retirarse, Daniel maldijo á los irrespetuosos jovencitos. ¡ Se hallaba tan bien allí ! El apiñamiento de tantas personas lo obligaba á estar tan cerca de Mariana, que, sin pensarlo, y aun sin poder evitarlo, más de una vez tanteó las mórbidas carnes de la hermosa.

Cuando tal sucedía, él se excusaba atribuyendo la culpa á los desordenados que empujaban por divertirse. Y era su pena sincera, pues parecíale horrenda profanación el contacto de aquellas formas, suaves, blandas, delicadas; con el prestigio de la voluptuosidad, pero también consagradas por el divino esplendor del idealismo.

———

Durante las dos semanas siguientes han llegado á Macuto más temporadistas, entre los cuales se cuentan bellísimas damas.

Para el domingo sube de punto la animación, porque desde el sábado anterior están llegando multitud de caballeros que, no habiendo podido desatender sus negocios en Caracas, vienen á pasar el día del descanso, con sus familias únos, y con las señoritas que pretenden ótros.

Desde las primeras horas de la mañana la estación del ferrocarril parece una tienda de florista, donde flores humanas, trasplantadas de los pensiles de Caracas y La Guaira, compiten en belleza y lozanía. Pero como no todo ha de ser poesía, entre las hermosas, acaso para realzarlas con el contraste, muestra doña Juliana su repulsiva catadura. Ella y sus hijas están esperando á doña Salustia de Amianto, amiga íntima, rica usurera, y á su prima la señorita Felipita Menjil. Ya veremos al llegar el tren lo que son las mencionadas pajarracas.

Son las diez de la mañana. Cuánta alegría dentro y en torno de esa casilla de madera que llaman la «Estación», y que se halla colocada á pocas varas del mar en el pintoresco sitio denominado «La Guzmania», que es de los pocos que aún perpetúan el nombre del Ilustre Americano, y que lo conservará hasta que suba Fulano á la presidencia de la República, y á él ó á alguno de sus aduladores se le ocurra cambiárselo por el de la *Fulania*.

El poderoso silbato de la locomotora anuncia desde lejos su llegada. Todos los que esperan pónense en movimiento, y segundos después asoma el tren al final de la recta. En los ventanillos aparecen muchas caras sonrientes y varias manos que saludan. Párase la máquina; unos bajan, al mismo tiempo que otros, impacientes de abrazar á seres queridos, suben á los vagones. Hay explosión de júbilo, salutaciones ruidosas, palmadas en las espaldas, y un himno de besos, sonoros los que se imprimen en los carrillos, y débiles ó destemplados los que estallan en el vacío; pues no son demostraciones de cariño, sino fórmulas de transacción con una tiránica costumbre.

En los tiempos que alcanzamos, las mujeres no pueden saludarse sin besarse mutuamente; pero es de verse cómo lo hacen algunas.

Cuando una bella niña, de labios frescos y encarnados, cuyos besos no debieran ser derrochados sin incurrir en pecado mortal, se ve obligada por el despotismo de la moda á besar un rostro apergaminado ó ascoso, se le acerca con presteza, cierra los ojos, y lanza el ósculo al aire, cuyos átomos, regocijados por tan valioso hallazgo, se lo llevan velozmente para esconderlo en los sótanos del avaro silencio.

Así besan las bellas hijas de doña Juliana á las amigas recién llegadas; porque doña Salustia tiene un rostro que es una calamidad mayúscula bajo una gruesa costra de *crema Simón* y cascarilla, y la tal Felipita es una majadera de cincuenta y tres años, cuya felicidad estriba en que la llamen por el diminutivo de su nombre ó en que le digan la *señorita Menjil.*

¡Ay de aquel que ateniéndose á su avanzada edad la llame *señora*! Contra él estará siempre asestada, cual flecha envenenada de indio salvaje, la lengua más viperina de Caracas.

La ocupación predilecta de la señorita Menjil consiste en murmurar de todo el mundo y en averiguar toda vida ajena, con la pretensión de hacer creer que al proceder así violenta su carácter. Según dice ella con harta frecuencia, el que vive en el mundo está obligado á conocer las cosas mundanas.

—¿Y qué tal?—pregunta doña Salustia—¿Cómo les ha ido? ¿Se gasta mucho dinero aquí?

—Nos ha ido muy bien—contesta doña Juliana.—Tenemos un apetito atroz; comemos desesperadamente.

Coppola, que pasa por ahí á la sazón, oye esta respuesta, párase y se queda viendo á la tintorera madre como diciendo:—*¡Y se alaba la maldita!*

—¿Y pagan lo mismo que los demás?—vuelve á preguntar doña Salustia.

—Lo mismo; pero comemos por quince.

Felipita, ó la señorita Menjil, en cambiando el saludo con la tintorerita mayor, la bella y juiciosa María, le dice:

—¿Sabes, chica, que por fin resultó verdad lo de Celestina?

—No sé de qué me hablas.

—Pues te lo diré porque comprendo que tienes vivos deseos de saber lo que ha pasado en Caracas.

—Nó, nó, Felipita: no te apures, pues ayer tarde me confesé con el padre Rada, y me censuró mucho que hubiera tomado parte en murmuraciones.

—Pero si no es por murmurar, chica; sino para que te enteres: hazme el favor.

—Hoy no quiero enterarme de nada, pues no hace mucho que comulgué.

—¿Y tú crees que á mí no me mortifica también el tener que referir ciertas miserias humanas?

—Pues entonces no las refieras.

—Pero si lo hago, chica, para que vayas viendo cómo marcha este mundo: hazme el favor.

—Es que no me interesa saber si marcha hacia atrás ó hacia adelante.

—A tí lo que te interesa ahora es que te hable de Enrique Stolk.

—Pero si yo no tengo nada con ese joven.

—¿De veras? Déjame meterte el dedo en la boca para ver si muerdes—añade Felipita haciendo un ademán adecuado á la broma.

—Te lo aseguro.

—Yo lo que te encargo es que peles el ojo, porque ese mozo es muy enamorado, pero renuente al matrimonio, y no te cumplirá lo que te ha prometido.

—Pero si nada me ha prometido, Felipita.

—Mira, María, no me creas tonta: hazme el favor.

—Bueno, pues: será como tú dices.

—No es que será, sino que así es. Escucha, hazme el favor: Stolk tiene una novia en La Pas-

tora, otra por San Juan, otra en Antímano, otra
en la calle de Candelaria, otra......

—¿Y tú las conoces?—interrumpe María.

—No las conozco, pero me lo han asegurado.
Cree lo que digo, niña : hazme el favor.

—Lo que pasa es que muchas suponen que él
las está enamorando, porque le tienen ganas, pues
es un buen partido y.........

—Supongo que no lo dirás por mí—advierte
Felipita, con el recóndito deseo de verse comprendi-
da en la alusión de María.

—Es que tú aseguras las cosas como si las
hubieras visto—replica la otra, un tanto picada de
celos por lo de las novias de Stolk, no obstante
saber lo que valen las afirmaciones de la señorita
Menjil.

—Es que yo tengo más experiencia que tú,
porque sólo tienes veinticinco años.........

—Diez y nueve—interrumpe con prontitud
María.

—Bueno : diez y nueve ; no me acordaba, mientras que yo ya tengo cuarenta y uno.

María se queda asombrada al ver que la señorita Menjil se come una docena de años con la misma impasibilidad con que su mamá pudiera engu-
llirse una docena de chuletas á la milanesa, ó su
hermana Jacinta doce racimos de uvas moscateles,
costeados por cualquier coronel de la República.

Hablando de esta suerte van ambas amigas
hacia el centro del pueblo, y al llegar al puentecito
que está entre la Estación y el Parque, Felipita alcanza á ver al padre Rada que, acompañado del
doctor Splieth, lleva opuesta dirección.

—¿Ese es el cura con quien te confesaste?—
pregunta á María.

—Sí; el padre Luis Ramón Rada.

—Y está gordazo el bendito. Parece buena persona.

—Inmejorable—afirma María—¿Quieres que te lo presente?

—Bueno, hazme el favor. Soy fisonomista: ése es un buen sacerdote.

—Padre Rada: tengo el gusto de presentarle á esta amiga mía.

—A los pies de usted, *señora*.

—Nó, señor cura: soy *señorita*. La señorita Felipita Menjil, servidora de usted. Vámonos, María, que el sol está muy fuerte.

Y sin esperar las excusas del sacerdote, aléjase llevando por la mano á su compañera, como perseguida por un enjambre de avispas irritadas.

En llegando al Parque se detiene, con el semblante demudado, apretados los delgadísimos labios, y vidriosos los pardos ojos de lechuza encandilada.

—¿Y por qué se le habrá antojado á ese cura creer que soy señora?—pregunta con trémula voz.

—Pero eso no es una ofensa, Felipita.

—No lo defiendas, María: hazme el favor.

—Bueno, pues, no lo defenderé; no te sulfures.

—¡Cura antipático! Come-pollo. Con seguridad se ha comido todos los pollos de Macuto. Y los mejores carites que traen los pescadores serán para el señor cura. Y las familias de aquí le regalarán todos los días botellas de vino. Todo para el señor cura: para que engorde bastante. Por eso está tan cachetón. ¡Antipático!

—Pero, Felipita; hace rato decías que...........

—No lo defiendas, María: hazme el favor.

En llegando al centro del Parque, doña Juliana, que se ha adelantado con doña Salustia hablando de retroventas y de empeños, se pára y espera á la señorita Menjil, á quien dice con la complacencia del que hace un obsequio:

—Felipita: ¿ves á aquel joven que se está paseando por allí?

—Sí; Daniel Mitral; conozco á todo el mundo. Es un joven muy enamorado, de quien se cuentan varias historietas de amor. Continúa, hazme el favor.

—Aquí le está haciendo la corte á una señora cuyo marido se halla sifilítico y algo reumático. Figúrate. Hace veinte y pico de días que se hallan aquí, y las cosas como que están muy adelantadas.

—Mamá:—interrumpe María—acuérdate de que esta mañana comulgaste.

—Pero, niña, ¿y eso no es público y notorio?

—A nadie le consta; es que lo dicen.

—¿Y todas las mañanas se ven aquí?—pregunta Felipita temerosa de que se le escape tan propicia oportunidad para ejercitar la lengua.

—Todos los días después del baño.

—Comprendo. ¿Y están alojados en un mismo hotel?

—En el Casino.

—Malo. ¿Y ya habrán pasado á cosas mayores?

—Dejen á esa gente quieta—dice María temiendo perder la gracia de la comunión por oír tales murmuraciones.

—No te metas, niña: hazme el favor—gruñe Felipita con impaciencia y mal humor, como un perro á quien intentan quitarle el hueso que está royendo.

—Es que eso es pecado mortal—añade María.

—Tú sabes que á mí no me gusta murmurar de nadie—afirma con cinismo la Menjil—pero como úna vive en el mundo, debe conocer las cosas mundanas. Conque, Juliana: dime una cosa: ¿esos tipos no tendrán citas de noche? Hazme el favor.

—No te lo puedo asegurar, Felipita.

—Comprendo. ¿Duermen ella y su marido en un mismo cuarto?

—No; él solo, y ella con su hija, una niñita de ocho á nueve años, muy bonita.

—Que no será del marido. Comprendo.

—¡Qué lengua!—exclama María no pudiendo contenerse.

—Cuán triste es saber ciertas cosas—dice la señorita Menjil poniendo en blanco los ojos.—¿Conque el marido duerme en otra pieza? Dime algo más: hazme el favor.

—Mariana y Mila llegan al Parque.

—Ahí está ya—dice doña Juliana.

—Quedémonos por aquí para observarlos—propone Felipita.

—Y como que es rica—advierte doña Salustia colocándose en la gibada nariz los lentes de oro que le empeñó á una anciana en un negro día de hambre.

—¡Cómo se miran, Dios mío!—exclama Felipita.—Y se sonríen. ¡Uy! eso está muy adelantado.

—Ahora verás—añade doña Juliana—cómo él da la vuelta y se hace el encontradizo con ella.

Mariana viste sencillo traje matinal, tenuemente rosado, como los pétalos de la mosqueta, como ciertos caracolillos de mar y como sus frescas mejillas, lozanas rosas de salud, que ha-

biendo descolorido el baño, retiñe el sol con amoroso anhelo.

Mila va á su lado, pero no tarda en separarse para recoger almendrones y guayabas. Lo
previsto por doña Juliana se realiza, pues Daniel,
sin cuidarse de disimular su intento, dirige el paso hacia la avenida por donde avanza Mariana,
cual hada portadora del bien sublime que está esperando el corazón del rendido amador.

La noche anterior ella le reveló un gran secreto en el puentecito de los Baños; le confesó
que había guardado en un cofre el clavel que le
pidió el primer domingo que bailaron; el que se
le cayó del pecho en un molinete de la bella polka de Manuel Guadalajara.

¿Qué más necesitaba oír para saber que era
amado? Le rogó que al siguiente día, en la primera oportunidad, le diera la codiciada flor, cuyo
mérito se había aumentado. Ella dijo diez, quince,
veinte veces que nó, pero al fin prometió complacerle: se la llevaría al Parque, pues en el Casino abundan los fisgones y los que de continuo
atisban la oportunidad de hablar con ella para
galantearla.

Es tal la impaciencia de Daniel, que sin piz-
ca de disimulo va hacia Mariana con la prontitud
de quien ha alcanzado á ver á la persona que espera.

Ella, ocultando el movimiento con el paño
que trae sobre los hombros, saca del ojal uno de
los botones que cuidan el tesoro de su seno, como
el dragón mitológico que cuidaba las manzanas de
oro del jardín de las Hespérides.

Allí trae el clavel prometido; seco, pero impregnado de la fragancia de su seno.

Al dar la mano á Daniel, como saludándolo, se lo entrega, y él lo guarda prestamente en el bolsillo. Ambos muéstranse muy satisfechos por el disimulo con que han procedido; pero á varios metros de distancia, tras tupida cepa de bambúes, que cruje y se balancea cual poderoso navío que azota el temporal, la lengua más viperina de Caracas exclama :

—¡Que me muera de repente si esa mujer no le ha entregado algo á Daniel Mitral !

X

Felipita hubiera querido permanecer tras de la cepa de bambúes espiando á los enamorados ; pero doña Juliana ha declarado que tiene una hambre atroz (¡pobre Coppola!) y desoyendo ruegos ha seguido la marcha, aprisa, porque las ilusiones estomacales como que le traen emanaciones de chuletas á la milanesa y de macarronada con queso parmesano, que le hacen abrir las alas de la nariz, cual las de un alcaraván pronto á alzar el vuelo para caer sobre un cardumen de apetitosos pececillos.

En vano ha suplicado la señorita Menjil. No es que ella quiera curiosear por razón de gusto para luego salir á murmurar ; nó, señor, nada de eso ; es que como úna vive en el mundo, debe estar al corriente de las cosas mundanas. No quiere permanecer allí sino un ratico más para ver si se besan : un ratiquito nada más.

No le han valido los ruegos ; y mal de su grado, sigue á doña Juliana, que va caminando, corriendo, volando, sorda, veloz, bufando ; arrastrándolas á todas, como una locomotora del hambre.

Al salir de la alameda, Laureano Vallenilla Lanz y José Rafael Borges se colocan al lado de las dos niñas menores, y siguen con ellas.

El autor de *Regionales* alcanza á ver de lejos á Borges con Jacinta y exclama :

—¡ Infeliz criatura ! Si pasan cerca de una venta de uvas, lo deja como maestro de instrucción pública en Venezuela.

Llegan al Casino al tiempo en que Coppola agita en su diestra la bulliciosa convocadora de hambrientos.

Comienza el himno de platos, copas y cubiertos, con acompañamiento de sillas arrastradas y de corchos que saltan.

Muévense incesantemente las mandíbulas devoradoras de sabrosas viandas hasta que Mariana hace su entrada triunfal. Entonces todos cesan de masticar para abrir bocas y ojos en homenaje á esa adorable emperatriz de corazones.

—Mírenle el arte—exclama Felipita.—¡ Quién la viera ! Cualquiera diría que no ha quebrado un plato.

En seguida, queriendo pegar la hebra de la murmuración, hace una pregunta á doña Juliana ; pero ésta no está ahora para darle á la lengua, sino para mover las mandíbulas en incesante afán de arruinar á Coppola.

Tampoco nada contesta á doña Salustia, que le habla de sus negocios y de los favores que ha hecho en los últimos días ; pues esa usurera, cuando hace algún beneficio, es con el propósito de obtener un título para hablar de su ficticia filantropía y para adquirir un derecho contra el favorecido, á quien desde ese instante considera como un criado *ad honorem*, que acabará de pagar su deuda cuando llenen las Danaides su tonel.

La filantropía de doña Salustia tiene garras tan largas como las de su codicia. ¡Ay de aquel que caiga entre ellas !

Preferible es deberle dinero á interés, porque saldada la cuenta nada queda pendiente, mientras que aceptarle un favor es firmar pacto de esclavitud por toda la vida, so pena de exponerse á que lo arrastren por el arroyo las sucias corrientes de la murmuración como al sér más ingrato del mundo.

La señora de Amianto es una mujercita chiquita, delgadita y flaquita. Lo único que hay de notable en su rostro es una frente de dos dedos, á lo sumo ; unos ojos de paraulata pichona, con una nube en el izquierdo ; una nariz de perico de Java ; una boca sin labios ; una barba de bruja, y una gruesa costra de crema Simón, bajo la cual se ocultan una piel amarillenta, que parece antiquísimo pergamino, y una vialáctea de innumerables pecas.

Doña Salustia está casada con un pobre diablo, más joven que ella ; ó por mejor decir, menos viejo, pues aún no ha llegado á los cincuenta, mientras que su mujer acaba de cumplir los sesenta.

Don Joaquín Amianto nació para holgazán. Mucho tiempo anduvo por esas calles buscando una muchacha bonita y con dinero, entrampándose con todo el mundo, y ofreciendo como única garantía su aspecto de novio aceptable. Pero en esto lo sorprendieron los cuarenta años, y habiendo conocido entonces á la rica doña Salustia, que necesitaba un socio industrial para ensanchar sus negocios de usura, pero que fuera manejable, sin voluntad propia, no tardaron en entenderse, y la boda se hizo.

Ahora ella lo tiene entontecido, si bien le da casa y comida en pago de las diligencias de cobro que le hace. ¡ Y cómo camina el que nació para holgazán y se casó para no hacer nada !

Don Joaquín es la sombra de doña Salustia, peor que la de Banquo, que todo infeliz deudor de la usurera mira por todas partes.

En cuanto á las deudas de gratitud, esas las cobra ella personalmente. ¡ Y de qué modo ! Quien reciba un favor de ella debe estar siempre listo para servirle en todo y á pesar de todo, con la prontitud que requiere su fulminante impaciencia.

—¿ Sabes, Juliana, que las Pérez se han portado muy ingratamente conmigo ?—dice la usurera.

—¿ De veras ?—pregunta la tintorera llenándose la boca con un buen trozo de escabeche.

—Sí, mujer. Tú sabes que ellas me deben muchos favores, pues cuando su mamá tenía el tifus, yo le mandaba todos los días un atolito, y á veces unas galleticas de casa de Ramella, no para que me lo agradecieran, sino porque yo soy así : muy amiga de hacer favores, aunque me sea feo el decirlo.

—¿ Y te pagaron mal ?—otro bocado de escabeche.

—¡ No me digas, mujer ! Figúrate que enfermé ; con una colerina que por poco carga conmigo. Pues bien : mandé á llamar á las Pérez y les exigí que siempre me acompañara alguna, de día y de noche, porque yo estaba completamente sola, sin una sirvienta siquiera, pues tú sabes cómo está el servicio en Caracas.

—Sí, muy malo. Mesonero: tráigame otro escabechito.

—¿Pues has de creer, Juliana, que á los veinte días se cansaron y no quisieron seguir asistiéndome en mis necesidades? ¡Ay! mujer. ¡Qué olfato tan delicado y qué estómago tan melindroso tienen!

—Muy melindroso. Mesonero: tráigame un pancito.

—Y yo ¡tan tonta! que les estuve mandando atol durante diez y siete días.

—¿Diez y siete? Coppola: ¿están buenas estas arvejas con butifarras?

—Io non so, siñora. Non le probato ancora.

—Pues entonces que me traigan un poco con bastante butifarras.

—Aquella señora y Mitral no se han dirigido todavía ni un vistazo—advierte Felipita, á quien el comer no le impide pasear incesantemente la investigadora mirada, como un halcón que busca presas para hartar al monstruo de la curiosidad, cuya lóbrega guarida es el pecho de esa solterona de cincuenta y tres años que, por vivir en este mundo, quiere estar al corriente de las cosas mundanas.

—Me encantan las arvejas con butifarras—afirma doña Juliana.

María, la tintorerita mayor, no le va en zaga á la madre en eso de echarle viandas al estómago; pero las dos menores van con los frenos recogidos, porque en mesa cercana están Vallenilla Lanz y Borges viéndolas sin cesar.

Sea por azoramiento á causa de la insistencia

con que son miradas, ó ya por temor de ahuyentar
á esos dos candidatos para el noviazgo con la amenaza de tan tintorérico apetito, ó acaso por tener
más gusto en rumiar las palabras que ellos le diri-
gieron há pocos momentos por la calle, es lo cierto
que no han pedido repetición de ningún plato, lo
cual causa vivo regocijo al observador Coppola, y
alarma á la madre, que atribuye la inusitada des-
gana de sus hijas á alguna alteración de la salud.

—Jacinta—dice doña Juliana—repite la carne
frita; está muy buena. ¿Quieres más pernil de ma-
rrano, Pepita?

Antes de responder, Jacinta mira á José Rafael
y Pepita á Laureano; pero encontrándose sus miradas con las de ellos, contestan que nó, en tanto que
á ambos jóvenes se les aumenta la esperanza, porque, no hay que dudarlo, esas miradas significan
que no han perdido el tiempo.

En terminando el almuerzo, la señorita Menjil
llama aparte á doña Juliana para aprovechar su lo-
cuacidad antes de que se la disminuya la fiebrecita
de la plena digestión, y le dice:

—Juliana: cuéntame lo que sepas de los amores de Mitral con la señora de Aragón. Quiero enterarme de todo, no por curiosidad, sino porque
como úna vive en este mundo, debe estar al corriente de las cosas mundanas. Hazme el favor.

—Lo único que sé es que todos los días, después del desayuno, él se sienta en aquella mecedora á leer los periódicos y ella se recuesta de la baranda viendo al mar.

—¿Y de cuando en cuando se dirigen palabri-
tas en voz baja, que no has podido oír? Comprendo.
Continúa: hazme el favor.

—Cabalmente : por más que me he propuesto, no he podido pescarles ni una sola palabrita. Después él le pasa los periódicos, y ella los ojea hasta la hora del baño.

—¿Y no has observado si él mete algún papelito entre los periódicos ? Con seguridad que lo mete. Continúa : hazme el favor.

—Pues mira, Felipita : yo no había caído en que pueden estar carteándose de ese modo.

—Es un medio muy usado. Así era como se entregaban las cartas Federico y la mujer de Pañales. Yo fuí quien lo descubrí, porque desde que observé el teje y maneje de periódicos, me dije: *aquí hay cuernos en mochila;* y efectivamente, á los dos meses se vió que la cornamenta del pobre Pañales era más grande que la de un enorme venado que el otro domingo pasaron por casa.

—¿Y estaba gordo? La carne de venado es muy sabrosa, no es verdad ? ¿Quién lo cazó?

—Guillermo Pimentel y Benjamín Bolívar.

—¿ Eres amiga de ellos ? ¿No te mandaron un pedazo? No hay cosa más sabrosa que un salón de venado.

—No lo soy—contesta Felipita, y temiendo que su interlocutora quiera continuar la conversación en sentido culinario, añade :—No hablemos de comidas y sigue refiriéndome : hazme el favor.

—¿ En qué quedamos?

—En que después que ella le devuelve los periódicos se va al baño.

—Va con la hija, en quien á veces se apoya su padre......

—El que pasa por tal.

—Como quieras.

—¿ Y él también se baña ?

—Nó; se queda en el puentecito hablando con Tacoa, quien dice que ya está aburrido de oírle hablar de la *Catira* y de la *Llanera* y de la india Rosa y de que sé yo qué otras mujeres de mala vida.

—¿Y quiénes son ésas?

—Unas vagabundas con quienes tuvo relaciones en su juventud.

—Y que lo pusieron en ese estado. Comprendo. Continúa: hazme el favor.

—Pues bien; después que ellas se bañan, él regresa apoyándose en un muchacho, y madre é hija van al Parque, diz que á provocar la reacción de la sangre; pero en realidad para conversar aquélla con Mitral, más libremente que aquí, pues esto está siempre lleno de gente, y allá......

—La niñita se pone á recoger almendrones y guayabas, y ellos á prepararle una hermosa cornamenta al antiguo amante de la india Rosa. ¿No es eso? Continúa: hazme el favor.

—Eso es todo lo que sé.

—No es mucho.

—Vamos á ver lo que averiguas tú.

—Algo, algo más sabremos; no porque á mí me agrade curiosear por razón de gusto para luego salir á murmurar; nada de eso, sino porque.....

—Se me olvidaba decirte que algunas tardes han conversado también paseándose por la playa, y que anoche la tuvieron larga en el puentecito de los Baños.

—Eso es importante. Y dime una cosa; ¿no se habrán besado?

—No los he visto.

7

—¿Ni has sorprendido tampoco algunos apretoncitos de mano? Hazme el favor.

—Tampoco.

—Y á propósito: ¿sabes que resultó verdad lo de Celestina?

—¿Con Manuel?

—Sí, mujer. ¿Y conoces el escándalo de Lina?

—No lo conozco.

—Pues te has perdido de lo mejor: eso fue espantoso. ¿Y lo de Carmen? ¿Y lo que pasó en el Calvario el jueves? ¿Y lo de la mujer de musiú Marchier con su primo?

—Nada de eso sabía.

—¡Válgame Dios! Te has perdido. Los sorprendieron en fragante. ¡Qué escándalo, mujer! ¡Qué escándalo!

—Cuéntame todo eso—dice doña Juliana arrellanándose en la mecedora para hacer la digestión del almuerzo cómodamente, oyendo los silbidos de la más peligrosa serpiente de la murmuración. Y en seguida, para animarla más, lo que es innecesario, le halaga el amor propio añadiendo:

—A tí no se te escapa nada, Felipita; todo lo sabes.

—Algunas cositas—dice ella con modestia—y no porque á mí me agrade curiosear por razón de gusto para luego salir á murmurar; nada de eso. Es que......

XI

Queden en su vil oficio esas dos lenguas vi-perinas, rasgando reputaciones y descuartizando honras con la inclemencia de los bisturís cuando separan tendones, pican arterias y descubren músculos; sólo que los aceros científicos de los buenos cirujanos hieren para sanar, rectificando imperfecciones de la naturaleza, abriendo nuevas entradas á la vida, sembrando simiente de salud, é interrumpiendo la funesta faena de la muerte; mientras que aquellas lenguas, aquellos áspides, como tantos que por desgracia abundan, hieren para matar, destacando defectos de la humana condición, ensanchándole la vía á la muerte moral, propagando la semilla de la murmuración y acelerando la obra del escándalo.

Están destilando veneno.

Felipita Menjil habla de lo que ha pasado, de lo que está pasando y de lo que debe de pasar tras los bastidores del escenario social. Relata escenas de adulterio, descubre vergonzosos tapujos, exhibe girones de honras, arrastra reputaciones, escupe sobre ídolos y vaticina tremendas é irremisibles caídas. Su lengua es como el badajo de la enorme campana del escándalo que está tocando á rebato.

Esa murmuración dura más de hora y media, y concluye al llegar al Casino una comisión de caballeros que está reclutando temporadistas para organizar una gran caravana é ir de paseo á El Cojo, caserío que está al oriente de Macuto, y á poco más de una milla.

De todas partes salen grupos de damas y caballeros que se van concentrando en el amplio bulevar de la playa, donde el doctor Riera los arenga y organiza; pues por aclamación y á fuer de iniciador del paseo, ha sido nombrado jefe de la caravana.

Ya hay como cuarenta del bello sexo y más de veinte del fuerte, y siguen llegando.

¡Qué bullicio! ¡Cuánto regocijo! Todos ríen, todos gritan, todos hablan á un tiempo.

—Doctor Riera; ¿dónde me pongo?

—¿Cuál es mi puésto, doctor Riera?

—Doctor Riera; ¿cuándo nos vamos?

—Que se hace tarde, doctor Riera.

Y *doctor Riera* por aquí y *doctor Riera* por allá, tanto atormentan al nombrado, que resuelve designar un Estado Mayor, cuya jefatura confía al doctor Zerpa, y en seguida nombra jefes divisionarios al general Batalla, á Montauban, á Leicíbabaza y á Pereira Alvarez. El cuerpo de edecanes es lucido: en él figuran Jerónimo Mendoza Martínez, Trino Baptista y otros.

Llega el batallón del Casino: á su frente viene Mariana. Todos los corazones se prosternan.

Los que por estar recién llegados no la habían visto preguntan sorprendidos:

—¿Quién es esa reina? ¿Cómo se llama esa diosa?

El jefe dispone que las damas formen dos grupos: señoras y señoritas, y los hombres otros dos: viejos y jóvenes, para luego constituir dos grandes cuerpos, uno de señoras y de viejos, y el otro de señoritas y de jóvenes.

Doña Juliana, á quien nada se escapa cuando no está comiendo, asegura á Felipita Menjil que el doctor Riera ha ideado esta combinación para separar á Daniel de Mariana é ir él en el grupo de las señoras, es decir, junto á ella.

Felipita se coloca con particular orgullo en la fila de las señoritas; pero habiéndolo observado el jefe de Estado Mayor, le ruega que pase al lado de las señoras.

—No, señor: usted se equivoca. Yo soy señorita: hágame el favor.

El doctor Zerpa se encoge de hombros y vuelve con prontitud la cara para ocultar la risa; pues Carnevali Monreal le acaba de soplar:

—Dígale que á usted no le consta.

Concluida la organización, que ha sido laboriosa, se cuentan: son sesenta y tres damas y cuarenta y cinco caballeros. Entonces óyese la voz del jefe:

—¡En marcha! ¡En marcha!

La alegre y bulliciosa caravana se encamina por la playa con dirección á El Cojo.

Aun no han andado doscientos metros, cuando el general Batalla, viendo perdido todo el trabajo de la organización, dice al jefe:

—Nos hemos lucido, compañero. Vea para atrás.

En efecto: sólo la señorita Menjil ha conservado su puésto, y marcha orgullosa, pensando en cómo le clavara su diente de macagua al doctor Zerpa, por haber osado confundirla con una señora. ¡á ella! á la señorita Felipita Menjil.

Al doctor Riera se le importa una uva de playa que la caravana se desorganice ó no, porque lo que le interesaba era lograr el propósito que le adivinó doña Juliana; esto es, alejar á Daniel de la señora de Aragón para ir al lado de ella. Y ha realizado su plan.

Mariana, aunque dirigiendo de cuando en cuando disimuladas miradas hacia atrás, muéstrase satisfecha de la alegre compañía que le ha caído en suerte. Y á fe que en ello es razonable, porque del siempre joven espíritu del doctor Riera puede decirse que es un hábil esgrimidor que maneja todas las armas de la cultura.

De ahí la ventaja que le lleva á muchos que aún se peinan «pollinas» y que no necesitan de la magnífica tinta *Juvenia* para conservar negros los bigotes y cabellos. De ahí esa preferencia de las damas que á muchos sorprende y parece inexplicable.

—«Macuto sin el doctor Riera, no es Macuto» —ha dicho una de ellas, por cierto muy linda, muy inteligente, muy espiritual y en sumo grado juiciosa.

Y esto es así porque él quiere al poético balneario como si fuese el terruño donde lanzó el primer vagido; porque quisiera que nadie partiese de allí sin llevar la mente atada con cadena de inolvidables recuerdos; porque nació para la buena sociedad y no puede vivir sino en ella; y porque tiene admiración de artista para todas las bellezas, y culto de idólatra para todas las virtudes.

El pertenece á la casi extinguida especie de antiguos cultivadores de las prácticas sociales: de esas civilizadoras enemigas de la cantina y del garito.

Cierto que es necesario el refinamiento del espíritu para poder apreciar los sazonados frutos que brinda el árbol de la culta sociedad; pero también lo es que el ejemplo ha sido siempre poderoso refinador de caracteres.

Por eso son meritorios los que promueven y llevan á cabo ratos de cultos esparcimientos; por eso dicen las damas que es gran lástima que no haya muchos como el doctor Riera, y que «Macuto sin el doctor Riera, no es Macuto».

Si el vicio mereciese la pena de desandar el trecho de camino andado, veríamos, formando contraste con la culta caravana, varios grupos de jóvenes y ancianos que no quisieron ir al paseo por quedarse en el Casino, en La Alemania y en el Hotel de los Baños, escansiando copa tras copa mientras juegan á la baraja y á los dados.

Queden detrás esas miserias humanas y siga la bulliciosa tropa por la playa, entonando con gritos y risas la canción de la alegría, mientras el viento empuja al mar para que toque una marcha triunfal contra las peñas.

Las sesenta y tres damas y los cuarenta y cinco caballeros forman un gentil batallón que, vencedor sobre el hastío, va á recoger cuantioso botín de recuerdos é impresiones bajo los movientes cocoteros de El Cojo.

De cuando en cuando don Pancho Pimentel,

ese generoso alentador de aspiraciones nobles, prosterna su alma de poeta ante el genio del príncipe de los literatos de América y repite este sublime verso:

¿ Amáis la libertad? El campo habita;
á lo cual don Pedro Arismendi Brito, recordando persecuciones padecidas, añade con ronca voz de mar embravecido:

No allá donde el mágnate
entre armados satélites se mueve.

Todos van gozosos; todos, todos. Hasta Felipita Menjil, que es en este instante la mujer más feliz del mundo, porque un cangrejo le ha mordido un dedo al doctor Zerpa.

—¡Bien hecho!—exclama ella—Eso le ha pasado por haberme llamado *señora.*

De rato en rato el mar salpica airado á los paseantes, ó humildemente va á besarles los pies, en tanto que la brisa, juguetona y traviesa, se divierte alborotando cabelleras, marcando muslos y amenazando pantorrillas.

—¡Mila, Mila: cuidado si te mojas!—dice Mariana, y aprovecha la ocasión para echar un vistazo hacia atrás.

¡Qué sorpresa! Ya Daniel está detrás. Ella venía observando que poco á poco se le acercaba, pero le suponía más distante aún.

¿Por qué no se lo había dicho el corazón?

Es que el doctor Riera, con su grata conversación, le ha hecho desatender la voz que seguramente en su interior se lo anunciaba. Ahora se venga no oyéndole más lo que le dice: sólo quiere pensar en Daniel. Si pudiera hablarle. Ya se presentará la ocasión, porque entrambos la buscan sin llamar la atención de los fisgones. No sabe él cuánto le agradece su prudencia para no comprometerla. Es así como lo quiere: apasionado, pero juicioso; que la busque, pero que no provoque hablillas que la dañen.

La caravana se interna. Ya está libre de los rayos del sol, que la brisa ha suavizado, y del resistero de la playa, que ha puesto arreboles de rosa en las mejillas de las damas jóvenes, y resecado el pergamino de los rostros viejos.

Ya están á la sombra de los movientes cocoteros, cuyas palmas son cítaras que Eolo y sus doce hijos tocan afanosos para dar la bienvenida á los que, amando la libertad, vienen á buscarla al campo.

—*¿Amáis la libertad?*—torna á decir don Pancho aspirando á pleno pulmón.

—*El campo habita*—añade Saluzzo haciéndole una cortesía á su colega.

—*No allá donde el magnate entre armados satélites se mueve*—repite la poderosa voz de don Pedro.

¡Qué delicia! ¡Qué frescor! ¡Si provoca tener pulmones de goma! ¡Quién pudiera hacer provisión de oxígeno para varios años! ¡Cómo cantan los pájaros! ¡Qué rumor tan dulce el de las palmas!

Fiel, como la sombra al cuerpo, Daniel sigue á Mariana, atisbando el momento propicio para pegar la hebra; pero el doctor Riera como que tiene cuerda para cinco paseos.

Si allí estuviera Vicente Pimentel, diríale como á un amigo en cierta ocasión, aplicándole un cuento criollo:—*Ponga coma, que hace tiempo que no pone.*

Hay que pasar una acequia desbordada poniendo el pie en tres ó cuatro piedras. Los caba-

lleros pasan primero y en seguida ofrecen la mano
á sus respectivas compañeras. Algunas. por no
saltar con suficiente esfuerzo, meten un pie en
el agua, que salpica al caballero, produciendo risas
y rechiflas.

El doctor Riera tiende la diestra á Mariana ;
ésta se apoya en ella; pisa la primera piedra; la
segunda; la tercera; recógese la falda y salta.

Un relámpago de media deslumbra los ojos
de Daniel.

Es una media de seda; negra y brillante como
debe de haber sido la corteza del manzano del
Paraíso; una media henchida que sale de entre un
zapatito, breve, de corte bajo y de punta aguda
como la lengua de la serpiente que tentó á Eva.

¡Un zapatito amarillo y una media negra!
Nunca han formado esos dos colores combinación
tan bella. Daniel jura amarlos por siempre, no
obstante ser el primero insignia de las epidemias,
y el segundo distintivo de duelo.

Ningún poder fascinador iguala al de la oculta belleza que vemos á hurtadillas, ó por inesperado obsequio del acaso. ¿Qué mucho, pues, que
Daniel quedara fascinado por el relampaguear sublime de un primor escondido bajo faldas que fueron recogidas en el salto?

Así como las pentélicas columnas del Parte-
nón dejaban entrever un conjunto de primores
dóricos, reunidos allí por el genio de Fidias, otras
también, no de mármol, sino cubiertas de negra y
brillante seda, permiten suponer bellezas corporales modeladas por mano más experta ; por la
mano de Naturaleza, incomparable artista.

Y en cayendo las indiscretas faldas, en desapareciendo el hechizo, es precisamente cuando la

imaginación, esa incontenible Argos de cien ojos, cuyas catódicas miradas todo lo penetran y todo lo contemplan, se lanza en atrevidas correrías por curvas y por rectas dignas de las esculturales maravillas del arte helénico.

Corra, pues, en buena hora la ardiente imaginación de Daniel á todo su talante, gozando de sus prerrogativas envidiables, cual amazona que en alado corcel va por comarcas de alabastro persiguiendo y devorando sensaciones sin hartarse nunca.

Mila se acerca á su madre mostrándole una mariposa que acaba de coger. Es *amarilla* con ribetes *negros*: los colores sagrados. Daniel la ve, se la pide á la niña y la pone en libertad. Mila retrocede sorprendida, experimenta un violento arrebato de ira, y con dificultad contiene las ganas de llorar, en tanto que Mariana, sintiendo viva sensación de orgullo por amar á joven tan generoso y noble, que así se interesa por la suerte de las indefensas mariposas, le dedica, en premio de su buena acción, la sonrisa más bella que guarda entre las perlas y corales de su boca.

—¡Buen liberal es usted!—dice Pancho Azpurua á Daniel—Soltó á esa mariposa por ser *amarilla*. Déme la mano y ¡que viva el Gran Partido!

Daniel se sonríe, acaso no tanto por el engaño de esas personas, como por habérsele revivido en la mente la deslumbradora visión de aquel zapatito amarillo, de punta aguda como la lengua de la serpiente que tentó á Eva; y de aquella media de seda, negra y brillante como debe de haber sido la corteza del manzano del Paraíso.

Llega la alegre caravana á un delicioso sitio

sombreado por corpulentos mangos que ostentan en profusión sus frutos de esmeralda y oro, como una multitud de colgantes tentaciones que á la gula incitan.

En viéndolos doña Juliana, sin pedirle permiso arrebata al doctor Félix Montes su magnífico bastón de *palo de oro*, proveniente de las lejanas selvas del Cuyuní, y con fuerza de tintorera hambrienta lo lanza sobre uno de los árboles, el cual deja caer varios mangos maduros, como auríficas monedas con que la impotencia paga tributo al despotismo del estómago.

Mas no bien han llegado al suelo las frutas, cuando sienten el rigor de los dientecitos, bellos, bellísimos, pero agudos é implacables, de las tres tintoreritas.

Doña Juliana se prepara para descargar el segundo bastonazo; pero Félix Montes le grita tartamudeando de ira:

—¡Un mo...... mento, señora: un momento. De...... déjeme buscarle otro palo!

Tras menudo azotar de árboles y abundante lluvia de sazonados frutos, la caravana queda silenciosa, entregada á la grata faena de descarnar hilachosas pepas que van cubriendo el suelo.

Doña Juliana é hijas están sentadas en las raíces de un árbol, y es de verse la hecatombe de esqueletos de mangos que tienen delante.

—¿Cuántos van, doña Juliana?—pregunta Gumersindo Rivas.

—Diez y nueve.

—¿De veras?

—Y con éste veinte—añade la tintorera clavando el diente á otro mango, muy amarillo y con la barriguita rosada.

—¿Y usted, María?—vuelve á preguntar Rivas.

—Catorce nada más.

—¿Y usted, Pepita?

—Perdí la cuenta.

—¿Y usted, Jacinta?

—Cuente ese montón de pepas, si le interesa saberlo.

Sólo la señorita Menjil no está comiendo, ni ha comido. Tiene una rabia atroz. La bilis se le ha derramado y le tiene la sangre envenenada. La culpa es de don Carlos Hernáiz, á quien nunca perdonará la grosería con que le preguntó:—«¿Quiere usted este mango, señora?» ¡Y que *señora!*...... ¿Háse visto mayor indecencia? Pero bien clarito se lo dijo:—«Le advierto á usted que no soy *señora*, sino señorita, y muy señorita. Para que lo sepa.»

Ella no se explica por qué se empeñan todos en decirle *señora*, y por qué no la llaman *Felipita* como le decían el general Pulido y el doctor Fernando Arvelo cuando le hacían la corte, durante la guerra de los cinco años.

Y lo que es don Carlos se la paga. Va á estar alerta por si le dice piropos á alguna muchacha, para acusarlo. Sí, lo acusa; llama por teléfono, y sin decir quien es, echa el cuento. No será la primera vez; así lo ha hecho con muchos y le ha dado muy buenos resultados. *¿Señora?* Ya sabrá si es señora ó señorita. ¡Grosero!

—Indudablemente—piensa Daniel—es bello color el amarillo.—Ahí está para atestiguarlo esa mancha de mango que alrededor de los labios de Mariana parece orla de oro en torno de dos corales hermanados.

Ya todos se han hartado. Ahora á buscar agua para lavar manos y bocas y aun para beber.

Allá, por entre aquel platanal, arrástrase perezosamente un arroyuelo y hacia él se encaminan todos.

Daniel sigue á Mariana como la sombra al cuerpo; pero antes de llegar se adelanta, improvisa una copa de hoja de plátano, la llena de agua, y anticipándose al doctor Riera la ofrece á ella, quien la recibe con una dulce sonrisa que semeja un rayito de luz sobre dos corales hermanados y con orla de oro.

—Ahora me paga usted con un poco de agua la mariposa que me soltó—dice Mila.

—Con mucho gusto, niña mía—contesta Daniel, y en llenando la improvisada copa se la presenta y le dice:—¿ Me guardas rencor todavía ?

—Un poquito.

—No, hija—dice la madre.—Debes, por el contrario, estarle agradecida, pues te ha dado una buena lección para que seas compasiva con los inocentes seres que tienen tanto derecho á la vida como tú. No la olvides nunca.

Mila, cuyos arrebatos de cólera son tan transitorios como violentos, dice á su madre abrazándola por la cintura :

—Se lo dije por juego, mamá; yo sé que el señor Mitral hizo bien. No olvidaré su lección.

Daniel siente el sonrojo de quien recibe elogios inmerecidos, pero ¿cómo decir la verdad? ¿Cómo revelar que soltó á aquella mariposa, porque era amarilla y negra, es decir: de los colores que forman la divisa de su enamorado corazón?

Hay que esperar que llegue el día de las íntimas confidencias. Entonces sí; entonces le dirá lo que ha visto; lo que ansía volver á ver; lo que quisiera estar viendo toda la vida.

¿Qué dirá ella cuando lo sepa?

Ya le parece estar viéndola. El sonrojo le teñirá las mejillas, bajará la mirada ruborosa, y acaso le ordene que calle. Pero, ¡mentira! no será sincera al ordenarle esto; y por más que diga, deseará que continúe hablándole de las sensaciones que experimentó cuando el fulgurar de aquella belleza incomparable le deslumbró los ojos.

Y entonces él le dirá cómo surgieron en su alma las ansias del deleite, cual bandada de aquellas blancas palomas que alzaban el vuelo con rumbo á Citeres, para rendir homenaje á la diosa Afrodita. Entonces le confesará que su imaginación, impetuosa y audaz cual la Pentesilea de Arturo Michelena, se dio á vagar, como en alado corcel, por las alabastrinas comarcas de su cuerpo, profanándolas, sí, pero sembrando la divina semilla del amor.

Mas, ¿llegará ese día, el día de las íntimas confidencias y de las ardorosas expansiones?

¿Y por qué no esperarlo? ¿La flor que Mariana le entregó en el Parque y que él tiene guardada del lado del corazón, no es, por ventura, una pitonisa que le ha augurado el triunfo cercano de su impetuoso amor?

Animo, pues, y adelante.

XII

Comprendiendo Daniel cuanto importa el disimulo en punto de ilícitos amores, se ha propuesto seguir un plan de severa circunspección para despistar á los fisgones, y para no alarmar á Mariana por el temor de verse en lenguas murmuradoras. Mucho le cuesta, en verdad, observarlo; pero cada día comprende más la necesidad de proceder así; porque en los balnearios, entre tanta gente ociosa, cada cual tiene sobre sí las mil miradas de la impertinente curiosidad, de esa perversa enamorada del escándalo.

Ha hecho todo lo posible por no infundir sospechas; sin embargo, no está seguro de haber logrado su deseo; porque los hombres, en la ociosidad, son tan curiosos como las mujeres, y las mujeres ociosas son hasta adivinas, pues pronostican los sucesos escandalosos con días, semanas, meses anticipados, y siempre de modo indefectible.

Mitral ha venido observando que algunas damas le sonríen con malicia como diciéndole:—*Lo sé todo*, y que ciertos hombres lo miran con envidia, con esa expresión que claramente dice:—*¡Quién fuera tú!*

Pero no puede hacer más. Ha procedido con toda la prudencia posible para evitar que los millares de lenguas de la murmuración, interponiéndose entre ella y él en la extraviada senda del amor adulterino, como zarzal de espinas venenosas, les impida acercarse hasta el punto en que él pueda ver, retratado en la negra pupila de ella, el cielo azul de Macuto.

Si tanta prudencia ha sido ineficaz, ¿á quién culpar? Hay sucesos que giran de modo fatal en la órbita de lo inevitable, impelidos por la lógica de la humana condición.

Propónese Daniel á todo trance aunque sea aplazar el escándalo, porque sabe, quizás por análogas observaciones, que el escándalo es pavoroso precipicio ante el cual se detiene toda mujer ajena, por desbocada que vaya la pasión en que cabalgue.

Por todo esto se ha portado tan prudente durante la ida á El Cojo; pero como todo sacrificio ha de tener término, regresa al lado de la señora de Aragón, ambos conversando con expansión de ganas reprimidas.

Van en la retaguardia de la caravana, y cerca de ellos Mila cabriolea por la playa toreando las olas y recogiendo caracoles.

Vuelve el mar á salpicar airado á los paseantes ó á besarles humildemente los pies, en tanto que la brisa, aun más juguetona y traviesa que

8

enantes, otra vez se divierte alborotando cabelleras, marcando muslos y amenazando pantorrillas.

—¿Qué palabras mías son, Mariana, las que hace poco me dijo usted que recordaba mucho?—pregunta Daniel como tratando de reanudar una conversación recién interrumpida.

—Unas que le oí decir la primera vez que hablamos.

—Felices palabras esas que han tenido la dicha de aposentarse por tanto tiempo en la memoria de usted.

—Es que hay frases que se graban indeleblemente, por la propicia situación del ánimo.

—Ya que usted ha honrado tanto las palabras aludidas guardándolas en esa frente de diosa, perfúmelas ahora dejándolas salir por entre esos labios de ángel.

Mariana calla, no porque vacile en complacer á Daniel, sino para recrearse con su último requiebro, el cual le demuestra que su timidez sólo ha sido aparente.

—La primera vez que hablamos—dice ella adoptando la entonación propia de las solemnes confidencias—me dijo usted que aunque no era casado, renegaba del matrimonio.

—Lo recuerdo.

—Pues bien; considere usted cuán desgraciados serán los que también reniegan de él por ser casados.

Comprendiendo Mitral toda la importancia de la comenzada revelación, quiere apresurarla y dice:

—Cierto, Mariana; por eso no es sólo amor lo que usted inspira: es adoración, pues nada hay más conmovedor y adorable que la belleza desgraciada.

Dan varios pasos pensativos; ella paladeando con el alma las dulces palabras de Mitral, y él contemplándole el hermoso lunar que tiene en el cuello, y que semeja ave lejana entre la nacarada albura de una nube estival.

El viento, redoblando su tenaz empeño, fustiga al mar con mayor fuerza para que arrolle el infranqueable valladar de arena; las olas avanzan rugientes, como locas escapadas de un manicomio que vienen á suicidarse contra peñas y troncos; y la tarde va saturando el ambiente de melancolía y misticismo.

Termina el largo silencio como terminan muchos : con un suspiro.

—¡Ay, amigo mío!—dice Mariana—no puede usted suponer cuán horrible suplicio es un matrimonio desgraciado.

—Y tan digna de ser feliz que es usted!—exclama conmovido Daniel.

—Excúseme si le hablo de mis penas—continúa ella—pero lo hago porque sé que desde el primer momento se interesó por mi desgracia. ¿No es cierto?

—¡Ah! sí, Mariana : para cargar toda cruz se necesita de una mano amiga que preste ayuda, y la cruz de usted es bien abrumadora. Sus penas, mías son también, y el dolor que pesa sobre su alma gravita sobre la mía como propio.

—Gran consuelo es hallar en nuestra calle de amargura un noble corazón que nos acompañe en el sufrir :—dice Mariana enternecida.—Gracias, amigo mío; gracias.

¡En el sufrir! Mariana acaba de decir que Daniel la está acompañando en el sufrir.

¡Cuánta crueldad encierra á las veces el convencionalismo social!

¡Cuán espantosa realidad la que se mira en el fondo de unas tantas frases que figuran hechas en el vocabulario del engaño!

¡Que Daniel es su compañero en el sufrir!

¿Cómo lo sabe?

¿Porque él se lo ha dicho?

¡Pudiera ella ver cómo le está saltando el corazón de júbilo por lo que acaba de oír!

¿Que es desgraciada? ¿Que reniega del matrimonio y que detesta á su marido?

¿Y qué mejores noticias para él?

Sabe muy bien que sin esas circunstancias ella y él estarían muy distantes en la senda del amor adulterino, y que acaso nunca llegara el momento en que pudiera ver en la pupila de ella retratado el cielo azul de Macuto. Y aunque es verdad que nada nuevo ha sabido, aun cuando nada de lo que acaba de oír ignoraba, cierto es también que confidencias de esa especie no las hace una mujer sino para alentar pretensiones amorosas é infundir esperanzas; ó para justificar previamente el próximo pecado ante los ojos del futuro amante, en cuyos brazos quiere arrojarse, no como una pervertida sedienta de placeres, sino como una víctima que busca amparo en pecho generoso.

La escuela de la experiencia enseña muchas cosas, y en ella ha aprendido Daniel que la casada virtuosa, la impecable, es aquella que oculta las faltas del marido para preservarlas del diente de la maledicencia, con el mismo esmero y la misma perseverancia con que oculta al hijo dormido para preservarlo del aguijón de la plaga.

Y ha aprendido además que cuando una mujer habla de su suplicio conyugal á un joven, es porque sólo faltan un poco de audacia y el momento propicio; pues ya en su pecho está ardiendo el fuego terrible con que inflamó la vengadora Afrodita el corazón de Pasifae.

¡Y Mariana le ha dicho que reniega del matrimonio, que su marido la ha hecho desgraciada y que no hay suplicio comparable al suyo!

¿Después de haber oído todo esto, podrá estar sufriendo Daniel? ¿El dolor de ella será también de él? ¿Es cierto que la compadece porque va cargando con abrumadora cruz por su calle de amargura?

Nó; nunca se ha sentido más alegre; jamás el ajeno padecer le ha causado complacencia tal. Ni aun el infortunio de su mayor enemigo le ha producido sensación más grata.

—¿Y cómo pudo usted incurrir en la desgracia de casarse con ese hombre?—pregunta animosamente Daniel.

—No quiero recordar ese momento.

—Nadie se explica—añade él queriendo lastimarle la vanidad—nadie se explica cómo pudieron desposarse una mujer para cuyo corazón no hay hombre bastante digno, y un hombre indigno de toda mujer. El matrimonio de usted es comparable al tristísimo espectáculo de Brunequilda atada á la cola de un caballo.

—Exacto—dice ella.—Mi marido es un caballo que hace diez años me viene arrastrando por un camino lleno de espinas. ¡Cuánto he padecido!

—Perdóneme esta pregunta : ¿el matrimonio de usted fue una imposición de sus padres ?

—Nó; fue voluntario, porque (sorpréndase usted) yo amé á ese hombre.

—¡ Usted !...... ¿ Lo amó ?......

—Sí, para mi eterna desgracia. Pero esa es una historia larga y ya vamos á llegar. Se la contaré después.

—¿ Cuándo ? ¿ Dónde ?

—Buscaremos el momento oportuno.

—¿ Esta noche en el puentecito de los Baños ?

—Hay siempre mucha gente y me interrumpirían á cada rato.

—Es verdad—dice Daniel—porque usted es una luz perennemente rodeada de mariposas que buscan su divino calor.

—Entonces debemos hablar donde no haya mariposas de esa clase—añade sonriendo Mariana.

—Hasta el fin del mundo iría gustoso—exclama Daniel con el entusiasmo de quien ya tiene casi al alcance de la mano el bien apetecido.

Mariana quédase pensativa : está ideando. Daniel la deja pensar, confiado en que no tardará en hallar el medio de verse á solas, pues le consta, por multitud de observaciones, que la imaginación de la mujer podría encontrar en un instante lo que la del hombre inútilmente buscaría durante largos años.

En habiendo mujer de por medio, él siempre deja que la inventiva de ella se encargue de proporcionarles entrada á las oportunidades esperadas, ó salida á los conflictos amenazantes ; porque sólo la imaginación mujeril es la que tiene ojos de águila, olfato de hormiga y ojos de lince.

Es así como opina Daniel, y de este modo

se explica él que haya por ahí tantos maridos que caminan arrogantes y con la cabeza erguida, á pesar de que al entrar en sus casas debieran agacharse mucho para que no les tropezara con el dintel la cornamenta.

—Ya encontré el modo—dice Mariana.

Daniel sonríe satisfecho, y ella añade :

—El doctor Acosta Ortiz me aconsejó que suspendiera los baños de mar y me diera los de agua dulce ; así lo haré desde mañana y después de haberme bañado iré con Mila hacia arriba, paseando por las márgenes del río. Si usted me espera por allí, le referiré lo prometido.

—Seré puntual—dice Daniel, y nada más agrega por temor de que se le desborde la alegría que le llena el pecho.

—Debemos tomar precauciones para hacernos los encontradizos. Temo mucho á las lenguas.

—Descuide usted, Mariana.

—Ahora, incorporémonos á los demás.

Por fortuna para estos enamorados, Felipita Menjil sólo se ha ocupado durante el regreso en espiar á don Carlos Hernáiz. ¡Pero buen chasco se ha llevado! Ultimamente estaba dispuesta á conformarse con que también lo mordiera un cangrejo.

Tiempo perdido fue su espionaje ; perdido para la murmuración y aprovechado muy bien por el amor, puesto que Daniel y Mariana pudieron concertar la cita para el siguiente día sin ser incomodados por los escudriñadores ojos y por los vigilantes oídos de la enredadora más abominable de Caracas.

Ya del sol tan sólo queda en el ocaso el reto

que lanzó á los artistas al desaparecer tras la lejana línea del horizoute.

Los pintores que hay en la caravaua páranse á contemplar ese reto multicolor, como tratando de recoger en las retinas, para trasladarlos al lienzo, los tintes maravillosos del crepúsculo, que á imitarlos el sol los desafía.

—¡Sublime!—dice Herrera Toro.

—¡Inimitable!—exclama Emilio Maury.

—¡Quién pudiera copiarlos!—añade Vicente Gil.

Y los tres artistas prosiguen su camino, silenciosos, pensativos y con la mirada fija en el crepúsculo, reto del moribundo sol, como tratando de recoger en las retinas los maravillosos tintes que lentamente va extinguiendo el negro esfumino de la noche.

XIII

En llegando al Casino los huéspedes que estaban de paseo, suena la campanilla.

Doña Juliana toma asiento en su mesa redonda. Coppola tiembla, pues sabido se tiene que después de un ejercicio (y el de hoy ha sido largo) doña Juliana es la tintorera más voraz de cuantas comen en manteles. Pero el doctor Rafael Irigoyen, conmovido por la aflicción del posadero, le consuela diciéndole:

—No se asuste, debe de traer poca hambre porque en El Cojo se comió veinticinco mangos.

—¡Veintichincue!! ¡E non ha reventato ancora!

Mariana pasa á su cuarto para cambiar de traje y hacerse el tocado. Mientras se desnuda, una turba de incoherentes y mutilados pensamientos le desfilan por la mente.

Se pondrá el más elegante de sus vestidos porque siente deseos de parecer más hermosa que nunca. ¿Cuál será el que mejor le sienta? No acierta á explicarse por qué está hoy tan vanidosa.

Quisiera ser más bella de lo que es; quisiera haber
sido coqueta y conocer el arte de manejar las miradas y las sonrisas.   Necesario es ensayar algunas.
Pero, ¿para qué? ¿De dónde le salen tan extravagantes ideas y tan raro modo de sentir? No lo
sabe; pero lo cierto es que en su interior pasa algo
muy grave. Del pecho le suben confundidos y
como en desordenada espiral los más raros deseos, y
en el cerebro le aletean las ̇ilusiones de una nueva
vida, cual avecillas que en despertándose saludan
bulliciosas la alborada del naciente día.

Por fin, ¿qué traje elige? ¿Se pondrá una bata
blanca? Como que recuerda haberle oído decir á
Mitral que le gusta mucho verla con ese traje.
Luego entonces, ¿es por agradarle á él por lo que
siente tales deseos y por lo que piensa así? Por eso
es! ¡Y la muy tonta no había caído antes en ello!
¡Qué fenómenos tan raros tiene el amor! Cómo va
úna poco á poco dejándose llevar, dejándose llevar,
dejándose llevar...... y cuando acuerda, ya no puede retroceder........

Sin duda, es una gran imprudencia lo que
piensa hacer al día siguiente. ¿Pero es ahora cuando viene á verlo? Realmente, no se dio cuenta de
la gravedad del caso. Ella, una señora virtuosa
que en todo tiempo ha sabido ocupar su puésto, á
pesar de ser tan desgraciada por su matrimonio, y
no obstante haber estado siempre rodeada de apuestos pretendientes, ¿cómo ha podido darle esa citá á
Mitral? Y lo más sorprendente es que ella fue
quien tomó la iniciativa. No hay duda: estaba loca
en ese momento........

¿Se pondrá el traje rosado que lé cortó la señora Aldrey? Es muy bello y todos le dicen que le ̇
luce mucho........

Lo que más miedo le da es que la vean conversando por el río con Mitral ciertas individuas : la Trejo y la Millo, porque las muy tontas están creyendo que él gusta de ellas. Quién sabe qué simplezas les ha dicho Mitral por pasar el tiempo, y ellas las han tomado como pruebas de amor. ¡Qué terror les tiene! Las rivales, cuando no están seguras del triunfo, son peligrosísimas por la lengua. Como que no se resuelve á ir.........

Desearía saber cual de sus trajes es el que le ha parecido más bonito á Mitral. Es una mera curiosidad, pero desearía saberlo. ¡Qué miedo le da la cita! Además, ella ha oído decir que la tal Felipita Menjil es una enredadora terrible, y si se coliga con la Trejo y con la Millo...... ¡Virgen Santa!......

Muchos le han dicho también que el traje negro con adornos encarnados le sienta muy bien; el viernes nada menos le dijo el general Giuseppi Monagas que ese vestido le daba aspecto de reina, ¿pero tendrá Daniel el mismo gusto?.........

Si no le cumple lo ofrecido se enojará, y confiesa que le sería muy doloroso que él se enojase con ella. Comprende que hace mal, pero no puede remediarlo; no está en ella, no señor; no está en ella...... Se le ocurre una idea: ponerse el traje verde que compró en la tienda «Liverpool». Vea usted como son las cosas: Rafael Vera fue quien se lo vendió; ella no quería comprarlo porque le gusta muy poco ese color; pero Vera, que siempre tiene un argumento para vender su mercancía, le dijo:—*Cómprelo, señora, y cuando usted tenga el pecho lleno de esperanzas y quiera que no se le malogren, vístase de verde, porque este color es simbólico.* Pues seguirá el consejo de Vera......

No; no hay peligro en ir. Mila la acompañará y ella y él se harán los encontradizos. Muchas veces ha visto damas acompañadas de caballeros paseando por las márgenes del río ¿Qué tiene eso de particular? Tratará de que Mila no se aleje de ella. Pero, ¿y si oye lo que le va á contar á Daniel? Esa es la cosa......

Decídese por el traje verde; quiere ver si él comprende por qué se lo pone. Vamos á ver......

El es muy circunspecto y no cometerá imprudencias, ni indelicadezas. Ha venido observando su carácter; es un joven juicioso, fino y muy respetuoso; y la quiere con sinceridad, sí señor; no es un simple capricho lo que por ella siente.... ¿Y ella? ¿Qué es lo que pasa en su corazón? No sabe lo que le sucede cuando piensa en la influencia que sobre sí tiene Mitral. Es un trastorno de todo su sér. No sabe adonde irá á parar. Nó, no puede decirle que no va; se lo prometió y debe cumplírselo......

En esta ocasión se ha peinado con más gracia que otras veces. Sí; está bien. Ahora se pone el traje verde y......

—Siñora Mariane—dice la madama Coppola dando unos golpecitos en la puerta—il siñore Leonardi está esperando per manyare.

—Dígale que cóma; que no tengo ganas.

Y en diciendo esto hace un mohín de hastío que el espejo copia; fulmina una mirada de desprecio que se pierde en el vacío, é inmútasele el bello rostro por esa sensación de grima que se siente cuando se ha estado á punto de pisar un objeto asqueroso.

Su pensamiento cambia de rumbo y se interna por entre la oscura selva de sus infortunios conyugales. ¡Comer con ese hombre!...... ¡Qué suplicio! (escupe). No sabe cómo ha podido hacerlo tantas veces en Macuto. La necesidad de cubrir las apariencias en público, y el gran apetito que ha tenido en estos días, sólo han podido realizar ese prodigio. Si pudiera, haría lo que en Caracas, comer antes ó después; pero las conveniencias sociales son muy despóticas. ¡A lo que obligan! Ya á ese hombre no le quedan pestañas, y cada día tiene peor aliento. ¡Jesús! qué asco. Y tan necio y tan vulgar que se ha puesto. No abre la boca sino para decir simplezas ó palabras obscenas. ¿A comer con él? Sólo de pensarlo se le revuelve el estómago (escupe). Pero esto es raro: nunca había sentido tanta repugnancia por él. Ahora se horroriza cuando piensa que ha de seguir comiendo con su marido en una misma mesa y á un tiempo mismo. Y no es para menos: la sífilis apresura diariamente su obra. ¡Qué de granos tiene en la cara! Y por lo visto, como que se cumplirá el pronóstico del doctor Seco: perderá la nariz. ¡Qué cosa tan horrible! Y él no se da cuenta de su desgracia. Está purgando los excesos juveniles, y sin embargo, á cada rato bendice su juventud. Que no llegue el día en que tenga que maldecirla.

Después de esa serie de pensamientos, Mariana se queda viendo la propia imagen copiada por el espejo del tocador y luego continúa su monólogo de esta suerte:

«Que vaya á comer con él! Quién pudiera no verle más! Si no fuera por Mila...... Pero ese ángel es el lazo que me retiene á su lado; si no, ya me hubiera ido á casa de mis parientes. Y tengo que someterme, puesto que es más fuerte el derecho de él sobre nuestra hija...... »

« ¡ Qué de injusticias se ven en este mundo! Tener yo que vivir siempre al lado de ese hombre ó lejos de mi única hija. Ya no le quedan pestañas ; de minuto en minuto tiene que secarse los ojos ; y presenciar eso cuando una está comiendo es cosa horrible. ¡Jesús! qué asco!» (escupe).

—¿ Te sientes mal, mamá?—pregunta Mila entrando.

—Nó, hija mía : estoy buena.

—¿ Y entonces por qué no vas á comer ?

—Porque no tengo apetito.

—Dame un beso, pues.

—Para besarte sí tengo siempre ganas.

—Entonces dame otro.

—Y mil, vida mía.

—Se te han aguado los ojos, mamá : ¿ porqué ?

—Por la alegría que siento al hacerte cariños.

—Pero nunca has llorado al besarme.

Mariana no contesta ; aprieta contra el pecho la angelical cabecita de Mila, y besándola vierte lágrimas que se esconden por entre los rubios cabellos, como aljófares matinales entre un manojo de espigas de trigo.

Así permanece hasta que habiendo contenido el llanto, quiere besar á su hija en la mejilla ; pero viéndole también húmedos los ojos, se le salen otra vez las lágrimas como perlas de collares desatados.

—¡Hija mía!—exclama.

—¿ Por qué lloras, mamá ?

—Es que al besarte me conmuevo.

—¿ Y cómo papá no llora cuando me besa ?

Mariana quédase un rato pensativa y luego pregunta :

—Oye, hija : ¿dónde te besa tu papá ?

—¡Guá! en la cara.

—Trata de que no te bese en la boca, pero no le digas nada.

—¿Y por qué, mamá ?

—No lo preguntes, y hazme caso.

—Bueno ; así lo haré.

—Te repito : no le digas que te he hablado de esto. Cuando quiera besarte, preséntale la mejilla ó la frente.

En diciendo esto, se da Mariana una mano de polvo para borrar las huellas de las lágrimas, y en seguida, para prevenir las conjeturas de la niña y alguna imprudencia con su padre, añade :

—Lo que te he dicho no es por nada malo : sino porque eso de besar á las personas en la boca es fea costumbre que no debe seguirse. No te dejes besar de nadie en la boca ; ni por mí. ¿Entiendes ?

—Así lo haré, mamá.

—Vé á comer, pues ; yo no tengo ganas.

—¡Pobre hija mía !—exclama Mariana al salir Mila.—Por un milagro del Cielo está viva. ¡Con qué herencia nació! Y no faltaba más, sino que después de salvada, se le contagie el mal por dejarse besar de su padre en la boca. Y tan torpe él ; no comprender el peligro á que la expone !

Quítase el polvo que le empaña el brillo de las cejas, colócase una diamela en el seno, mírase otra vez al espejo, apaga la vela y se encamina al comedor, satisfecha de haber elegido el simbólico traje que compró en « Liverpool ».

Enormes ojos los que todos abren.

Es el hada de la esperanza la que acaba de entrar. Es una maga vestida de verde que viene á hechizarlos á todos con la varita encantada de la suprema hermosura. Es Venus, la divina hija del mar, que ha cubierto su desnudez de espuma con un traje teñido en los verdes tintes de las marinas ondas.

—¿ Para quién guardará caridad tanta esperanza ?—pregunta Espíndola recordando á Quevedo.

Daniel oye estas palabras desde una mesa cercana, y entonces cae en la cuenta de que es un símbolo el traje de Mariana. Su embeleso no le había permitido comprenderlo así.

A vista del hermoso color de la esperanza, nuevas ilusiones alzan el vuelo en su alma, cual hambrientas avecillas que entre la triste soledad de un yermo divisan á lo lejos campos de verdura, que las invitan á solazarse en ellos.

Mariana, orillando el comedor, va á recostarse de la baranda en el ángulo que mira al mar, y allí recuerda la primera conversación que tuvo con Daniel. Fue en ese mismo sitio ; ella la promovió, pues indirectamente le pidió el binóculo que él se apresuró á ofrecerle. Muy pocos días han pasado y ya tienen concertada una cita. Verdad es que no se trata de una cita amorosa, pues ella lo que le ha prometido es referirle la historia de sus primeros infortunios, como simple confidencia amistosa ; pero, ¿ lo juzgará él así? Y ella, al prometerle tal cosa, ¿ lo ha hecho como amiga, nada más ? ¿ De dónde le han salido esas ganas de confiar á otro sus penas ? Mitral mismo se habrá sorprendido, y acaso tenga ya pensado tratarla como amante. Pero nó; no hará tal. El es muy respetuoso, y si se deslizare, ella sabrá contenerlo. A veces se le ocurre creer que ya le ama; pero otras supone que lo que siente por él es mera simpatía debida á la manera fina y respetuosa con que le ha hecho la corte. Si tuviese absoluta seguridad de que ha comenzado á amarle, no iría á la cita para no exponerse, y trataría de olvidarle, y aun le propondría á su marido que se fuésen á otro puerto ó regresaran á Caracas. No puede explicarse lo que le pasa: á veces cree una cosa y á veces otra; ya siente de un modo, ya lo contrario. Es una espantosa confusión. El amor perturba el juicio, y cuando es criminal...... ¡Tánto horror que le ha inspirado siempre el adulterio ! Pero ahora se siente inclinada á ser indulgente con las adúlteras. ¿ Será que quiere disculpar á otras para aspirar más tarde á ser disculpada á su vez ? ¡ Qué inquietud, Dios mío, qué inquietud !......

Detiénese un instante el pensamiento de la hermosa, y luego continúa sus correrías por distinta vía.

Mañana no se recostará Daniel en ese sitio como suele hacerlo todos los días mientras ella se baña. Sí; él le ha dicho, por cierto con una encantadora osadía, que cuando ella está en el baño pónese á contemplar el mar, y que esto le causa un deleite indecible.

Y ella, por su parte, confiesa que desde que lo supo le ha parecido más grato el baño. Sí;

¿por qué negarlo? Gran placer le ha causado el pensar, hallándose en el agua, que él estaba viendo el mar y pensando en ella. Mañana, cuando esté en los baños de agua dulce, él tendrá seguramente fija la mirada en el río; la corriente le llevará sus pensamientos y ella los recibirá con gusto, porque, ¿cómo ha de ser indiferente á pasión tan delicada y sincera? No es propia de su corazón esa crueldad. ¿Qué inconveniente hay para que ella le corresponda sus pensamientos? Ninguno; absolutamente ninguno.

Habiéndose autorizado á sí misma de esta manera, Mariana deja que su mente se engolfe por un piélago de pensamientos, muchos mutilados, algunos contradictorios, y todos relacionados con Daniel.

Su marido, en tanto, charla largo y tendido con doña Salustia, la de los lentes de oro que cierta infeliz anciana le empeñó en un día de hambre.

XIV

La usurera ocupa en la mesa el puésto de Mariana. No fué al paseo del mediodía y se quedó conversando con don Leonardo. Ya son íntimos amigos; fue ella quien buscó la amistad, porque habiendo sabido que Aragón es rico, y creyendo que, dada su inutilidad para el trabajo, y por el lujo que gastan su mujer y su hija, puede algún día necesitar de recursos, quiere que sepa que ella hace negocios de empeños y de préstamos.

Toda la tarde la pasaron en amistosa conversación; hablándole ella de los inconvenientes que se presentan para los buenos negocios, y de la ingratitud con que le han pagado los favores que ha hecho; y él contándole sus amorosas relaciones con la india Rosa, con la *Bigotuda* y con otras alhajas del Caracol y de la Calle del Silencio.

Al saber don Leonardo que su mujer no iría á la mesa, invitó á doña Salustia para que se quedase á comer con él y con Mila.

—No es malo el cambio que ha hecho ese individuo—dice Esteban Marré refiriéndose á don Leonardo.—Con esa arpía y no con aquella diosa debiera estar casado.

—¿Cómo que le .gusta la diosa, amigo Èstéfano?—le pregunta Pérez Bermúdez.

Aragón se suena la nariz con el estrépito de siempre.

—¡Qué hombre tan malcriado! — exclama Arroyo Parejo.

—Si no tuviese una mujer tan bella—añade Carlos León—ya lo hubiéramos lanzado del Casino.

Don Leonardo tose y en seguida dice á doña Salustia:

—Pues sí, mi amiga; yo fui un calavera en mi juventud, pero gocé mucho, mucho. Todavía recuerdo con placer aquellos tiempos. ¡Bendita juventud! Gocé mucho; sí, mucho.

—¿Y gastaría muchísimo dinero, por supuesto?—pregunta la usurera queriendo traer la conversación al punto que le interesa.

—Eso no se diga: casi arruiné á papá. Por fortuna encontré una mujer muy rica para casarme.

—¿Y de lo de ella no ha gastado nada?

—No gran cosa; porque como me enfermé, tuve que abandonar la vida alegre.

—Pero sí habrá gastado grandes sumas en la enfermedad.

—Eso sí; á médicos y en boticas he pagado un capital.

—¿Y no necesita dinero?

—Por ahora no.

—Bueno, pues; ya lo sabe. Yo estoy á sus

órdenes para lo que se le ofrezca. Sólo exijo buena garantía y un interés no muy crecido, pero tampoco muy bajo, pues usted sabe que ahora está el dinero escasísimo.

—Así es. Oportunamente le avisaré; pues por ahora, como no puedo divertirme, nos bastan los rendimientos de nuestros bienes de fortuna. Ah! si volvieran aquellos tiempos! Entonces sí, doña Salustia, que le daría trabajitos para conseguirme dinero; sin pararme á discutir intereses, pues siempre he sido sumamente desprendido. No soy hombre de cuartillos ni de pesetas. Cuando yo gozaba le decía á un prestamista :—*Necesito mil pesos.* En el acto me los buscaba, me presentaba un pagaré que yo firmaba sin leer, porque sé fiarme de la buena fe de las personas, y después, el día del vencimiento, pagaba lo que me pedían. Así era yo, doña Salustia; hombre que no se paraba ni en cuartillos ni en pesetas.

—¡ Ay, qué bueno !—exclama la usurera.—¡ Cuánto siento no haberle conocido entonces ! Hubiera tenido tánto gusto en servirle !

—Y no es por alabarme—añade don Leonardo enderezándose en la silla—pero la verdad es que todo el que me conocía me quería : los hombres porque era buen amigo, y las mujeres porque, según todas decían, era buen mozo.

—Y porque gastaba—añade doña Salustia.

—Y porque era alegre y parrandero, pues donde yo estaba no había tristeza, sino mucha alegría.

—Y muchas veces trancazos y martillazos; porque según me dijo. usted hace rato, casi todos los bailes en que estaba concluían á palos.

—Es verdad; porque yo era hombre de pocas

pulgas, y cuando alguien trataba de echarla de vivo conmigo, le salía la criada respondona, y si una mujer me hacía un desaire, la insultaba para que alguno saliera á defenderla y entonces agarrarme con él.

—¿Cuánto fue lo que me dijo usted que había gastado en Martina la...... la qué?

—La *Pavorreal*. En esa mujer gasté tres mil quinientos pesos que me dio Nicolás Augusto Bello por la retroventa de una casa que valía diez y ocho mil.

—¿Y sacó la retroventa?

—No; perdí la casa.

—¡Caramba! me hubiera hecho la retroventa mí.

—Yo no tenía el honor de conocer á usted.

—E verdad.

—Quizás usted me habría guardado más consideraciones y me hubiera concedido una prórroga.

—Eso si que nó, mi amigo. Negocio es negocio, y yo no acostumbro nunca conceder ni un día más de plazo, pues eso sería desmoralizar el negocio.

—Hace usted bien en no desmoralizarlo—dice don Leonardo con sorna.

—Ya lo creo. En eso soy intransigente. Vivo peleando con mi marido, porque él tiene á veces ciertas debilidades, y de cuando en cuando se mete á abogar por los deudores. Es un tonto; un tonto de remate.

—¿De veras? ¿Y entonces por qué no lo remata?

—Supóngase usted—dice muy seriamente doña Salustia, que no entiende de bromas cuando está hablando sobre su tema favorito—supóngase usted que el año pasado nos retrovendió la viuda de Rivas Ruiz la casa en que vivía por trescientos pesos, al cinco por ciento, porque el dinero estaba escasísimo y el caso era apurado, pues los necesitaba para hacer los gastos del entierro de su marido. Bueno pues; se vence el plazo el lunes de la semana pasada y no saca la retroventa; tomo posesión de la casa, y al día siguiente se presenta la viuda con el dinero; pero le dije:—*Señora; ya la casa es mía; mucho siento no poder deshacer lo hecho.* Lágrimas van y lágrimas vienen; que ese era su único refugio; que tenía quien le diera por ella tres mil quinientos pesos: que cómo la íbamos á dejar en la calle, etcétera, etcétera. ¿Pues ha de creer usted que mi marido se empeñó en que debíamos darle doscientos pesos de vuelta? ¿Ha visto usted mayor simpleza?

—¿Y se los dieron?

—¡Ña Juana!! Pues no faltaba más! Ha de saber usted, don Leonardo, que en materia de negocios yo soy quien tengo en casa los pantalones.

—¿Y se los corta el mismo sastre de Nicolás Augusto?

—Yo no sé quien me los corta; lo que le digo es que conmigo todo el mundo entra por el aro.

—Hace usted bien, señora: duro con esos maulas.

—Negocio es negocio, y si úna se vuelve alfondoque, se la comen las avispas.

—Es verdad: eso tiene sus inconvenientes.

—Lo mismo que hacer favores. ¡Ay, señor, qué calamidad tan grande es hacer un favor!

La gente es muy mal agradecida. A veces digo:
no le hago más nunca un beneficio á nadie, y
lo juro; pero para eso soy yo muy tonta, y el
día menos pensado quebranto el juramento; pues
aquí donde usted me ve, soy muy generosa.

—Se le conoce—dice don Leonardo sonriendo.

—Vea usted lo que me pasó con la mujer
de Gómez Landines: me dio lástima verla tan
comprometida para llenar las necesidades de su
casa, pues su marido está ciego por tanto escribir, y tiene seis muchachitos, de diez años el
mayor. Pues bien; le oí decir que tenía ganas
de hacer dulces para vender, pero que no podía
ni siquiera comprar la azúcar. Bueno, pues;
¿sabe usted lo que hice? Me fuí á «La Eco-
nómica» y le dije á Santana de León que le
mandara á la señora Gómez un saquito de azúcar
de «Juan Díaz», de á diez libras, que yo le res-
pondía por el valor. Por cierto que como él no
la conocía, hasta le escribí yo misma la dirección de la casa. Bueno, pues; pónese á hacer
los dulces, y á los pocos días paga los diez reales de la azúcar y sigue obteniendo ganancias.
Me remitió de regalo diez dulcitos de á centavo,
que estaban muy buenos, y como á mi marido
también le gustaron, le mandé á decir que me
enviara diez todos los días, creyendo que no había olvidado el servicio que le hice.

—¿Y no se los mandó?

—Más vale que no me los hubiera mandado,
porque á los ocho días se presentó el hijo mayor de la ingrata á cobrar de mí cuatro bolívares,
valor de los dulces.

—¿Y usted quería que se los enviara de balde?

—¡Guá! ¿y no estaba haciendo dulces por mí?

—Sí; pero ella le pagó el azúcar á Santana de León.

—Pero yo salí fiadora por ella.

—Y por eso seguramente fue por lo que le mandó diez dulces de regalo, que es mucho regalar para una pobre que tiene el marido ciego y seis hijos pequeñitos.

—No, señor Aragón; no justifique nunca la ingratitud; ese es un defecto muy feo, muy feo.

—Sí lo es—añade don Leonardo sonándose la nariz.

—¿Y usted no necesita dinero? Tengo algunos realitos desocupados que deseo colocar. Vine á Macuto por ver unas casas que me quieren retrovender, y como Juliana me había invitado á pasar unos días aquí con ella, aproveché la ocasión.

—Ella le hará el gasto del Casino?

—¡Ya lo creo! Juliana me debe muchos favores.

—¿Y dinero también?

—Me ha retrovendido tres casas, una de las cuales está al perderse. Ella está empeñada en que le dé una prórroga, pero......

—¿Usted le ha hecho perder toda esperanza?

—Nó; la he ido llevando, diciéndole que después veremos.

—Para que no haga diligencias por otro

lado, y cuando llegue el día del vencimiento, darle el manazo.   Comprendo.

—Usted como que está bien enterado de los ardides de este negocio—dice la tintorera sonriendo y asegurándose en la encorvada nariz los lentes de oro que cierta infeliz viuda le empeñó en un día de hambre.

—Es que así hicieron conmigo después de la muerte de mi padre. En poco tiempo me liquidaron la herencia. Por fortuna me había casado con una mujer rica.

—Pero gozó mucho, don Leonardo.

—Ah! eso sí. En cada parroquia tenía una querida, y á todas les daba el oro á puños.

—¡Cuánto siento no haber conocido á usted entonces!

—Se hubiera quedado con casi todos mis bienes, porque yo no me paraba en pelillos, y hasta se me olvidaban las fechas de vencimiento. No tenía tiempo para nada.

—¿Cuántas casas perdió?

—Más de veinte.

—¿Y prendas?

—Las mías, las de mi madre, las de mi padre, las de mis abuelos y las de todos mis antepasados.

—¿Y sus queridas lo amaban mucho, señor Aragón?

—Que si me amaban? No es por alabarme, pero ha de saber usted que yo era un mozo muy elegante y muy simpático; ahora no soy ni la sombra de lo que fuí. No sé lo que les pasaba á las mujeres conmigo, pero lo cierto es que todas me querían.

—¿Todas? ¿Y las de la alta sociedad también?

—Me refiero á las mujeres con quienes trataba, pues nunca fui cliente de la aristocracia. No me gustaba la etiqueta, ni eso de estar úno sentado en una sala, tieso y serio, hablando tonterías. Las mujeres de la alta sociedad son muy necias; yo las despreciaba, y por eso me decían que era muy vulgar.

—No era ése su elemento.

—Nó; yo no estaba á gusto sino entre la gente de la vida alegre. Creo que el hombre ha nacido para gozar, y yo gocé mucho. ¡Bendita juventud!

De este modo continúan dialogando por largo tiempo el impotente Libertinaje y la insaciable Usura.

XV

Daniel salta del lecho ; no puede dormir.

¡ Qué noche tan larga ! ¡ Cuánto tarda la aurora !

¿ Qué perverso Josué habrá detenido al sol en el otro hemisferio ?

Largas horas hace que de minuto en minuto le está dando vueltas á la almohada ! ¡ Cómo se calienta !

¿ Es que se ha aumentado el calor ó que su cabeza se ha convertido en volcán ?

Resuelve ir á tomar el fresco en el corredor ; pero nó ; alguno pudiera verle allí y suponer que estuviese esperando á Mariana. Pasará el resto de la noche leyendo. Por fortuna el día anterior recibió el último número de «El Cojo Ilustrado», Monte Aventino donde se ha refugiado el buen gusto literario en Venezuela.

Allí hay composiciones en prosa y en verso de notables literatos venezolanos, representantes de dos generaciones intelectuales. Allí se codean

Francisco Pimentel y Andrés Mata ; los Calcaños y Pedro Emilio Coll ; Francisco de Sales Pérez y Miguel Mármol ; Tomás Michelena y Eloy González ; Heraclio Martín de la Guardia y Blanco Fombona ; Rafael Seijas y Miguel Eduardo Pardo; Laureano Villanueva y Víctor Racamonde, y muchos otros, entre los cuales figura Gil Fortoult como una conjunción copulativa entre la vieja y la nueva generación de intelectuales.

Daniel no puede refrenar su imaginación para fijarla en lo que lee, no obstante contener la citada revista lo que más le agrada : artículos y poesías de literatos contemporáneos y compatriotas ; pues no pertenece al número de los que prefieren lo que escriben los extranjeros, y desconocen lo que se escribe entre nosotros.

Pocos en Venezuela han dejado de leer las «Mil y una noches» y los inmensos novelones de Pérez Escrich, y raros son los que conocen la «Venezuela Heroica», de Eduardo Blanco, «El Sargento Felipe», de Picón Febres, y la «Mimí», de Cabrera Malo.

No debemos, pues, culpar á nuestros literatos si sus plumas no han trazado órbita más extensa á las bellas letras nacionales ; pues el estímulo es á un tiempo mismo sol y rocío que vivifica y reproduce las plantas que se cultivan en los campos deliciosos del ingenio.

Meritorio jardinero es en esos campos «El Cojo Ilustrado»; por eso Daniel siempre lo lee con gusto; pero esta noche no es dueño de su mente, la cual sólo ansía volar lejos, muy lejos, hasta dònde encuentre al sol, á ese sol perezoso que tanto tarda en llegar, para traerlo arrastrando hasta el sitio desde donde debe ordenar á los relojes de Macuto que den las nueve de la mañana, la ansiada hora, la hermosísima hora en que Mariaua debe encaminarse á los baños de agua dulce.

Comienza á leer un artículo; es bello, sí, muy bello, puesto que fue escrito por la pluma de Saluzzo, por la galana pluma que escribió con lágrimas de corazón de padre la *Meseniana* que eternamente recitarán los sauces del Neverí; pero aun no ha concluido el primer párrafo, y ya su pensamiento, encarándose con el astro del día, lejos, muy lejos, está motejándole de haragán y dormilón.

Quiere probar con los versos: lee una «mariposa» poética cazada por Torres Abandero tras de su honroso mostrador de infatigable artesano, y aunque abunda en luz, no la comprende. Luégo la primera estrofa de una poesía de Juan Duzán; huele á las flores que las musas regaban en el Parnaso con el agua de la fuente Castalia; porque quien la ha escrito nació poeta; pero el pensamiento del desvelado Daniel piafa y se encabrita, como impaciente corcel que quiere correr, volar, y ayudar á los calmosos caballos que tiran del fulgurante carro de Febo.

Es inútil: no puede leer. Suelta el periódico y se queda pensativo......

Juraría que una persona se ha acercado á la puerta de su cuarto. ¿Quién será? No le queda la menor duda; ha sentido ruido de pasos y roce de faldas...... ¿Será ella? ¿Será Mariana que, no pudiendo dormir tampoco é impaciente de tener la entrevista concertada, se ha decidido á venir á su cuarto?

Si fuese así, qué dicha para él!

El corazón le golpea rudamente las paredes

del pecho. ¡Qué sensación tan fuerte! Los nervios le vibran; tiembla de la cabeza á los pies, y un intenso calofrío le corre por las venas.

—¿Será Mariana? Si fuere, ¿cuál ha de ser su conducta? ¿Debe optar por el atrevimiento ó por el respeto? Comprende que ni siquiera le va á poder hablar, porque siente sequedad en la garganta y un convulsivo temblor en las mandíbulas.

¿Será ella? Quisiera serenarse un poco antes de abrirle, porque ha de darle pena que lo halle en ese estado de excitación nerviosa. Podría ella creer que ha tenido miedo, y nó, no es miedo. Ninguna sensación sentiría si creyese que es un hombre el que se ha acercado á la puerta; pero está cierto de que es ella......

Sí, sí, acaba de hacer un movimiento y él ha percibido muy bien el roce de las faldas.

¿Esperará que le toque? Nó, porque puede creer que está dormido y temer que los demás sientan los golpes. Va á abrir con cuidado para que no suene la puerta. Ella debe de saber que está despierto, pues habrá visto la luz por las rendijas, y si no se ha ido es porque espera que le abra espontáneamente. Quizás esté vacilante entre si sigue aguardando ó se vuelve á su cuarto. Va á abrirle antes de que se arrepienta...... Ha de ser con suma precaución para que no sientan los otros huéspedes...... Con mucho cuidado...... Poco á poco......

—¡*Señora*!! ¿qué hace usted aquí?

Como una rata á quien sorprende el gato, Felipita Menjil corre á su cueva.

¡Qué susto, Dios mío! El corazón se le quiere salir por la boca. Y lo peor es que no

pudo cerciorarse de si Mariana estaba con Mitral
ó nó. Y el muy grosero la llamó *señora*; ya le
hará saber ella que es señorita, y muy señorita.
¡Bribón, atrevido, bruto!

Muérdese la lengua como suelen hacerlo las
serpientes, y sigue pensando: ¡Qué susto tan
grande! No sabe cómo no se desmayó cuando
él abrió la puerta y la sorprendió con la oreja
pegada á la cerradura. Ahora, ¿qué hará Daniel? ¿Les echará el cuento á los demás huéspedes? Si lo hiciere así, tendrá que volverse á
Caracas para evitar las rechiflas, pero antes se
vengará asegurando que la señora de Aragón
estaba en el cuarto de él; que ella los vió, que
oyó sus besos y cuanto se decían...... En fin,
formará un escándalo de mil demonios.......

Y, en eso no dirá mentira; pues nadie le
quita de la cabeza que Mariana estaba con Mitral.

¡Y tan indecente! La recibe en paños menores. Seguramente la adúltera se metió bajo
la cama. Sí; allí estaba; su perspicacia jamás
la engaña, y desde que vió que Mariana no fué
á comer á la mesa y se recostó de la baranda
mirando al mar durante dos horas, comprendió
que estaba nerviosa, y esa nervosidad no podía
motivarla sino alguna cita; para eso tiene ella
ojo infalible. Probablemente esa cita fue concertada cuando regresaban del paseo, y debía ve-
rificarse esa misma noche, porque los enamorados
son muy impacientes y gustan de hacer las cosas
en caliente. En Mitral también se fijó después
de la comida y lo halló lo mismo: nervioso é impaciente. Señales de cita.

Rumiando estos últimos pensamientos, Felipita, se había acostado á la hora de costumbre, pero dispuesta á levantarse tan pronto como se durmieran doña Juliana y doña Salustia, sus compañeras de cuarto, para ponerse en acecho de los enamorados.

En cayendo en la cama doña Juliana se durmió, á pierna suelta, panza arriba, como una foca que hiciera sobre la playa la digestión de abundante comida ; pero doña Salustia sí tardó en atrapar el sueño ; porque no es de usureros el cultivar intimidad con Morfeo. Felipita la sentía moverse y removerse en el 'lecho, mientras ella anhelaba que se durmiera para ir á espiar á Mariana y verla cuando entrara en el cuarto del otro ; no porque le agrade curiosear por razón de gusto para luego salir á murmurar ; nada de eso, sino porque, como vive en este mundo, quiere estar al corriente de las cosas mundanas.

Así estuvo aguardando dos ó tres horas que se durmiera doña Salustia, en tanto que ésta hacía desfilar por su mente, como por infernal cosmorama, una legión de deudores, hambrientos, miserables y suplicantes ; pero que no obtenían de la empedernida acreedora ni siquiera una mirada compasiva.

Con febril impaciencia Felipita pensaba que iba á perder la «bolada», y que, por culpa de la usurera, Mariana tendría tiempo de visitar á su amante y volver á su cuarto sin que nadie la viese, para amanecer al día siguiente con la cara muy fresca, engañando á todo el mundo.

No quería que doña Salustia se impusiera de lo que ocurría, porque la gloria de tales descubrimientos no la comparte nunca con nadie ; y porque, habiendo visto á la avara conversando con don Leonardo en estrecha amistad, temía que pudiese tomarle la delantera en lo de producir el escándalo, y ese placer lo reservaría exclusivamente para sí misma.

Por eso siguió esperando que la fuerte respiración de la usurera le anunciara que, por fin, de la negra pizarra de su tenebroso cerebro habían desaparecido nombres de deudores, sumas prestadas, intereses vencidos y fechas de plazo, para quedar solamente, como huellas de tiza en la pizarra, la nebulosa de una conciencia lóbrega, de donde no tardarían en surgir, bailando danza macabra, la tropa de demagogos diablillos que perturban la apacible quietud de los dominios de Morfeo.

«Ya como que duerme»—pensó Felipita, y tratando de no hacer ruido, bajó del lecho y se dirigió á la puerta.

—¿Como que te hicieron daño los mangos?— le preguntó doña Salustia.

—Sí—contestó Felipita resuelta á aprovecharse del error de la usurera.

Salió la curiosa al corredor y...... ¡qué alegría! En el cuarto de Mitral había luz.

Ya lo ve: ella nunca se ha engañado; la cita era un hecho. ¿Habría entrado ya? Esperó un rato, pero calculando que serían las dos de la madrugada, pensó que no habrían podido perder tanto tiempo, y, como una rata que iba husmeando el queso, se acercó al cuarto de Daniel, aplicó el ojo á la cerradura, luego el oído y...... fue entonces cuando se abrió la puerta y apareció el gato.

XVI

El insomnio es como onda herziana por donde se comunican las almas que están preparándose para emprender juntas el delicioso viaje del amor activo.

Por eso, mientras Daniel da vueltas en la cama, cambia la almohada á cada instante y termina dejando el lecho para leer el último número de «El Cojo Ilustrado», Mariana, tendida boca arriba, la sábana á un lado, con la hermosa cabeza apoyada en los desnudos brazos, y con los descalzos piececitos uno sobre otro, como que trata de disipar con la mirada las densas sombras que la envuelven para que llegue la ansiada aurora, ó como que quiere beber tinieblas con los ojos para amortajar los últimos escrúpulos de la impertinente conciencia.

Aun no ha podido dormir, pues en cerrando los ojos mira en el vacío como un combate entre escuadrones de ángeles y regimientos de diablos.

Que vaya; que no vaya; he ahí el asunto que se ventila.

Que nó, dicen los únos ; que sí, gritan los ótros.

A veces la imaginación le representa el río de Macuto como negro abismo en cuyo fondo abre sus enormes fauces el monstruo del adulterio, y otras como poética vereda de la isla de Citeres, donde florecen los mirtos y rosales para perfumar el ambiente que produce la deliciosa embriaguez de los sentidos.

¡Ah! si ella tuviese un apoyo cualquiera para poder resistir á esos demonios que quieren perderla !......

Pero ¿cuáles son, por fin, los demonios ? Porque es tal la confusión de su cerebro, que á veces muéstransele con apariencia seductora los que le aconsejan que acuda á la cita, y con semblante adusto y repulsivo los que tratan de inducirla á lo contrario.

Confiésase á sí misma que se han relajado todos los resortes de su mecanismo moral ; pues desde que ha llegado á admitir la posibilidad de incurrir en adulterio, este crimen no le parece tan horroroso como cuando lo veía gravitando, cual enorme carga de cieno, sobre la conciencia de otras mujeres.

Antes la señora de Fulano y la de Zutano le inspiraban profundo desprecio; ahora siéntese inclinada á favorecerlas con una compasiva simpatía, que aun se le antoja indigna de tanta desgracia. Porque desgracia y no otra cosa le parece la de aquellas esposas que, quizás por qué motivos, á un tiempo mismo deshiciéronse de su virtud y rasgaron la honra de sus maridos.

Si pudiera alejar tan negros pensamientos y enhebrar el sueño para surcir las roturas de su cerebro, por donde se van saliendo los principios morales y las sanas ideas que de niña guardaba, como caudal de incomparable valía !......

Pero todo esfuerzo es ineficaz. El sueño es néctar que sólo pueden paladear las conciencias honradas, y por más que quiera ser indulgente consigo misma, tiene que convenir en que la suya ha dejado de serlo.

Sí; conviene en ello. ¡ Ya no es honrada !

Con esta docilidad para culparse trata de poner fin á la larga serie de pensamientos que le roban el reposo; mas no lo consigue, porque entonces el amor propio, instigado por otro amor más vigoroso aún, vuelve á mantener la buena fama de la conciencia, cual caballeroso paladín que defendiera los fueros de la hermosura de su dama.

Que su conciencia es honrada afirma el amor propio; pues de no serlo, hubiérase dedicado á saborear anticipadamente el deleite de la cita convenida, en vez de darse á la enojosa tarea de forjar escrúpulos y más escrúpulos, que son estorbosos, pero débiles obstáculos para detener á un corazón que quiere marchar, de bracero con una pasión seductora, por la senda poética donde florecen los mirtos y rosales, perfumando el ambiente que produce la deliciosa embriaguez de los sentidos.

Y más aún le dice el amor propio: le asegura que su conciencia se puede enorgullecer de haberse conservado tanto tiempo sin mácula, á pesar de que todo ha conspirado contra ella; y que no debe pedirse lo sobrenatural á una mujer joven y hermosa, que después de haber estado por algún tiempo al calor de la antorcha de Himeneo, siente ahora el frío del abandono conyugal; frío horrible que hiela el alma y el cerebro, y que hace apetecer aunque sea la llama devoradora de un amor criminal.

Y en tanto, Mariana sigue inmóvil, tendida sobre el lecho, la sábana á un lado, apoyada la hermosa cabeza en los desnudos brazos, los descalzos piececitos uno sobre otro, y con los ojos abiertos, muy abiertos, como tratando de disipar las sombras con la mirada, ó de sorbérselas para amortajar con ellas los últimos escrúpulos de su alarmada conciencia.

—El día ó el sueño—dice parodiando sin pensarlo al vencido en Waterloo—pero ni el primero viene á calmar la ansiedad de su apasionado corazón, ni el sueño le espanta las sabandijas del insomnio que se le han metido en la cabeza.

—Y á todas estas—piensa la hermosa desvelada—Mitral debe de estar rendido, durmiendo á pierna suelta y satisfecho de tenerme presa en la red de su amor. Seguramente se acostó pensando en mí, y quizás sueñe conmigo; pero quién sabe de qué modo me ha juzgado! Los hombres son así; unos tiranos y unos ingratos. Aquí estoy desvelada por ese joven que ha venido á trastornar mi existencia, en tanto que él duerme profundamente. ¿Merece un hombre así que una mujer honrada se desvele por su causa siquiera dos-minutos? Sabe Dios cuánto me hará sufrir ese mozo!...... Pero nó; soy injusta al juzgarle así: él no es como los demás; su franca fisonomía lo está diciendo; se conoce que tiene bien puesto el corazón. ¿Tengo quejas de él? ¿No me ha tratado con exquisita cortesía y no me ha hecho comprender su pasión de modo sincero y delicado? ¿Por qué he de creer que me hará sufrir? ¿No me

prometen felicidad sus dulces miradas? Ya esto
es irremediable. Si amar á ese joven es mi perdición, ya estoy perdida; pues no puedo volver
atrás, porque tendría para ello que arrancarme el
corazón......

Suspende por un instante el desfile de sus
pensamientos para contemplar una adorable imagen que se le aparece radiante entre las sombras
de la mente : es la imagen de Daniel.

—Muy gallardo es—dice—no hay otro más
simpático que él. Tiene un modo de mirar tan
dulce! Se sonríe con tal ternura !...... Y qué frente tiene! amplia, tersa; basta vérsela para comprender que allí habita el talento. Y ese aire de
humildad que muestra á veces, y que depone, llegado el caso, para . erguirse altivo y arrogante.
Cuando comienza á discutir lo hace como obligado
y tratando de no empeñarse mucho; pero una
vez enardecido su ánimo, muéstrase hasta elocuen-
te é irresistible. En el amor debe de ser lo mismo,
y estoy por creer que bajo la superficie de timidez que en él se advierte, hay una corriente impetuosa, como sucede en ciertos ríos; y así como
en la discusión vence sorprendiendo al contrario
con rápidos arranques de ardimiento, también
enamorando debe de dominar por inesperadas acometidas de osadía. Bueno es tener esto presente
para no dejarme sorprender por tan peligroso seductor, que en pocos días me ha trastornado de
tal modo.

Otra vez Mariana sofrena el pensamiento para
echar una mirada retrospectiva, cual viajera que
en coronando una altura vuelve la vista para
calcular el camino andado, y se sorprende de haber avanzado tanto en tan breve tiempo.

¡Quién lo creyera! ¿Es por la potencia seductora de ese joven ó porque el aire de Macuto es propicio al amor? ¿Es que la ociosidad ha conspirado de consuno con el crimen? ¿Habrá influido en algo la facilidad de verse á cada rato y de hablarse á menudo? ¿O es que el contraste, siempre visible y dolorosamente patético, entre Daniel y don Leonardo ha calcinado su fidelidad de esposa, convirtiéndola en polvo calcáreo para blanquear el sepulcro del honor de su marido y el templo de su nuevo amor?

Ah! sólo ella sabe cuánto ha sufrido en presencia de ese contraste. Su marido, ridículo, asqueroso, fétido, provocando ganas de escupir y hasta náuseas; y Daniel, hermoso, apuesto, rebosante de salud; infundiendo con todas las seducciones de la belleza corporal deseos de rendirse á su albedrío.

¡Qué horror, Dios mío! ¡Qué pensamientos se le vienen á la cabeza!

Pero si ella no es mala; si quisiera ser buena; si su mayor anhelo es conservarse honrada, como modelo de esposas desgraciadas y fieles......

Pero, ¿cómo lograrlo? ¿Es eso dable á la humana condición? ¿No es pretender un imposible?

Ah, si tuviera un apoyo! Si pudiera acercarse á su marido en solicitud de fuerzas con que resistir al monstruo del adulterio que la empuja; que sin cesar la está empujando...... Pero, no puede; lo confiesa. Le es imposible dar un paso hacia esas ruinas del vicio, hacia esa guarida de la sífilis; porque de pensarlo solamente todo su sér se insurrecciona.

Prefiere arrancarse el corazón.

Y además, el asunto no es solamente de asco ni de náuseas, sino de profundos resentimientos que no podrá olvidar ni perdonar jamás, jamás, jamás!......

———

Ya el genio de la noche, tal vez «cansado, pero no satisfecho», va lentamente retirando las alas de sombra con que envuelve el voluptuoso cuerpo de la hermosa, que no ha podido lograr que el sueño le espante las sabandijas del insomnio que se le han metido en el cerebro.

Ya los primeros rayitos de luz, cual traviesos chicuelos de la aurora, deslízanse por entre las rendijas del cuarto, y vienen á evidenciar con infantil indiscreción cómo duerme el ángel de la inocencia, representado en Mila, y cómo vela el demonio de la infidelidad, encarnado en Mariana.

XVII

¡ Lejos de mí las sombras que á deshora
Llenan de espanto la conciencia humana !
Y al decir esto penetró la aurora
En torrentes de luz por mi ventana.

Recitando estos versos de Núñez de Arce abre
Mariana un postigo.

¡Inusitada vanidad! En seguida se ve en el
espejo porque présiente que el insomnio le ha menoscabado la lozanía del rostro. No se ha engañado.

Sus mejillas están descoloridas, sus labios
también, y ¡qué ojeras tiene!

De esta transitoria marchitez de su belleza
quiere sacar partido para no concurrir á la cita.
¿Cómo presentarse así á Daniel? Le perdería la
ilusión; sí, se la perdería, y ella quisiera mostrár-
sele siempre como la mujer más bella del mundo, para poder sojuzgarle eternamente el corazón; porque ya que no le es posible olvidarle, de-

sea que al menos él tampoco pueda dejar de amarla
nunca jamás.

Así no quiere ir : el espejo le advierte que está
muy fea; es decir: fea precisamente no; pero sí
menos bella que otras veces.

Nunca espejo alguno ha sido tan injustamente
culpado de mentiroso; pues no es él quien está
ocultando la verdad, sino, ó el deseo que tiene
Mariana de encontrar un asidero para no dejarse
arrastrar hacia las márgenes del río por la criminal
pasión que la domina, ó la codicia de mayores atractivos para afianzar de modo perdurable su amoroso
imperio en el corazón de Mitral.

La ambiciosa no sabe que si Daniel la viese
así, caería á sus pies rendido de admiración y de
ansiedad.

Sí, así; tal como está: con la cabellera en desorden, entre cuyos finísimos hilos de azabache la
luz se cambia en primorosos tornasoles ; con los
ojos melancólicos, como compadecidos de la multitud de almas esclavizadas que le rinden ferviente
vasallaje; con las mejillas descoloridas, como azucenas que amanecen emocionadas por haber recibido
bajo velos de sombra las apasionadas caricias del
céfiro nocturno; con el seno descubierto, blanco,
hermoso, terso, con albura de mármol de Gañango,
como una media cúpula del templo del Deleite ;
con los brazos al aire, mostrando la suavidad de
los duraznos maduros, y tentando á suicidarse entre ellos; con los piececitos desnudos, como magnolias en botón, semimetidos en las pantuflas que
Mila bordó en oro para ellos. Así, sin más traje
que la dormilona de finísima batista, semejante á
un mar de espuma por donde surcarían las miradas, cual carabelas de la curiosidad donde navegara

osado el pensamiento descubriendo nuevos mundos
de belleza.

¡ Y no está satisfecha la inconforme ! ¡ Y aun
deseara ser más bella esa hechicera que reune en
sí todos los atractivos de la humana hermosura !

«Así estás bién,» parece que le advierte el espejo ; pero ella se empeña en decirse á sí misma
que debe no dejarse ver de Mitral con tal semblante. Quiere asirse de nuevo á tan débil pretexto
para no concurrir á la cita ; pero su corazón protesta con la energía del amor burlado en sus mejores esperanzas.

La dormilona de batista cae al suelo ; pero una
túnica de hilo, ufana del honor que se le asigna y
celosa del aire, apresúrase á cubrir las divinas formas que también hubieran triunfado ante los jueces de Frinea. Luego el corsé, oprimiendo la cintura como en intenso paroxismo de lujuria, levanta
el tesoro del seno y destaca las majestuosas curvas
que bajan del talle como cascadas de irresistibles
tentaciones. Salen los piececitos de las bordadas
pantuflas, y se esconden presurosos entre medias
de seda, cual pequeños armiños que, avaros de su
blancura, van á ocultarla en sus profundas cuevas.
Las ligas, las atrevidas ligas llegan en ascensión
gloriosa hasta el nacimiento del muslo, y allí se
detienen cual fatigadas viajeras á quienes falta el
aliento......

—La bendición, mamá.

Mariana se acerca á su hija, y diciéndole :
Dios te bendiga, la besa tres veces en la frente.

—No olvides lo que te he dicho, hija—añade—no dejes que nadie te bese en la boca. Absolutamente nadie.

—No lo olvidaré, mamá. ¿Pasaste buena noche?

—No muy buena, porque estoy quebrantada.

—¿Qué tienes, mamaíta?

—Poca cosa; no te alarmes, hija.

—¿Quieres que llame un médico?

—Nó, nó; esto es pasajero.

—¿Pero no iremos hoy á bañarnos?

—Nó, no iremos.

—¿Quieres que te haga traer el desayuno?

—Tampoco; iré á tomarlo al comedor.

Está resuelta á no ir al río; pero ha de avisárselo á Mitral para que tampoco vaya; pues calcula que nunca le perdonaría que lo dejase de plantón durante varias horas, poseído de la más torturadora ansiedad.

—¿Tengo semblante de enferma, Mila?

—No, mamaíta; si estás más bella que nunca. Dame un beso.

—Mentira, aduladora. Seguramente tienes ganas de no perder el baño de hoy, porque es el primero de agua dulce, y por eso tratas de animarme para que vaya.

—No, mamá; es que no me pareces enferma; te lo digo francamente.

—¿Entonces me baño?

—Si crees que te puede hacer mal, no lo hagas.

—¿Pero por qué no me animas? Anímame á que vaya—dice Mariana, sintiendo en este instante los impulsos del insurrecto corazón

—No, mamá; no deseo que por complacerme te enfermes más.

—Pero si yo quiero que me animes, hija.

—Bien, pues, entonces bañémonos.

—¿Y si me enfermo más?

—Entonces no salgas del cuarto; diré que te traigan el desayuno.

—Está bien; hazlo así.

En acabando de vestirse, Mila sale y comunica á la madama Coppola la orden de Mariana.

Felipita Menjil se entera de ello y dice para sí:—«Ha resuelto no salir hoy del cuarto; ó tiene pena de verme la cara, ó sueño por no haber dormido toda la noche. En cuanto al otro, no bien se hubo desayunado marchóse á paseo. Tampoco se atreve á mirarme cara á cara. ¿No lo decía yo? Estaban juntitos, y en cuanto me sintieron, ella se metió bajo la cama, y él abrió la puerta para darme el sustazo y para insultarme llamándome *señora*. ¡Tan vulgar! Como me preguntó:—«¡Señora! ¿qué hace usted aquí?» ¿Conque *señora*, eh? Ya arreglaremos cuenta oportunamente, pedazo de hipócrita.»

Después de corta pausa añade:—«Cuánto siento no haberla visto salir del cuarto de Mitral; pero como llegué al mío con el corazón que se me quería salir por la boca, no tuve la precaución de ponerme otra vez en acecho, y la muy bribona aprovechó mi descuido y se volvió á su cama. Pero no será la última; déjenlos estar. Y el fulano Mitral echándola de ruboroso; no se ha atrevido á verme la cara; tomó el café y se marchó en seguida. Quiere decir que ahora no echarán el parrafito de todas las mañanas recostados de la baranda. Ya lo creo, puesto que á media noche lo echaron bien largo. Y ganas que tengo de verlos frente á frente. Es muy divertido observar á los enamorados cuando tienen un entaparado de esos. Lo que es hoy no se atreverán á verse en público,

y si se vieren, él se sonreirá con malicia y ella
bajará los ojos azorados y se pondrá muy seria.
Me prometo gozar mucho viendo á ese par de tór-
tolas trasnochadas. Qué agradable es estar al corriente de las cosas mundanas, aunque úna no
sea de esas que curiosean por razón de gusto para
luego salir á murmurar!»

Otra pausa. Felipita se arrellana en la mecedora que ocupa, como una macagua que se enrolla
para estar apercibida á la defensa, y prosigue su
soliloquio mental:—«Libre Dios á Mitral de decir
á alguno que me sorprendió junto á la puerta
de su cuarto; porque si tal cosa hiciese, refiriría
yo lo que oí y lo que no oí. Aseguraría que ví
á la esposa de Aragón en brazos de Mitral; que
se besaron como unos desvergonzados, y que él le
dió un mordisco en el hombro izquierdo. Sí señor;
en el izquierdo; que se deje examinar para que
vean. ¡Qué escándalo se armaría! Y á mí nada
más se me debería el haber desenmascarado á ese
par de hipócritas. Ya sabrá el señorito Mitral
cómo le pagará la *señora* Menjil su grosería. ¡Bribón, indecente, soez!»

Mariana aparece en el corredor: serena la
mirada, la frente altiva, el paso firme, y con majestad de reina destronada.

Viste su más bella bata blanca; la de los finísimos encajes de color de crema, por entre cuyos
calados se divisan en brazos, hombros y garganta partículas de piel, que parecen fragmentos pe-
queñísimos de cielo.

«Mírenle la facha—rezonga para sí Felipita.—
Supuse que la muy bribona se presentaría avergonzada, sin atreverse á alzar la cabeza ni á mirar
á nadie de frente; y ahí la tenemos con el mismo

porte imperial que siempre gasta. ¡Caramba!
cualquiera diría que es una virgen que está diciendo: *Yo soy la Inmaculada Mariana !* Ahora vuelve los ojos por todas partes ; parece una impaciente tórtola que busca con la mirada á su amado
tórtolo. Por fin, fija la vista en la puerta del
cuarto de Mitral. No creas que está durmiendo todavía, chica. Aunque trasnochado por lo que tú
sabes, se levantó muy temprano, tomó el desayuno y se marchó : no sé decirte á donde.»

Mientras así se regodea mentalmente la murmuradora más perversa de Venezuela, Mariana,
en efecto, busca á Mitral con la mirada.

Después de haber pensado fingirse enferma
y no salir del cuarto, resolvió hablar con Daniel
en el corredor para avisarle que no iría á la cita,
por sentirse quebrantada.

«Sí—se dijo—debo avisárselo, porque fuera
mala partida dejarle esperando en el río. Después
que hable con él volveré á encerrarme.»

Por eso lo está solicitando ansiosa con la
mirada.

«¿ Estará durmiendo aún ?—se pregunta.—Es
raro, ó al menos que haya pasado la noche en vela como yo ; pensando en mí, y esperando impaciente la hora de vernos en el río. Y después
de haberle hecho pasar tan mala noche, ¿ he de
ser tan cruel que le diga que no me espere ? ¡ Ay !
nó ; no tengo corazón para tanto. Pero, ¿ cómo
exponerme á que me vean conversando con ese
joven en la orilla del río ? Aunque vaya con Mila ;
todos comprenden que por ser tan niña nada es
más fácil que burlar su infantil candidez. Nó, nó ;
esa imprudencia sería imperdonable. ¡ Qué escándalo ! ¿ Y si las que nos viesen fueran la Trejo·

y la Millo, esas tontas que se figuran que Mitral
está enamorado de ellas......? Entonces sería lo
mismo que publicarlo en «El Pregonero.» Daniel
ha hecho muy mal en ponerse á pasar el tiempo
con esas necias. Y vaya usted á verlas : la úna,
es verdad que ha ganado mucho desde que se
quitó las pecas con la crema Neumann, pero es
una simplona que no tiene más que el palmito ; y
en cuanto á la ótra, todo el mundo sabe que esos
dientes no son suyos, sino postizos y muy postizos ; que el cabello lo compró en el Fígaro, que
el seno es de algodón planchado, que las caderas
idem, que......»

De esta manera, picada Mariana por los celos, por esa terrible pasión que tanto exacerba
los más serenos ánimos, y á la cual es ella tan sensible, dase á denigrar mentalmente de sus pre-
suntas rivales, porque es de la humana condición
que ni aun cuando una mujer tiene absoluta seguridad de haber avasallado el corazón de un
hombre, puede convenir en que éste, ni por pasa-
tiempo, malgaste en otras requiebros y ternezas
que codicia exclusivamente para sí.

«Es verdad—repite mentalmente Mariana—
Mitral no ha debido galantear á esas presuntuosas,
que no necesitaban de mucho para concebir esperanzas. Y si yo le dijese algo, seguramente me
diría que lo ha hecho para disimular. A veces me
dan ganas de creer que realmente está enamorado
de Felicia Millo, de esa mentira humana que tiene
todo postizo ; todo, todo. Lo único suyo es la gracia con que habla ; pero más nada. He observado
que él la solicita mucho, y todas las tardes se pasea
por el malecón. ¡Caramba! es de ver cómo goza

Daniel cuando está con la Millo, que á todo el
mundo le pone motes. ¿Y la otra? Lucila Trejo
es una simple; pero él dice que es muy candorosa
y muy modesta y muy juiciosa y muy inteligente
y muy bella y muy........ ¡Jesús! ¿Por qué no se
casará con ella, si tantos adjetivos tiene? Pero,
señor: á són de qué estoy pensando en esas muchachas? ¿Qué tengo que hacer con los postizos
de la úna ni con la simplicidad de la ótra? Que él
las galantee si le place, y que ellas se forjen cuantas ilusiones se les antojen. ¿Qué me va á mí ni
me viene? Es que tengo el cerebro febril por haber trasnochado: sólo así se me hubiera ocurrido
pensar en esas mujeres. Pero .... ¿cuál será la
que más le gusta? Como que es Felicia; nó, lo
que sucede es que á Lucila la trata con más respeto; porque le inspira mejores intenciones. No le
alabo el gusto........»

En el proceso de las pasiones amorosas nada
las impulsa tanto como los celos; pues son éstos
fuego voraz que consume preocupaciones y temores, desarrollando al mismo tiempo fuerza motriz
para vencer resistencias y salvar distancias

Desde que los celos hincaron sus mil agudísimos dientes en el corazón de Mariana, ya la
causa de Daniel estaba ganada. Bien lo ha presentido él, pues no sólo por disimular es por lo
que ha pasado el tiempo cortejando á Lucila Trejo
y á Felicia Millo; sino porque, profundo conocedor del corazón de la mujer, cuyo estudio práctico
ha hecho en largos años, bien sabido se tiene que
para rendir fácilmente un pecho donde se haya
atrincherado la honestidad, no hay como atacarlo
en combinación con la tropa hostigadora de los
celos.

En los labios de la pensativa Mariana aparece un mohín de enfado, como un insecto venenoso que aletea entre los pétalos de un clavel.

Está enojada contra la Trejo y contra la Millo. ¡Presuntuosas! No desea tener intimidad con Mitral sino para ridiculizarle el gusto. ¡Y que enamorarse de tan poca cosa un joven tan elegante! Verdaderamente, él se merece más.

Y á todas estas, la puerta del cuarto de Mitral permanece cerrada. ¡Qué dormir! Seguramente pasó en vela toda la noche, piensa Mariana. Ya no es que desea hablarle para decirle que no irá á la cita; pues ha resuelto ir para tratar de descubrir á cuál prefiere, si á la Trejo ó á la Millo; es que teme que se haga tarde y no despierte en todo el día. Poco antes hubiera advertido con gusto que el tiempo trascurría y que por culpa de Daniel no le cumpliría lo ofrecido, pero ahora piensa de otro modo, y desearía que alguien lo despertara.

¡Qué casualidad! llegan los periódicos para Mitral; Coppola los recibe y pregunta por él; un mesonero le contesta que ha salido; acércase á la tablilla de las llaves, coge la del cuarto de Mitral, lo abre, deja los periódicos sobre una mesa y vuelve á cerrar.

Esto lo ha visto Mariana con sorpresa. ¿Conque no está durmiendo? ¡Qué temprano salió! ¿Y á dónde habrá ido? ¿Á dónde, sino al río? ¡Qué impaciencia la suya!

Y ella ¡tan injusta! que ya lo estaba culpando de indiferencia porque dormía tan tranquilo en tanto que se acercaba la hora convenida. ¡Pobrecito!

«Preciso es convenir—se dice Mariana—en que no es ni á la Trejo ni á la Millo á quien Daniel prefiere: es á mí; sí, á mí.»

Y en pensando esto, en abrigando tal confianza, vuelve á desistir de la cita; pero la tropa hostigadora de los celos acomete contra su corazón con el arrojo de los guerrilleros del Tuy cuando van, briosos y esforzados, siguiendo los largos mostachos blancos del general Leoncio Quintana.

—Mila : busca los paños y vamos á bañarnos.

—¿Y no estás enferma, mamá?

—Ya se me pasó el quebranto. Vamos.

XVIII

Mansamente, sin ruido ni presunciones y formando á trechos pequeños espejos para que se miren las presumidas estrellas, el río de Macuto baja del Avila y rinde al mar Caribe su tributo de líquido cristal.

No hay río más humilde al par que más poético.

Con sus cristalinas linfas lava los pies de los altos bucares y de los frondosos apamates, y luego se lleva agradecido las encendidas flores de los unos y las amoratadas de los otros, como valioso estipendio de su humilde servicio.

Por sus márgenes no hubiera vagado ociosa la cuadrilla de Apolo: Euterpe habría dirigido la orquesta innumerable de los incansables pajarillos que cantando saltan desde el alba hasta la noche; Talía, con el cayado de pastor y la careta, hubiese ensayado sus cómicos ademanes bajo la exuberante frondosidad, como en amplio escenario de verde cortinaje; Tersípcore habría estampado sus leves huellas en las arenosas orillas, danzando al compás de los acordes de su lira; Melpómene, calzado el coturno y ceñida la corona, hubiera concebido sus trágicas visiones entre la medrosa soledad de los tupidos matorrales; Polimnia hubiese improvisado líricas estrofas ante las bellísimas acuarelas que la luz dibuja sobre los frescos follajes, y Erato sus cánticos eróticos para celebrar las nupcias de las felices avecillas; el cielo, diseminando su brillante pedrería, hubiera invitado á Urania á examinarla á través de la serena y despejada atmósfera; Calíope, con su trompeta de oro, habría pregonado el épico coraje de los lagartos que luchan cual formidables gladiadores, y el de los cucaracheros que heroicamente defienden los nidos de que quieren despojarlos turpiales holgazanes; y Clío, la severa musa de la historia, hubiera escrito en su rollo de papiro relatos interesantes de incontables amores.

Sí, de amores incontables; porque todo es allí propicio al amor: la soledad, la poesía, el ambiente rico de oxígeno, el rumor del agua que convida á soñar despierto, el desacorde, pero deleitable trinar de los pájaros que parecen empeñados en decir que ellos nunca refieren lo que ven, para que no se tema su indiscreción: todo es allí propicio al amor.

Allí parece que la naturaleza repite sin cesar las palabras divinas: *creced y multiplicaos*. Eso dice á las plantas, á quienes nutre de vigorosa savia; á las flores, cuyo polen trasporta la diligente brisa; á los pajarillos que viven en eterno idilio libando el néctar de la luna de miel; á los reptiles que tienen albergues seguros entre peñas y raíces para esconder sus lúbricos desmayos y su pequeña prole; á los insectos que pueden refugiarse entre el espeso boscaje para ponerse á salvo de las travesuras del envidioso céfiro, que tanto se complace en separarlos cuando en las ansias del supremo deleite quieren formar un solo sér; y á los que, como Daniel Mitral, van en busca de codiciadas sensaciones para el alma enamorada.

Allí está, en efecto. Cansado de vagar por la margen derecha del río, se ha sentado en una peña larga y plana que muchas veces ha servido de mesa en campestres almuerzos de temporadistas.

Tiene un libro en la mano, acaso para hacer creer á quienes lo vean que ha ido allí para leer en la apacible soledad que le rodea; pero aun no ha tenido ocasión de abrirlo porque á nadie ha visto por ese lado en las tres horas que ha pasado en espera.

Ha adoptado la actitud de los que aguardan resignados: la mano en la mejilla y la mirada fija en la senda por donde ha de llegar el sér amado.

En su semblante se advierte la laxitud que sigue á las crisis nerviosas, y en su mirada la vaga melancolía que resulta de la resignación y del insomnio.

La impaciencia es fuego lento que consume el vigor del organismo y la entereza del espíritu, y desde que Mariana prometió á Daniel que se hablarían cerca del río, tiene él dentro del pecho el brasero devorador de la impaciencia.

Ni un instante durmió en la noche pasada, y después de lo ocurrido con Felipita asaltáronle violentos temores, pues comprendió que era espiado por la temible murmuradora. De buena gana referiría lo sucedido para exponerla á la burla general; pero teme que ella, por vengarse, asegure que ha visto lo que no ha pasado aún, y produciendo intempestivamente el escándalo, haga detener á Mariana en el camino de las anheladas complacencias.—«¡ Maldito vejestorio ! — exclamó Daniel poco después de haber huído Felipita.— Cómo se ha propuesto privar á los que se aman de las fruiciones de que ella no pudo gozar en la juventud, si en algún tiempo fue joven. Barrunto que nos hará pasar muy malos ratos, y es necesario cuidarnos de ella con particular empeño; sin embargo, Mariana debe no saber nada todavía, porque entonces todo se me haría más difícil. Después, cuando ya no pueda volver atrás, sí la alertaré y su perspicaz imaginación de mujer se encargará de burlar las asechanzas de esa arpía.»

Al salir Daniel de su cuarto lo primero que vio en el corredor del Casino fue al «maldito vejestorio», que parecía estar aguardándole. Supuso él que la vería avergonzada de haber sido sorprendida en tan fea acción, pero, ¡qué sorpresa! estaba sumamente tranquila y al parecer muy satisfecha.

Le pasó por delante sin saludarla, y ella se aclaró el pecho como para llamarle la atención.

Daniel pidió el desayuno, y en tomándolo se marchó, porque ya no podía resistir á la tentación de torcerle el pescuezo á la vil cotorra que con su insolente mirada de perra perdiguera le estaba quemando la sangre.

Para despistarla se dirigió al bulevar del malecón, haciendo creer que iba á tomar el tren para ir á La Guaira.

Durante tres horas vagó por la orilla del río, viéndolo todo, explorando el terreno, forjando planes y sintiendo que la impaciencia preludiaba en sus vibrantes nervios, como en las templadas cuerdas de una arpa, el himno del amor victorioso.

Ahora está allí, sentado en la piedra, grande y plana, que ha servido de mesa para muchos almuerzos campestres. Continúa en la actitud de la resignación y la paciencia: la mejilla en la diestra y la mirada fija en la senda por donde debe llegar el sér amado.

De cuando en cuando veloz calofrío le corre por las venas, y maquinalmente saca un cigarrillo, lo tuerce y, desistiendo de su propósito, lo arroja al agua, como hiciera con otros; pues ha resuelto no fumar para conservar la boca sin ese olor á nicotina que seguramente atenúa la dulzura de los besos.

Por vigésima quinta vez saca el reloj: las diez y media. La impaciencia vuelve á retemplarle los nervios. Otro cigarrillo al agua, y van nueve. Tras de él se le van las miradas y con éstas el pensamiento. ¡Ah! quisiera ser ese cigarrillo que la corriente arrastra, porque en breve caerá en el estanque perfumado donde ya debe de haberse bañado la magnolia humana más hermosa que ha producido el árbol inagotable de la vida.

Y si aun se está bañando, qué dicha para ese cigarrillo!

Mas nó; la belleza suprema merece el artístico respeto que en todos infunde la majestuosa desnudez de la Venus de Médicis. A un lado los devaneos de la salacidad, y que emanen los efluvios de la admiración, como incienso sagrado que ofrenda el alma ante el ara de la diosa terrenal que se ha ceñido el mágico cinturón de Citerea.

Si ni aun se puede comprender, en eróticos trasportes, cómo ese mísero río se atreve á incurrir en la profanación de abrazar el desnudo cuerpo de Mariana.

Que lo haga el mar, el padre de la madre del Amor, pase; pero tanta audacia en tan menguado riachuelo es inexplicable.

Aquí está ya. Parece una Diana cazadora de corazones ó una ninfa azorada á quien persiguen los sátiros. Todo lo escudriña con los ojos, y las trabas del miedo le entorpecen el majestuoso andar de reina destronada. Tiene la palidez de la azucena; pero qué bien le sienta!

No se ha bañado: Daniel dirige una mirada al río como descargándose de su envidia, y sale al encuentro de ella, á quien acompaña su hija, que sí está recién bañada.

—¿ Se halla usted enferma?

—¿ Se me conoce en el semblante?—pregunta Mariana, temerosa de estar menos bella que la Trejo y que la Millo—¿ Estoy muy fea?

—Su semblante es siempre el de una rosa, sólo que hoy no es de rosa mosqueta, sino de rosa blanca.

—¿ Estoy muy pálida?

—Un poco, pero la palidez en usted es un atractivo más.

—Que me da aspecto de enferma.

—Fue por no haberse bañado por lo que le pregunté si lo estaba.

—Sí; no pasé buena noche.

—¿ Durmió usted mal?

—Casi nada.

—La culpa es mía—dice Daniel aprovechando que Mila se ha retirado algunos pasos para coger una flor silvestre.

—¿ Suya por qué?

—Porque no dejé dormir á usted con mi pensamiento. Toda la noche no he hecho sino pensar en usted, y hombres de ciencia aseguran que el pensamiento, en ciertos casos, puede trasmitirse, adquirir fuerza y transformarse en luz como el fluido eléctrico.

—Pues si hubiese sabido que á usted debía esa noche de insomnio, lo hubiera castigado dejando que me esperase en vano toda la mañana.

—Un castigo de usted, Mariana, debe de saber á gloria; pero ya eso no fuera castigo, sino venganza, y los ángeles no se vengan.

—Recuerde usted que no soy ángel, sino simplemente una mártir—añade ella deseando abordar el tema propuesto para la entrevista.

—Sí—responde Daniel uniendo la galantería á la compasión—una mártir que merece la suerte de los ángeles, ó un ángel que tuvo la desgracia de desposarse con un demonio.

—Comprendo, amigo mío, que usted es capaz de calcular la magnitud de mi infortunio y de compadecerme sinceramente, como deseo serlo; porque el sér desgraciado no tiene más consuelo cierto que el de asociar en su pena á corazones amigos.

—O esclavos, ¿verdad? El mío es de estos: disponga usted de él como tal.

—Nó, señor Mitral: lo quiero sólo como amigo; consérvelo libre para ofrecerlo á quien pueda ser feliz por poseerlo.

—Si usted lo desprecia lo herirá de muerte—añade Daniel queriendo ganar terreno en breve tiempo, mientras Mila forma un ramillete que piensa llevar al padre Rada para la Virgen de Lourdes.

—Recuerde usted, señor Mitral—dice Mariana afectando seriedad—que hemos venido aquí no para una declaración de amor, sino para referirle yo el origen de mi gran desventura.

—Es que yo no quiero oír hablar más de su tirano, bella Mariana; es que deseo que sólo vivamos el úno para el ótro.

—Muy aprisa quiere ir usted, señor.

—¿Y para qué contenernos más? ¿Por qué robarnos á nosotros mismos instantes de dicha? ¿Por qué no sellar el pacto de amor eterno que nuestras almas han venido negociando sin hablarse?

—El alma suya, querrá usted decir.

—Y la de usted también, Mariana. ¿A qué negarlo? Ese disimulo no es digno de usted.

—Le suplico, señor Mitral, que no incurra en aventuradas afirmaciones, que pueden producirme ingrata sensación; así como también tener presente siempre que no me pertenezco.

—¿Y á quién pertenece entonces? ¿A aquél? ¿Al corrompido que en vez de buscar una enfermera aceptó ó procuró la inmolación de la más bella, de la más digna y de la más adorable de las mujeres? ¿Hasta dónde quiere usted llevar su propio martirio?

—¿Pero usted no advierte, señor Mitral, que lo que está pretendiendo es precisamente hacerme doblemente desgraciada?

—No es verdad. Todo sér tiene derecho á amar y á que lo amen. Usted no puede profesar amor á su marido, porque á ello se oponen la justicia, la naturaleza y la razón. Si él fuese digno de ser amado, no sería yo quien pretendiese disputarle su sagrado derecho; pero, ¿renunciará

usted por siempre al que le ha concedido la ley
natural, absteniéndose de formar en el universal
concierto del amor ?

—Sí ; porque á ello se opone la ley divina.

—¡ La ley divina !—repite Daniel con sorna.—
La ley divina no puede nunca sancionar un engaño, y ese hombre la engañó á usted soezmente.
¿ No fue así ? ¿ O se casó usted sabiendo que él
era un libertino que en vez de tuétano tenía dentro de los huesos el virus de la sífilis ?

—Ya ve usted—dice Mariana, abrumada por
la lógica del joven—no me ha dejado referirle esa
historia, y á eso vinimos. ¿ Quiere oírla ?

Mila se acerca á su madre para que le tenga
el haz de flores que ha reunido, mientras sigue
recogiendo más, y al alejarse de nuevo, Daniel contesta secamente :

—Escucho.

—Si no quiere oírla—dice Mariana—volvamos
al Casino.

—Es que prefiero que hablemos de nuestro
amor ; que viajemos por lo porvenir, en vez de retroceder á lo pasado.

—¿ Y si no quiero acompañar á usted en ese
viaje ?

—Es usted demasiadamente buena para negarse á ello. ¿ Piensa acaso obligarme á que me arrepienta de amarla tanto ? Mariana ; bellísima Mariana : acepte usted mi amor......

En los vibrantes nervios de Daniel, donde la
impaciencia en largas horas preludiara el himno
del amor victorioso, la ansiedad está tocando ahora
la tierna plegaria de los íntimos favores.

—Me voy—dice ella temerosa de que la impe-
tuosidad del joven la haga ir demasiado aprisa.

—Nó, nó, Mariana.   ¡Por Dios! nó.

—¿Me promete oír callado lo que. quiero contarle ?

—Lo prometo—contesta con gravedad Daniel.

No obstante conocer Mitral tan á fondo el corazón de la mujer, dejóse arrastrar por su impetuosa pasión, apoyado en la convicción de que Mariana le ama, y formuló sus pretensiones sin darle tiempo para que ella le rifiriese el origen de su desventura.

Ha debido recordar que toda mujer próxima á pecar abriga la gran preocupación de justificar previamente su pecado á los ojos del amante mismo, y que mientras no logre esto, ó mientras no le haya hecho presentes las causas de su desgracia, tendrá él que luchar contra la resistencia que le oponga el capricho femenil, que es muy digno de tomarse en cuenta cuando se trata de obtener apetecidas complacencias sin pérdida de tiempo.

Antes de rendir la cerviz al yugo de un amor criminal, la mujer quiere que conste que no es por perversidad por lo que lo hace, sino por desgracia, y que no es ella sino su marido el principal culpado del mal paso que va á dar.

Aun cuando úno esté plenamente convencido de que la ajena mujer á quien está seduciendo ya ha resuelto caer, debe no arrojarse en sus brazos sin darle tiempo para que en su presencia empuñe la palma del martirio, se ciña corona de espinas, y se vista con el sayal de las conmovedoras víctimas; después...... acaso sea ella la que primero se arroje en brazos de su cómplice.

Y esto es así porque en el alma de toda pecadora hay una fuente de espontáneas resistencias para el mal, y porque siempre necesita de alegatos que presentar en el tribunal de la propia conciencia, para descargar la mayor parte de la responsabilidad del delito sobre extraños hombros.

Hay una lógica fatal, pero indefectible, de la cual se desprende que el desprecio de una mujer por su marido es el mejor estiércol para abonar el corazón donde ha de cultivarse la planta ponzoñosa del amor adulterino. Y es de justicia decir que ese desprecio se halla siempre bien fundado, porque todo en la mujer está predispuesto para el bién.

Salvo las excepciones inevitables en toda regla, podemos decir que nunca la mujer se arroja al pecado, sino que se la empuja.

Ora sea abusando de su inocencia ó prevaliéndose de su desgracia, el seductor comienza la obra de perdición ó la concluye.

En las casadas, es innegable, el marido abona el terreno y el amante lo siembra. Llega el día en que nace la planta, se desarrolla, florece y fructifica: cada flor es una bola de cieno y cada fruto un reptil; sobre ese cieno flota luego el cadáver de una honra, y bajo esos reptiles desaparece, muerto también, el cuerpo en otro tiempo hermoso de la felicidad de un hogar.........

Ideas de esta especie surgen de pronto en el cerebro de Daniel, quien cae en la cuenta de que se ha dejado llevar de su ardimiento, y de que es menester oír á Mariana la previa justificación de su adulterio, si no quiere estrellarse contra una fuerte resistencia, que acaso pudiera convertirse en enojo. Por eso se resigna á esperar hasta conocer la historia que ella le relata, en tanto que ambos avanzan por la orilla derecha del río, siguiendo á Mila que continúa formando el ramillete de flores silvestres que piensa llevar al Padre Rada para la Virgen de Lourdes.

XIX

—Mis padres—dice Mariana—no obstante ser muy ricos, no quisieron darme esmerada educación, y por no separarse de mí ni abandonar el cuido de sus haciendas, me obligaron á vivir siempre en el campo, entre gente inculta y vulgar. Murió mi madre, con quien solía ir á las grandes fiestas religiosas del pueblo cercano, y desde entonces (tenía yo doce años) la càsa de nuestra principal hacienda fue para mí como un convento; mi padre era la única persona decente con quien trataba yo; las demás eran criados y peones. Debo confesar que no obstante la costumbre, ese género de vida me fue siempre odioso, pues instintivamente adivinaba los atractivos de la vida social, que luego pude vislumbrar por las referencias de los periódicos y novelas que leía. A los pocos días de haber cumplido yo quince años de edad pasamos á Caracas, porque mi padre tenía que hacerse una operación en el hígado. El único amigo que él tenía en Caracas era don Mauricio Aragón, cuyo hijo Leonardo co-

menzó á poco á hacerme la corte. Su presencia
era airosa, y aun podría decirse que le sobraban
prendas físicas para cautivar el corazón de cualquier
niña, aunque estuviese habituada al trato social de
jóvenes apuestos y elegantes.

—¿Es decir que usted se casó por amor?—interrumpe Daniel.

—Sí, señor Mitral: por amor.

—¡Parece increíble!

—Pues así fue. No me fijé sino en sus cualidades físicas, porque era incapaz de poder apreciar
sus modales ni adivinar los defectos de su alma;
sólo sabía que era un elegante á quien, por otra
parte, mi imaginación, habituada como estaba á las
groseras fachas de la gente vulgar, se complacía
en enaltecer revistiéndole de seductores atractivos.
Bien pronto comprendí que él gustaba poco de mi
trato; pero en vez de atribuirlo á su predilección
por las mujeres pervertidas y por los desórdenes de
arrabal, pensé que fuera por mi falta de cultura, y
esto, mortificándome de modo inconcebible, aumen-
tó mi pasión por él.

—¡Maldita pasión!—ruge Mitral

—Sí: mil veces maldita!—añade Mariana.—
Leonardo me galanteaba no espontáneamente, sino
por consejos de don Mauricio, cuyos bienes de fortuna se disminuían rápidamente por el derroche de
su hijo. Habiéndose restablecido mi padre, volvi-
mos á nuestra hacienda, y poco tiempo después nos
hicieron una visita, que me proporcionó gran felicidad, pues durante la ausencia me había tenido
por la mujer más desgraciada de la tierra.

—¿Y el padre de usted no trató de estorbar ese
matrimonio?

12

—Mi padre, á causa de su enfermedad, no pudo conocer en Caracas la verdadera conducta de Leonardo.

—Bien—exclama Daniel algo impaciente y deseoso de abreviar.—Y se casaron.

—Ocho meses después; y á los pocos días comencé á subir mi calle de amargura......

—Con la cruz de la sífilis á cuestas. ¿ No es eso?—pregunta Daniel ardiendo en ira.

—Sí. Por fortuna los sabios y oportunos consejos del doctor Cardozo contuvieron el mal. ¡ Cuánto sufrí entonces y qué de vergüenzas pasé ! Súbitamente se convirtió mi amor en violento rencor, abandoné á mi marido y volví al lado de mi padre. Cuando supe que estaba en cinta, amigo mío, no sé lo que sentí: por una parte la alegría de ser madre, y por otra el temor de que mi hijo viniera al mundo con la herencia que su padre acumuló en largo libertinaje durante la juventud que á cada rato bendice.

—Y que algún día maldecirá—añade Daniel.

—Déjelo estar.

—Cuando estaba cercano el día del alumbramiento, resolví pasar á Caracas, por temor de que se me presentase alguna complicación funesta. Algunas circunstancias contribuían á aumentar la gravedad del caso; sobre todo el temor de que la esperada criatura naciera con algún defecto. Qué dolor tan grande el mío cuando ví á mi hija con varias ampollas, como avellanas, en la palma de las manos y de los pies. Nació con *pénfigo sifilítico*, única herencia que podía obtener de su padre; porque ya éste había derrochado la mayor parte de sus bienes y estaba á punto de perder el resto en sus no interrumpidas bacanales.

—¡Infame!—exclama Daniel.

Mila vuelve á acercarse con otro manojo de flores, que también entrega á su madre. Mitral acaricia la húmeda cabeza de la niña y le dice:

—¿Quieres mucho á tu papá?

—Sí; lo quiero mucho. ¿Por qué?

—Porque á menudo te veo paseando con él y sirviéndole de apoyo con mucho gusto.

—Ya lo creo, porque él no puede caminar solo, y 'mis maestras me han enseñado que mientras más desgraciados sean nuestros padres, más se los debe querer.

—¿Quiénes son tus maestras?

—Las Limardos.

En contestando esto, Mila se aleja para coger una flor de pascua que pende de un sarmiento, solitaria, como una campanilla que dejaran olvidada los traviesos geniecillos de la selva.

—Bien haces—dice Daniel viendo á la niña que se aleja—en seguir el consejo de tus maestras. Sí; á los padres se deben querer siempre, siempre......

Luego añade con marcada intención:

—Pero á los maridos nó. ¿Es así, Mariana?

—Para los malos maridos—contesta ella—no puede haber sino rencor ó desprecio. ¿Acaso ha de estar úna obligada á amar al hombre que, abusando de su inocencia ó de su ignorancia, la esclaviza con el lazo conyugal para amargarle, para envenenarle el resto de su mísera existencia?

—Eso es—dice Daniel—la tiranía del peor de los crímenes, ó el crimen del peor de los tiranos.

—Tiranía y crimen: dice usted bien, Mitral. Leonardo Aragón no es un desgraciado digno de lástima y respeto, sino un criminal que después de haber derrochado el caudal de su padre, después de haberse pervertido en soez libertinaje, sorprende á una ignorante muchacha campesina, que sólo había visto el mundo por una rendija, le inocula en la sangre el producto de su corrupción, y da vida á una criatura destinada á vivir muchos años al borde del sepulcro, torturada por terribles padecimientos.

—¿Y cómo pudo ponerse buena Mila?

—Aun no lo está del todo; todavía tiene en la sangre algo del regalo de su padre; pues de cuando en cuando le salen algunas pustulitas. Las aguas termales de Las Trincheras y de San Juan de los Morros le han hecho mucho bien. Qué de desvelos me cuesta su salud! ¡Ah! amigo mío: no puede usted suponer cuán violenta fue mi indignación cuando ví á mi hija, recién nacida, llena de ampollas. Estuve á punto de morir de rabia, y si en aquel instante hubiese tenido al infame al alcance de mi mano, le hubiera clavado las uñas en el cuello.

Al decir esto, el enantes pálido rostro de Mariana se colorea como un cielo teñido de sangre y fuego; fulgor siniestro le brota de los ojos, y violenta contracción de ira le deforma los labios. Es que la santa cólera de madre, en oleaje impetuoso, se le sube al cerebro, donde levanta de sus lechos celulares las dormidas ideas, pavorosas y siniestras, que en lejano tiempo nacieron del maridaje del insomnio y de la fiebre. Es que el oprimido corazón de esposa, ciego, ultrajado, con cadenas; pero sintiendo reaparecer su vigor perdido, sacude con sansónica desesperación las columnas del templo de la fidelidad conyugal, entre las cuales hállase atado.

El templo bambolea.

Daniel, práctico atisbador de propicias ocasiones, aprovechándose de un recodo de la senda que oculta á Mila, toma una mano de Mariana y en ella imprime un beso, nota sonora y primera de un himno de amor que ha de ser largo, muy largo.

Quiere ella retirar la mano prisionera para impedir que otra vez se la quemen los labios de Daniel; pero éste, sabiendo cuánto vale en tales casos la centésima parte de un segundo, no da tiempo para la reacción de la conciencia, asegura aun más la presa que entre sus ardorosas manos parece blanca paloma en las garras de dos aves de rapiña, y acercando su rostro al de Mariana le dice casi al oído:

—¡Pobrecita!

Hay vocablos que tienen cierta influencia irresistible y peculiar, que es á las veces decisiva.

Decid á un niño que está conteniendo las ganas de llorar: *¡pobrecito!;* decidle esa sola palabra, y al punto lo veréis romper en llanto.

¡Pobrecita! Mariana se estremece. Esa exclamación le ha llegado á el alma, saturada de la dulzura del acento apasionado de Daniel y envuelta en su tibio aliento, que le ha pasado por sobre el cutis del cuello como céfiro cortesano por sobre los pétalos de una fresca magnolia.

—¡Cuánto has sufrido, vida mía!—añade el joven.

—¡Mucho, mucho!—dice ella como abrumada de tanto padecer, reclinando la cabeza en el hombro derecho de Daniel, cual tuberosa cuyo tallo ha quebrado el viento.

—¡ Mamá !

A un tiempo mismo ese grito de Mila y el sonoro estallido de un ardoroso beso piérdense por entre el espeso follaje donde cantan los pajarillos, como empeñados en asegurar que ellos nunca refieren lo que ven.

Se acerca Mila ; sus pies hacen crujir las hojas secas ; ¿ qué decirle ? ¿ Cómo ocultarle la turbación de ambos ? ¿ De qué modo explicarle el retraso que la ha sorprendido y hecho regresar ? La imaginación de Mariana, como de mujer al fin, muéstrase fecunda.

—Se me cayeron las flores que me diste—dice á la niña al llegar, recogiéndolas, en efecto, porque de intento las dejó caer.

Las recoge lentamente, ayudada de Daniel, y dando tiempo á reponerse. Las recoge todas, todas, menos una ; menos la deshojada flor de la virtud, cuyos ajados pétalos llévanse los silfos de la selva, para echarlos en el mágico pebetero donde los lúbricos deseos se convierten en frecuentes realidades.

XX

El jueves de la siguiente semana, mientras
el sol va majestuosamente desapareciendo tras la
lejana línea del horizonte, se pasean casi todos los
temporadistas de Macuto por el amplio bulevar
del malecón.

La brisa, siempre mal intencionada, alborota
cabelleras, marca muslos y amenaza pantorrillas ;
en tanto que el mar, como queriendo venir á besar
los pies de las donosas damas, avienta airado sus
olas contra el fuerte murallón que se lo impide.

Y á fe que son naturales sus deseos, porque
entre las paseantes hay algunas de belleza tal,
que hasta pueden absorber la atención del mismí-
simo Tacoa, quien á menudo parece mareado por
el vaivén incesante de las olas y el frecuente
pulular de hermosas damas.

Entre las más bellas que actualmente están
disfrutando de las delicias del paseo vespertino
figuran las señoritas Lucila Trejo y Felicia Millc,
á quienes el criterio de Mariana, extraviado por

los celos, ha calificado de manera poco ajustada á los preceptos de la justicia.

¿Celoso y justiciero? Ningún corazón humano puede serlo á un tiempo mismo. Por eso hay que rebajarle más del cincuenta por ciento á las desfavorables apreciaciones de la señora de Aragón, y doblar ó triplicar las que ha emitido á guisa de benévolas concesiones.

Cierto es que Felicia tiene algunos dientecitos postizos, obra maestra de Diego Toledo, y tal ó cual muela también, y tampoco es un misterio que al algodón planchado corresponde parte de la gloria que ha alcanzado la tan celebrada esbeltez de su intachable cuerpo; pero de eso á negarle toda clase de atractivos físicos, hay tanta distancia como de la gracia natural de las jóvenes al donaire exquisito, incomparable, que es de admirarse en ella.

Su conversación gusta á todos, pues es á las veces instructiva, y de cuando en cuando lastimosamente mordaz; por lo cual don Luis Castillo ha dicho ya que esta señorita es un ángel que todas las mañanas se enjuaga la boca con ponzoña.

Nadie más diestro que ella para poner un mote, y ninguna lengua más hiriente que la suya para ridiculizar una vulgaridad ó para vengar un agravio. A menudo se repiten sus chistes entre sus habituales contertulios, y unos á otros se preguntan qué ha dicho Felicia sobre tal suceso ó de cual persona.

Muchos le hacen la corte, y ella muéstrase atenta para con todos; pero generalmente se dice que es á Daniel Mitral á quien prefiere; no tanto por la satisfacción que revela cuando está conversando con él, como por el tono grave con que le habla y la circunspección que observa en su presencia. Ciertos cambios de carácter son muy significativos, y los de Felicia han llamado la atención de Daniel, á quien no le es dado recrearse en lo que todos admiran : su gracia en el hablar y sus ingeniosos chistes.

En cambio, cuando no está conversando con Mitral, Felicia bromea que da gusto, y poniendo en berlina á más de cuatro figuras ridículas, las asaetea con sus burlas.

¿Por qué cambia Felicia su modo de ser en presencia de Daniel? ¿Es hipocresía? ¿Es emoción? ¿Es que trata de engañarle?

Misterios son esos del corazón de la mujer, que nadie puede penetrar.

Daniel ha observado ese fenómeno, pero poco ha reflexionado sobre él, porque, prescindiendo de cierto halago de vanidad, por ser amado de una niña bonita á quien muchos pretenden, y apartando la ventaja de ocultar con otras apariencias sus relaciones con la señora de Aragón, nada le interesa el dominio del corazón de la espiritual Felicia.

Actualmente están paseando juntos por el bulevar del malecón, y es de observarse la gravedad con que ella conversa, no obstante el empeño con que él quiere inducirla á referirle algunas graciosas ocurrencias que á otros ha oído celebrar. No puede complacerle, porque, sin poder explicárselo, siéntese como cohibida por la presencia de Daniel; y necesario es advertir que él insiste en su empeño, no tanto por satisfacer un capricho, ni por mostrarse galante, como por no abandonar un fácil tema de conversación en momentos en que al soslayo observa los movimientos de Mariana, y cuando sólo piensa en mortificarla, irritándole los celos que en ella ha descubierto.

Sí ; porque ya Daniel sabe que sus simulacros de amores con Felicia y con Lucila, que no han tenido más objeto que el de despistar á los fisgones, han sido vistos de otro modo por Mariana, y como él se sabe muy bien que á la mujer que, no obstante amar, vacila en el camino de las complacencias, debe soltársele una jauría de celos para que la acosen, ha resuelto aprovechar esa coyuntura para lograr de ese modo que, accediendo á sus súplicas, vuelva al río, como en la mañana del domingo antepasado.

Muy encarecidamente le ha rogado Daniel que lo complazca ; pero no ha logrado ni siquiera una esperanza en los once días que lleva atormentado por cruelísima impaciencia. Es por eso por lo que ha adoptado ahora la táctica de fingir despego y de llamar á los celos en su auxilio.

Con un poco de práctica y otro de astucia se logra casi siempre quebrantar la resistencia de la mujer celosa, y de modo indefectible sucede esto cuando de ella sólo se pretende la repetición de una complacencia.

Mitral ha descubierto que Mariana lo está celando, porque el día anterior ella se empeñó en averiguar á cuál prefería él, si á la Trejo ó á la Millo, y porque al contestarle que las apreciaba igualmente, porque ambas son bellas, cultas y dignas, ella, sin poder contenerse, profirió algunas expresiones desfavorables contra las mencionadas señoritas. Después de haber meditado sobre esto largamente, Daniel ha resuelto mostrarse indiferente con Mariana y más atento para con Felicia y Lucila.

La señora de Aragón está sentada en un banco de mampostería, devorando intensa pena; con la tristeza del crepúsculo en los ojos y la mirada fija en Daniel, que desde hace más de una hora está hablando con Felicia.

Si él pudiese leer en el corazón y en la mente de Mariana, quedaría satisfecho de la táctica que ha adoptado para que sus ruegos no sigan estrellándose contra la resistencia que ella le opone, acaso más por timidez que por virtud, mostrándose con el sobresalto de quien teme verse de nuevo al borde del precipicio que en instante de inolvidable angustia miró á sus pies amenazante y tenebroso.

En efecto, Mariana siente como estremecimientos de estupor al recordar la escena de la cita, y no se explica cómo pudo incurrir en la torpe y peligrosísima debilidad de ir al río. Después no ha querido vólver, no obstante la tenacidad con que Daniel se lo ha suplicado.

¿Volver allá? ¡Jamás! Ella puede cometer una locura inconscientemente, con la inconsciencia de la pasión frenética; pero en reflexionando no habrá poder humano que la induzca á la reincidencia. Resuelta está á demostrar á Daniel que no es una pervertida, sino una desgraciada, víctima del más corrompido de los hombres; mejor dicho, de dos, puesto que no parece sino que el señor Mitral se ha propuesto también aumentarle el infortunio. Ya hace diez noches que casi no duerme, pues las ha pasado atormentada por un tropel de pensamientos contradictorios, y por pesadillas horribles y frecuentes. ¡Cuánto ha deplorado haber ido al río! Por fortuna, su hija la hizo volver á tiempo del vértigo fatal, y pudo salvarse.

Pero, ¿se salvó realmente? Nó, nó. ¿Para

qué engañarse á sí misma? ¿A fin de qué alegar atenuaciones? El pecado fue; poco importa la forma inconclusa, porque si hay en esto mérito alguno, íntegro corresponde á Mila, que tan oportunamente lanzó aquel grito: *¡ mamá !* como una campanada, fuerte y sonora, para despertarle la aletargada conciencia.

Mariana vuelve el pensamiento atrás para recordar todas las peripecias de aquella escena de amor, y entonces surge en su mente el simpático semblante de Daniel; no como un importuno que quiere perderla, sino como un compañero de dolor que se ha asociado á su desgracia para sufrir con ella. Parécele ver sus ojos casi húmedos, sus mejillas empalidecidas por la angustia y sus labios trémulos, por entre los cuales salió, como paloma mensajera de una alma noble, esta tierna palabra: —*¡ Pobrecita !*

¡Ah! no puede recordar esa exclamación de Daniel sin sentirse inclinada á perdonarle aquel irrespetuoso beso.

¡ Pobrecita ! Con qué ternura se lo dijo. Ese vocablo tiene tal magia para ella, que con repetirlo dos ó tres veces basta para que cambie de rumbo su pensamiento, y para que se le conviertan en indulgentes disculpas los débiles resentimientos contra él.

—Es justo perdonarle—dice para sí.—Quizás no se dió cuenta de cómo lo hizo, así como yo tampoco supe cuándo apoyé la cabeza en su hombro. Ahora lo que hay que hacer es abstenerme de ir al río, ni á ninguna parte con él; porque ya comprendo que en dando el primer paso, no es fácil á una contenerse, y cuando menos piensa...... Pero mírenlo qué entusiasmado va conversando con Felicia Millo! ¿Qué le estará diciendo? Ella como que ha dicho un chiste y él no halla cómo celebrárselo. Quizás que simpleza fue, pero como le está haciendo la corte, aparenta que le ha parecido muy ingeniosa. ¡Qué contraste! Tan divertido que está él, y yo tan preocupada. El amor es una naranja, cuya cáscara se come la mujer para dejarle al hombre la pulpa. Que insista luégo el señor Mitral en suplicarme que le dé otra cita; le contestaré que se la proponga á la bellísima y espiritual Felicia Millo.

De este modo continúa rumiando pensamientos el febril cerebro de Mariana, que en las últimas noches sólo limosnas de sueño ha podido obtener de Morfeo, el pródigo remunerador de las conciencias tranquilas é implacable torturador de las culpadas.

Malas noches, en verdad, las que ha pasado. En reclinando la cabeza en la almohada, el insomnio ha comenzado á llenársela de visiones sombrías, de sobresaltos agudos, y de reflexiones aterradoras, hasta que se ha presentado el génio del sueño con numeroso séquito de angustiadoras pesadillas.

Lo que más la ha mortificado es el empeño con que Daniel le suplicara otra cita, sobre todo cuando al hacerlo ha tenido los ojos húmedos y los labios temblorosos de ansiedad. Ella no quisiera causarle pesadumbre, sino amenizarle la existencia, y comprende que él está sufriendo de modo horrible por su inesperada negativa á continuar los gratísimos idilios por las márgenes del río. Pero, ¿por qué se forjó ilusiones intempestivamente? ¿Por qué quiso apresurar los sucesos para llegar con sorprendente rapidez á un desenlace que solamente el tiempo, colaborando con el amor, puede determinar?

Bien temía ella que la timidez de Daniel desaparecería en llegando la ocasión propicia, para que surgiese esa impetuosa osadía que es tanto más temible cuanto menos se la espere; pero no creyó que, sin haberle oído siquiera el relato prometido, objeto de la entrevista, le hiciera una declaración de amor, breve y formal, ni que luégo, aprovechándose de un momento de emoción y de inconsciencia en ella, le apresara una mano para trasmitirle por allí el fuego que le corría por las venas y el poder magnético de una alma que tendía á atraerle la suya para formar una sola aspiración en marcha hacia el delicioso imperio del amor.

¿No es, pues, natural que habiéndole pasado eso, y después reflexionado, se muestre ahora escarmentada?

No será ella quien otra vez se ponga al alcance de ese tremendo seductor de corazones. ¿Volver al río? ¡Jamás!

Ni siquiera acabó de contarle toda la historia de su infortunio; ella quería que él quedase bien enterado, pero desde aquel maldito beso, ya no quiso oír nada más de lo pasado. Hubiérale gustado referirle las varias intentonas que ha hecho para separarse de su marido, lo cual no ha realizado por evitar el escándalo, y por no alejarse de su hija, á la cual, por desgracia é inaudita injusticia, tiene él más derecho que ella. También se empeñó mucho en pintarle los padecimientos de Mila por la enfermedad heredada, y su gran dolor de madre al ver á su única hija en tan horrible situación; pero nada de eso quiso oír el insoportable Daniel.

Así medita Mariana mientras con embelesados ojos sigue á Daniel y á Felicia en su largo paseo; pero otra cosa piensa él, pues viéndola de soslayo adivina lo que le está pasando en lo interior.

Que haga Mariana cuantos votos de abstención le plazca; que jure y rejure desoír las súplicas del más enamorado de los corazones; ya conoce Daniel el modo de echar por tierra votos y juramentos de mujeres que aman.

Indiferencia y celos: he ahí la fórmula. Sí; pues para dar al traste con todos los propósitos de calculada resistencia, no hay como el mostrarse indiferente y volver celosa á la mujer deseada.

Tales estratagemas de enamorado son harto eficaces, y las damas que temen dar pasos en falso deben cuidarse mucho de su infernal maleficio.

La señora de Aragón continúa sintiendo cada vez más fuerte la influencia del ardid adoptado contra ella; sublévasele el corazón y se ensaña contra Felicia, á quien vuelve á calificar de «mentira humana», en quien es postizo todo lo que luce.

¡Qué gusto el de Mitral! No puede comprender cómo joven tan elegante y fino pierde el tiempo haciéndole la corte á esa muchacha, que sólo tiene de notable una graciecita vulgar y mucha afición á la mofa. ¿Pensará casarse con ella? Seguramente nó; pues es evidente que con mejores intenciones galantea á Lucila, que es más formal y más bella.

El pensamiento de la hermosa detiene su marcha irregular para seguir con la vista á Daniel, que acaba de separarse de Felicia. ¿Estará hastia-

do ya de sus chistes? ¿Pensará venir disimuladamente á conversar con ella? Si fuere así, lo recibirá con seriedad y casi no le hablará, para que le
pague el mal rato que por culpa de él ha pasado.
Sí; se vengará haciéndolo rabiar.

Pero...... nó; mejor será recibirlo con ternura;
porque, al fin y al cabo, ha dejado á la otra para
conversar con ella. ¿Cómo pagarle esta preferencia con una canallada? Con ternura, sí; debe recibirlo tiernamente.

¿Y si el muy sagaz comprende lo que le está
pasando en el corazón y quiere luego que reincida
en lo del río? Decididamente, lo recibirá con seriedad para no alentarle en sus locas pretensiones
y para que no advierta que la ha mortificado mucho su larguísimo charloteo con Felicia Millo; no
porque esta tonta le inspire celos, sino porque no
puede convenir en que un joven de sus condiciones
se antoje de requebrar á una «mentira humana»
como ésa. Si fuera Lucila, pase. Esa al menos
es formal, muy modesta y candorosa como un
ángel.

Pero...... ¡calle! El bribón de Mitral va al encuentro de Lucila. Dejó á la úna para ir con la ótra.

Pensar esto Mariana y sentir fuerte explosión
de ira, fue todo uno. Ya Lucila no le parece ni
bella, ni formal, ni modesta, ni candorosa. Es una
rival, y temible, puesto que endenantes se dijo á sí
misma que, al parecer, Daniel la ve con muy buenas intenciones, acaso con el propósito de darle su
mano de esposo.

—Ahora va á conversar con esa simple—murmura Mariana interiormente.—¿Qué atractivo podrá hallar en la conversación de una tontuela insustancial?

XXI

En tanto que así medita Mariana, Mila se divierte, sentada á su lado, viendo las travesuras del mar, que de cuando en cuando salpica á los paseantes con fragmentos de olas estrelladas contra el malecón, sólido y alto.

Cada olazo retumba como trueno lejano, y tras de cada golpe hierve la espuma, remedando la sorda protesta de la impotente soberbia.

Es de oírse la algazara, y de verse los aspavientos que forman los grupos cuando les caen las partículas de una ola que avanzaba rugiente, con pretensiones de arrasarlo todo hasta la falda del vecino cerro.

Y Mila toma parte en todas las algazaras é imita todos los aspavientos. Ella, sentada al lado de su pensativa madre, representa la inocencia regocijada que de todo goza, junto á una conciencia que es como una Babel donde se hablan todas las lenguas; desde la dulce, persuasiva y sonora del amor, hasta la ruda, cavernosa y lúgubre del arrepentimiento.   Diríase que en el tribunal de la conciencia de Mariana hay asamblea demagógica compuesta de todas las pasiones y de las aspiraciones más antagónicas.   Las voces sobresalientes, las que dominan la infernal algarabía como rugidos de fieras enjauladas, son las vociferaciones de los celos, que dicen, que sostienen á pie firme que no debe exasperarse al corazón de Mitral con extemporáneas é injustificadas negativas; porque si tal sucediese, el despecho lo ataría con las trenzas postizas de Felicia Millo, ó lo adormecería con el soporífero candor de Lucila Trejo.

Sigue el mar aventando sus olas, que al estrellarse contra el murallón se resuelven en rugiente espuma, cuyas burbujas, al quebrarse, se parecen á las maldiciones que el débil enfurecido lanza contra el invencible y abominado poderoso.

Mila da un grito de alegría y comienza en seguida una carcajada que se prolonga en todos los tonos, como escala cromática que surge de un teclado de cristal.   Es que un pedazo de ola ha apeado de la corva nariz de doña Salustia los lentes de oro que en negro día de hambre le empeñaron por un poco de pan.

Felicia, que pasa á la sazón por ahí y que ha recobrado su espíritu guasoso, porque ya no está bajo la influencia de Mitral, dice en tono serio á la usurera que está guardando cuidadosamente en un pañuelo la armadura de los lentes:

—Señora: ¿quiere usted venderme los vidrios rotos?

Doña Salustia quédase viendo fijamente á Felicia y luégo le pregunta:

—¿Y qué piensa usted hacer con unos pedazos de vidrio?

—Ah! eso tiene su aplicación, que me reservo—añade la otra con malicia—¿Me los vende?

En oyendo esto, la usurera se agacha, pónese á recoger los fragmentos de cristal, y en la misma ridícula posición pregunta:

—¿ Cuánto daría usted por ellos ?

—Luégo hablaremos—contesta Felicia continuando su paseo y celebrando con franca carcajada el buen éxito de su chistosa ocurrencia, que al punto pasa de boca en boca entre todos los paseantes; quienes se paran á contemplar á la usurera, que por largo rato permanece en cuclillas buscando con torpe vista los pedazos de vidrio, que espera convertir en dinero.

Mariana oye referir la ocurrencia citada, y como ya Mitral no está al lado de «la Millo,» sino conversando con «la Trejo,» inclina la balanza de su criterio á favor de aquélla, á la inversa de como antes lo hiciera.

—Siquiera ésta—dice para sí aludiendo á Felicia—tiene gracia para hablar y es espiritual é ingeniosa; pero aquella simplona..........,... No sé cómo Mitral, joven de tanto talento, puede hallar atractivos en la mujer más insustancial del mundo; que no abre la boca sino para decir tónterías, y que quiere hacer pasar por modestia su falta de cultura social, y por candor lo que no es sino pobreza de espíritu.

Mariana, en quien los celos han desencadenado pasiones que ella misma no hubiera jamás supuesto latentes en su alma, no pensara de ese modo si pudiese oír el animado diálogo que Lucila sostiene con Mitral. Le pasa á esta señorita lo que á Felicia: se le cambia el carácter en presencia del joven que mira con tan buenos ojos.

Cuando conversa con otros, sus miradas, inciertas y melancólicas, no se animan nunca ; en sus labios no asoma la sonrisa, cual si fuesen corales que sufren la nostalgia de los jardines submarinos, y en todo su semblante se advierte algo así como el hastío que pudieran sentir los querubines en la tierra ; pero en viendo á Daniel, la alegría le fulgura en los glaucos ojos, como un rayito de luz que hiriese dos diminutas ondas de un mar dormido ; el rostro se le ilumina con irradiaciones de dicha ; y á la boca se le viene el alma, que entonces se expresa en el ternísimo y no aprendido lenguaje del amor.

Mitral se extasía oyéndola ; pero de cuando en cuando siente punzadas en la conciencia, porque observa la gran influencia que ejerce en el corazón de esa niña, á quien sin querer ha cautivado en las pocas veces que se le ha acercado para decirle algunos piropos, que, como los dedicados á Felicia, no han tenido otro objeto que el de echar pasto á las lenguas de los ociosos y despistar las conjeturas de los fisgones.

—Es un crimen—piensa él—dar pábulo á las irrealizables ilusiones de esta niña, tan candorosa y pura, sólo porque se me ha antojado fingirle amor para mortificar á Mariana hasta que su corazón tenga la ductilidad de la cera y pueda amoldarse á mis caprichos.

Pero en vez de corregirse y proceder conforme á los dictados de su conciencia, continúa galanteando á Lucila y demostrándole suma complacencia en hablar con ella, de modo algo exagerado para que Mariana pueda observarlo de lejos.

Las últimas luces del crepúsculo, retaguardia del astro rey, repliéganse ante el empuje de la primera brigada de tinieblas con que por este contimente viene la noche reconquistando su transitorio imperio.

«Ya es la hora de la conciencia y del pensar profundo;» la hora en que todo hispano americano, amante de las bellas letras y de nuestras puras glorias, dedica un recuerdo al ilustre traductor de *La Oración por todos*.

El frío dedo de la melancolía toca todos los corazones y enerva todos los cerebros. Cesa el bullicio. Ya nadie ríe; los que caminan acortan el paso, y los que se hallan sentados fijan la mirada en el brumoso horizonte ó en las estrellas que van apareciendo, como abejas de luz, en el manto señorial de la triunfante noche.

Es que á esta hora todo pensamiento pónese en viaje para consagrarse al amado ausente, ó se interna por entre las brumas de lo porvenir, con el temor que lo desconocido infunde, como interrogando al génio archivista de los humanos destinos.

XXII

Tremendo suplicio es el que resulta de la alianza del demonio de los celos y del horrible fantasma del insomnio, y en ese suplicio pasa toda la noche la desventurada Mariana; desventurada sí, mil veces, porque se halla impelida por fuerzas poderosas y contrarias sin resolverse á oír, ni la voz de la conciencia, que es la voz del deber, ni el mandato del corazón, que es el mandato del amor.

Vivir así no es posible. Ella lo comprende muy bien, y por eso vería en la muerte una redentora, un ángel protector que podría librarla de su cruel martirio. Pero, ¿vendrá la muerte? ¿O es necesario ir á buscarla? Nó; eso jamás! No está su cerebro tan desequilibrado como para que surja allí el espectro del suicidio.

Y el suicidio ó el adulterio son los términos de la forzosa disyuntiva; porque ya carece de fuerzas para continuar la lucha; porque ya no quiere seguir luchando más. Hay, pues, que decidirse:

pronto, pronto, porque los minutos de suplicio son muy largos y muy crueles, y porque las horas de amor son breves y muy bellas.

Lo que más atormenta á Mariana es el pensar que sus desdenes no producirían otro resultado que el triunfo de «la Trejo» ó de «la Millo;» pues Daniel se muestra muy complacido cuando habla con alguna de las dos, y claramente se ve la despreocupación que opone á las negativas de la que, no obstante su fingida actitud, le ama más que aquéllas; pues por él está á punto de cometer el peor de los pecados.

Resistir al empuje del amor criminal será posible; pero no ceder ante la vigorosa arremetida de ese amor y de los celos á un tiempo mismo, no es dable á la humana condición, que apenas tiene fuerza para contrarrestrar el poder de una sola pasión.

Si Daniel Mitral no amara sino á ella; si estuviese convencida de que, así como están ligados por el amor, se hallasen también por el sufrimiento, Mariana aceptaría resignada su martirio y cargaría con su cruz, ayudada del seductor cirineo que ha encontrado en su camino. Pero la idea de que él pueda ser feliz en brazos de otra mujer, mientras ella continúa torturada por los celos y por un amor no satisfecho, la hace rendirse á la fatalidad que la empuja hacia el pecado.

De entre las sombras del cuarto surgen luminosas las rendijas de la puerta y de la ventana, y al verlas, la hermosa desvelada baja del lecho, vístese aprisa y sale á esperar en el corredor el momento propicio en que Daniel pueda acercársele; pues ya está resuelta á concederle otra cita, allá, por las márgenes del poético río que baja humilde del vecino cerro y va á rendir su mísero tributo al mar Caribe.

Pero esa resolución, hija acaso de su violenta excitación nerviosa, desaparece poco á poco al influjo benéfico de la fresca brisa matinal, y le sobreviene un abatimiento de espíritu y el leve temblor que produce el esperar un instante que es á un tiempo mismo temido y anhelado.

La madama Coppola se acerca á Mariana y le dice:

—La siñora ha madrugato hoy.

—Sí—contesta ella—estaba cansada de la cama y salí á gozar del fresco de la mañana.

Daniel, que desde su lecho oye la voz de su amada, extraña que haya madrugado tanto y dase á imaginar el motivo que á ello la ha inducido. Comienza por admitir la premisa de que se ha levantado tan temprano porque no ha dormido en toda la noche, pues en las mañanas tan frescas no se abandona el lecho á tales horas sino por cansancio de haber esperado en vano al dulce amigo de las conciencias tranquilas y de los corazones satisfechos. Y si es el insomnio lo que ha lanzado fuéra á Mariana, ¿cuál la causa de ese desvelo?

Con acertado golpe de adiestrada intuición comprende Daniel que son los celos los que no han dejado dormir á su esquiva amiga, y se sonríe del modo significativo que lo hacemos cuando advertimos que nuestros planes se van desarrollando á maravilla.

«Bueno es dar la última mano á la obra,» piensa, y al punto resuelve valerse de otro ardid, que juzga decisivo. Mariana lo supone dormido y seguramente lo está esperando para hablarle; pues bien, va á jugarle una buena partida, de esas que tan magníficos resultados le han dado en otras ocasiones, para conmoverle aún más el sarandeado espíritu y aumentarle la confusión de la mente.

Levántase, se viste y se lava sin hacer ruido; abre la ventana, que carece de balaustres y que da á la calle, salta por allí, dirígese á la esquina del fondo, cruza á la derecha, camina dos cuadras, vuelve á cruzar hacia la avenida de la playa, y regresa al Casino, en donde entra por la puerta principal.

Al verle, Mariana palidece.

¡Cómo, Mitral ha pasado la noche fuéra? ¿Y en dónde habrá dormido? Un tropel de ideas le invaden el cerebro produciéndole espantosa confusión. ¿Tendrá relaciones con otra mujer? ¿Será casada? Con «la Millo» ni con «la Trejo» no puede ser. Nó; imposible. Ellas serán esto y lo otro, pero son incapaces de haber llegado hasta ese extremo. Sobre todo Lucila, cuya timidez se manifiesta hasta para darle la mano á un hombre.

Necesario es averiguar con qué otra mujer casada tiene Daniel relaciones íntimas. Se le pone que es con una señora de la aristocracia caraqueña.

En tanto que así medita Mariana, la palidez de la sorpresa le va desapareciendo del rostro, por el cual la indignación, al mismo tiempo, extiende rápidamente su tinte de ardorosa sangre.

Daniel advierte la ceñuda faz de la hermosa, le escudriña con la imaginación el cerebro y el corazón, adivina lo que allí está pasando, y muéstrase satisfecho del resultado de la treta que le indicara su profundo conocimiento del corazón femenino y su experiencia en el arte de sojuzgar voluntades por la táctica de producir violentas conmociones en el alma.

¡Qué de peligros corre la virtud de la mujer, y á cuántas asechanzas está expuesta!........

La salacidad del hombre es su eterna enemiga; y para anonadarla conspiran con ella el ingenio, que es aguzado por el deseo, y la perseverancia, á la cual templa la seguridad de vencer.

Daniel pasa cerca de Mariana y baja la cabeza como fingiendo turbación.

—Buen día, *señor* Mitral—le dice ella.—Hoy madrugó usted mucho.

¡*Señor* Mitral! No es ese el tratamiento que le ha venido dando. ¡Conque está resentida, y acaso furiosa! Mejor; más vale así; ya sentirá la necesidad de reconciliarse, y bien sabido nos tenemos todos cuán resbalosa es la pendiente de las reconciliaciones entre enamorados.

¡*Señor Mitral!* He ahí dos palabras que describen toda una situación de ánimo.

Daniel contesta el extraño saludo con algunas incoherentes palabras, y fingiendo el deseo de evitar conversación en tal sentido, se dirige á su cuarto, en donde se pone á atisbar por la rendija de la puerta las impresiones que esteriorice Mariana. Esta permanece largo rato con la mirada fija en el suelo, y luego, tras una sacudida nerviosa, y un gesto de indignación, pónese de pies y se encamina á su cuarto, cuya puerta cierra tras sí con fuerza.

Mitral se sonríe. Su mirada semeja la alborada del triunfo.

En seguida cambia de traje, se peina con esmero y sale al corredor, seguro de que Mariana hará lo demás.

Ella se ha vuelto á echar en la cama, vestida, y tratando de contener las ganas de llorar, de las cuales se avergüenza en alto grado, porque comprende que no hay causa para ello.

¿Que Mitral se da citas nocturnas con otra mujer? ¿Y qué tiene que hacer ella con eso? ¡A ver cómo no! ¿No es él libre? ¿Posee ella algún derecho sobre ese joven?

Pero...... todas esas razones, por juiciosas que sean, no bastan á extinguir la perturbación de su espíritu. La garganta se le seca, y al tocarse con la lengua el paladar, siente el leve amargor que proviene de la hiel vertida por la ira.

¡Qué cambio el que se ha verificado en su sistema moral! ¡Cuántas sensaciones nuevas ha experimentado recientemente! Las ganas de llorar se le aumentan; pero al mismo tiempo siente deseos de castigar imaginarias faltas y de descargar sobre alguien la indignación que tiene en lo interior, como sierpe enrollada y pronta á herir.

Los pensamientos se suceden en su mente, por series, y al fin de cada una surge, como negro enigma, esta pregunta:—«¿De qué otra mujer casada estará enamorado Mitral?»

No sabe por qué, pero se le ha metido en la cabeza que su supuesta rival es casada.

¿Será más hermosa que ella? Por lo pronto se conformaría con saber quién es. Eso, eso nada más desea. ¿Cómo averiguarlo? No por cierto imitando á Felipita Menjil, á esa terrible sábelo-todo que sólo se ocupa en descubrir y publicar secretos.

Con el mismo Mitral ha de averiguarlo; sí, él no le negará nada, nada. Pero, ¿será su complacencia sin condiciones? ¿A fuer de qué ha de pretender el esclarecimiento de ese asunto? ¿No equivaldría ello á concederle derechos que pudieran tener largos alcances? Necesario es irse con pies de plomo, porque el tal Daniel es un taimado sumamente peligroso, y ya ella está viendo que esa moderación que tanto lo adorna, y las exquisitas manifestaciones de timidez con que ha sabido seducirla, no son sino estratagemas propias del arte de avasallar corazones femeniles.. Qué de fenómenos ocurren en el amor! Antes pensaba Mariana que la mayor parte de las simpatías que por Daniel sentía le eran inspiradas por aquellas amables cualidades, y ahora, no cbstante juzgarle de otra manera, lejos de haber variado en su modo de sentir, comprende que su inclinación hacia él es aún más poderosa que antes.

Y eso que á veces siente deseos de despreciarle ó de odiarle. Qué de esfuerzos está haciendo por alimentar y desarrollar esos deseos; pero vanos son, porque no tardan en venirle ganas impetuosas de precipitarse en brazos de ese hombre funesto, cuya imagen, seductora y arrogante, no se le va de la mente, donde se yergue como un arcángel que le ofrece con una mano el néctar del placer para el corazón, y con la otra las espinas del remordimiento para la conciencia.

¿Qué hacer? La disyuntiva es terrible: ó padecer con el corazón ó padecer con la conciencia; la dicha de aquél sólo puede obtenerla á cambio del tormento de ésta.

Pero..... viéndolo bien: ¿está ahora su conciencia en calma?

Recuerda que en alguna parte ha leído que con el solo pensamiento puede incurrirse en adulterio; y á fe que ello es así. ¿Por qué, pues, pecar á medias, si los remordimientos han de ser unos mismos? Lo que le pasa ahora es ser infiel y desgraciada á la vez, puesto que resueltamente no comparte con el hombre á quien ama el caudal de delicias que atesora el amor para las almas que le rinden culto.

Caer en un abismo es espantoso; pero estar suspendido en él no lo es menos, y cuando no se tiene ni esperanza siquiera de poner el pie en punto firme y seguro, vale más caer de una vez al fondo, donde hay espinas envenenadas, es verdad; pero también flores de fragancia embriagadora.

Mariana no se forja ilusiones, ni quiere intentarlo siquiera; porque sabe que no le será posible olvidar á Mitral, y menos aún ahora que está en cuenta de que mientras ella hiciera el sacrificio de su amor, él se consagraría á la felicidad de otra mujer.

¿Qué hacer, Dios mío?

¿Cómo acallar la voz del corazón, y cómo dominar la rebeldía de la conciencia?

Mientras medita de esta suerte, y en tanto que su mirada permanece fija en el techo, una lágrima se le desprende de la pupila derecha, ruédale por la sien y cae en la almohada, que sedienta la devora.

En saliendo la primera lágrima, ya no le es posible á uno contener el llanto que la vergüenza para consigo mismo ha querido evitar con gran empeño; y esto le sucede á Mariana, cuyo hermoso rostro se oculta en la almohada, la cual por largo rato bebe el néctar cristalino que sale de los ojos más bellos del mundo, y que es la condensación de las últimas rebeldías de la virtud agonizante y de las más enérgicas imposiciones del amor; rebeldías é imposiciones que en su ascensión violenta hacia las regiones de la voluntad, chocan, se mezclan, se confunden y se licuan, formando así la expresión sublime del supremo dolor.

Débil sollozo sale de entre la almohada.

—¿Por qué lloras, mamá?—pregunta Mila, y en seguida se le acerca y le descubre el rostro, que aparece arrasado en lágrimas.

—Estaba soñando.

—¿Qué soñabas, mamaíta?

—Disparates, hija, disparates.   Dame un beso para olvidarlo todo.

Los dos rostros se juntan, y así parecen una rosa en plena lozanía y un botón entreabierto de una misma mata que, llena aquélla de gotas de rocío y éste sediento de ellas, se acercan para compartir el cristalino elíxir con que el galante génio de la noche obsequia á las flores y á las plantas, para que puedan resistir las ardorosas caricias de los rayos solares.

Lejos de hallar consuelo en ello, á Mariana se le aumentan las ganas de llorar, y acostada todavía, llora y llora, oprimiendo contra la suya la hermosa cabecita de su hija, hasta que una lágrima de ésta, quien también se ha conmovido, le quema la mejilla izquierda, por donde rueda, y va á caerle dentro de la oreja, en cuya enrojecida concavidad semeja amarga partícula de ola depositada en una concha marina de carmíneo tinte.

—¡También lloras, hija mía!   ¿Por qué?

Mila no responde y trata de evitar que su madre le vea los ojos; pero ésta se incorpora en el lecho, cógele la cabeza con entrambas manos, se la separa de las suyas, y sobre los húmedos párpados le deja sendos besos, de los más dulces que atesora su maternal ternura, para secarle el llanto, cuyas lágrimas son como gotas de plomo hirviente que en el alma le caen.

—Pero, hija mía —dice Mariana acariciando la cabellera de Mila—háblame francamente: ¿por qué te has puesto á llorar?

—No sé, mamá; tal vez sea porque, como nunca lloro, tengo abundancia de lágrimas, y por cualquier motivo se me salen.

—¿Desde cuándo no llorabas?

—Hacía mucho tiempo...... Nó, nó; miento: el día en que Daniel Mitral me soltó la mariposa también lloré, pero á escondidas.

—Hiciste mal, hija mía.

—Nó, mamá; no fue de rabia; al contrario, me conmovió su generoso proceder y lloré de vergüenza; pues entonces comprendí que yo era muy cruel para con esos inocentes animalitos, que son tan felices cuando están libres. ¿Verdad que es muy bueno el señor Mitral, mamá?

—Sí, hija; sí lo es.

—¿Sabes lo que hizo antier noche?

—¿Qué hizo?—pregunta Mariana con ansiedad.

—Ya te estabas desnudando cuando me mandaste á pedirle una vela á la madama Coppola; Mitral estaba en el corredor, y al ver pasar al Padre Rada con un monaguillo y el Viático, averiguó á dónde iban, y al saber que á auxiliar á la pobre viuda de un pescador, se fué con ellos y allá socorrió á los huerfanitos con todo lo que llevaba en el bolsillo: más de treinta pesos.

—¿Cómo sabes eso, hija?

—Porque esta mañana se lo oí referir al mona-

guillo. El señor Mitral merece ser muy feliz,
¿ no es verdad, mamá ?

—Tienes razón, hija mía ; tienes razón.

En diciendo esto le brillan los ojos á Mariana
como cuando nos brillan al encontrar un pretexto,
un apoyo ó algo que justifique ó atenúe el pecado
que nos atrae y halaga, pero que al mismo tiempo
queremos evitar.

Mariana ve en su hija al ángel mensajero de
la Piedad, que viene á pedir para Daniel el premio
de la buena acción referida por el monaguillo de la
iglesia de Macuto.

¿ Pasaría también Mitral la noche anterior haciendo otra obra de caridad, y no en brazos de una
mujer casada, como ella se lo había imaginado ?

He ahí una pregunta que viene á aumentar la
confusión de sus ideas y las fluctuaciones de su
voluntad.

Preciso es salir de tan cruel situación, á todo
trance.

XXIII

Allá, lejos, bajo la sombra de un corpulento apamate, forma el río ancho remanso, y burlando la pretensión de la enorme roca que intentara cerrarle el paso, se desliza por uno de sus flancos mofándose de tan necio y temerario empeño.

Sobre esa roca está sentado Daniel, teniendo en la mano una caña de pescar. Fácil es comprender que no ha ido allí por esa distracción, sino por esperar á alguien; pues su mirada, que revela impaciencia, está fija en la senda por donde se viene del pueblo, y no en el agua, donde se mueven con rapidez varios pececillos, que impunemente le han quitado la carnada del anzuelo al inexperto pescador.

Por décimaquinta vez Daniel saca el reloj: las nueve y cuarto.

Espléndida mañana: árboles y plantas sienten la grata sensación que resulta de las equilibradas fuerzas de los tibios rayos solares que bajan oblicuamente infundiendo vigor por todas

14

partes, y de la fresca brisa matinal, que vaga rumorosa trasportando polen y bebiendo aromas.

De cuando en cuando siente Daniel los ligeros calofríos que sacuden los nervios del que está próximo á alcanzar el sublime deleite que por largo tiempo ha esperado, oscilando entre el desengaño y la esperanza.

Dispuesto está á no desaprovechar la ocasión; porque comprende que si Mariana volviese á recobrar la serenidad y á alentar de nuevo estorbosos escrúpulos, tendría que idear otros medios para rendirle la voluntad, y esto fuera cosa de largo tiempo, durante el cual quizás qué de incidentes podrían sobrevenir para deshacerle todos los planes y arrebatarle de las garras de su amorosa codicia á la mujer más bella y más voluptuosa de cuantas le han empujado hacia sus brazos circunstancias propicias al pecado.

Espéreme en el río después del baño. A cada rato repite Daniel mentalmente esas palabras, que fueron las que le dijo Mariana al tiempo de devolverle el periódico que él le había prestado.

¡Qué emocionada estaba!

La voz insegura, la mirada baja, las mejillas empalidecidas, y fría, helada la mano que le tocó como al descuido.

El había columbrado su victoria desde que vió que al salir del cuarto por segunda vez, después de lo narrado, vestía su elegante bata blanca adornada con finísimos encajes de color de crema.

Ella sabe que este traje es el que, á los ojos de Daniel, realza más su belleza, pues varias veces él se lo ha dicho, y desde el momento en que ex profeso se lo puso, no obstante ser también adecuado para ir al baño el que al levantarse eligió, es porque está resuelta á ser con él obsequiosa y dócil.

Del frondoso apamate caen á intervalos flores de bellísimo color amoratado, que parecen parientas cercanas de las hijas predilectas del florido mayo, de esas que nuestro Abigaíl Lozano llamó *leves huellas de la virgen Flora*.

Algunas remolinean en el remanso, en tanto que los pececillos, mofándose de este nunca visto modo de pescar, giran en torno del desnudo anzuelo, cuya ineficacia aun no ha advertido el improvisado pescador, porque su mirada permanece fija en la senda por donde se viene del pueblo.

¡ Por fin !......

Por el distante recodo que forma un tupido matorral adornado de flores de pascua aparecen Mariana y Mila. Esta, que va delante, al ver á Daniel se detiene, y volviéndose dice algo á su madre, cuyo corazón acelera el palpitar, como émbolo impulsor que agita la impaciencia.

—¡ Guá! señor Mitral—le dice Mila—Usted cree que es pecado cazar mariposas, y sin embargo, está pescando sardinitas !

Daniel se sonríe por este reproche, que bien pudiera ser más grave, si la niña supiese que el pescar es sólo un ardid para encubrir propósitos peores, enderezados, no contra la vida de innecesarios pececillos, sino contra el último aliento de la virtud moribunda de su madre.

—¿ Ha pescado mucho, señor Mitral ?—pregunta Mila.

—Ni una sola sardinita. ¿ Quieres reemplazarme para ver si tienes mejor suerte ?

—Con mucho gusto ; si me autoriza para ello
mi profesor de benevolencia.

Daniel le entrega la caña de pescar, sopor-
tando el irónico reproche.

—Buen día, caballero.

—Buen día, señora.

Larga y ruidosa carcajada lanza Mila, y en
seguida exclama :

—¡ Pero, señor Mitral : si este anzuelo no
tiene caruada !

Daniel y Mariana se ríen también celebrando la ocurrencia, hasta que aquél dice por lo
bajo á ésta :

—No he venido aquí á pescar sardinas, sino
á una hermosísima sirena que me ha robado el
corazón.

Mila pone otra carnada en el anzuelo observando las reglas que le ha enseñado Tacoa cuando
la ha visto pescando en el puentecito de los Baños ; lo echa de nuevo al río, y bien pronto lanza
un grito de triunfo sacando un bagre pendiente de
la caña.

Así continúa la gentil pescadorcita echando
afuera sábalos y bagres, que con presteza envuelve en su toalla de baño, mientras los amantes,
tras el grueso tronco del apamate, se hablan en
voz baja y dejan que las manos jueguen á la es-
grima de las pequeñas osadías.

—Mila—dice Daniel—voy á coger una bellísima mariposa azul que acaba de pasar por aquí,
para pagarte la que te solté el otro día.

—Está bien, señor Mitral. Ya tengo cuatro
pescaditos.

—Eres más hábil que yo. Veremos si como

cazador me porto bien. ¿Quiere usted ayudarme, señora, á cogerle aquella mariposa á Mila?

....

....

Cantad, pajarillos, el himno del amor ; cantad.

Apresúrate más ¡oh brisa! Como cuando vas recogiendo en tus invisibles ondas los suspiros que lanzan las flores, trémulas de emoción, al sentir los ardientes ósculos con que los enamorados geniecillos de la selva fecundan sus perfumadas corolas.

Y vosotras, ramas entrelazadas y trepadoras enredaderas que formáis esa tupida fronda, digno teatro para las fiestas afrodicias, unid bien vuestras hojas y estrechad aun más vuestros sarmientos : yo sé por qué os lo digo.

———

—Mila : no pudimos coger la mariposa ; pero aquí te traigo sapozarapos y parchitas de monte.

—No salgas—le dice Mariana á Daniel en voz baja, sujetándole por un brazo detrás del tronco del apamate.

—¿ Por qué ?

—Mira.

El joven dirige la mirada hacia donde le señala el extendido índice de Mariana, y ve, sentado en una piedra, á varios metros de distancia, al pintor Herrera Toro, que está copiando el paisaje en que figura la gentil pescadorcita.

Poco después madre é hija regresan al pueblo, la úna al lado de la ótra ; pensativa aquélla, y ésta gozosa y llevando en su toalla de baño el producto de su pesca, junto con los sapozarapos y parchitas de monte que para ella recogió por entre los tupidos matorrales el complaciente Mitral.

Un bagre se escapa de su prisión de tela. Mila se pára, lo recoge, vuelve á encerrarlo, y al incorporarse á Mariana le dice:

—Espérate, mamá—y le quita dos hojas secas que tiene enredadas en su suelta cabellera, húmeda aún.

XXIV

La señorita Felipita Menjil viene hace días
airada, como sierpe que, ganosa de morder, ha
estado por largo tiempo en acecho sin haber podido encontrar la apetecida víctima. Pero ya se
advierte en su semblante cierta expresión de maligna alegría que le contrae los delgados labios,
que le ensancha las alas de la encorvada nariz,
y que convierte en sorda amenaza cada mirada
de sus pequeños ojos de pereza.

Es que ya ha dado con la pista esa perra cazadora de escándalos y enredos. Es que después de
haber velado en vano más de quince noches para
sorprender á la señora de Aragón cuando volviera á
entrar en el cuarto de Daniel, se ha dado á meditar detenidamente, y atando cabos, examinando
detalles y sacando conclusiones, ha atinado con
la punta de la enmarañada madeja en que se
halla comprometida su alta ciencia de averiguarlo
todo ; no por curiosidad, sino porque, como vive
en este mundo, debe estar al corriente de las cosas mundanas.

Allí está, sentada en una silla de extensión, al pie de uno de los cocoteros del bulevar. Parece una macagua armada y pronta á herir.

Los temporadistas se pasean gozando de las delicias de tan espléndida tarde. Llega un bote pescador y atraca al muellecito de los baños; en seguida comienza á aglomerarse la gente en el puentecito en tanto que cunde la noticia de que han pescado un enorme tiburón. Entre los curiosos se hallan Mariana y su hija, quienes miran por sobre los hombros de los que llegaron primero. Daniel Mitral se acerca y detrás de él se va Felipita para descifrar la expresión de sus miradas cuando se encuentren; pues los muy taimados háce días que procuran no hablarse ni verse delante de ella, seguramente para burlar sus pesquisas; pero no se están entendiendo con ninguna tonta; ella sabe de eso y está convencida de que cuantas precauciones tomen no han de servir sino para confirmar sus atinadas conjeturas.

—Sí—se dice á menudo—esos tipos están contentos y satisfechos; la alegría les sale por los poros, y ya no procuran hablarse á hurtadillas como antes, y aun evitan mirarse en público; todo lo cual revela que guardan las ganas para desquitarse en sitio y hora más adecuados. ¿Dónde son la citas? Eso es lo que mañana averiguaré. Ya lo creo que sí. Nadie entiende á los enamorados mejor que yo: la práctica. He visto tantas cosas !......

En diciéndose esto se coloca á espaldas de los espiados; pero á algunos pasos de distancia y, ocultándose detrás de otros curiosos. Así, mientras todos se empinan y estiran el cuello para ver el tiburón, la señorita Menjil observa los movimientos de Daniel, que disimulando se acerca á Mariana, le toca una mano, le dice algo al oído y sigue.

A Felipita se le ocurre jugarle una partida á la señora de Aragón; se le acerca y le toca también la misma mano.

—Mañana sin falta—dice Mariana en' voz baja, sin volver la cara.

—Un cabo más para atar—piensa la intrigante—*Mañana sin falta*. Cita segura. Estaré alerta y la seguiré á todas partes con las precauciones que el caso requiere. Esa cita será seguramente por el río; pues ya sé que él se pasea todas las mañanas por allá, y que ella y su hija van después del baño á hacer ejercicio por aquellos lados. Ah! esos ejercicios son muy saludables después del baño. Que me lo digan á mí, que estoy en cuenta de lo bien que le sentaron á la viuda de mi primo Rosendo, cuando después de darse las duchas subía al Calvario haciendo ejercicio junto con su hijo Rosendito; y se iban lejos, muy lejos, por el camino de la acequia, hasta que, dejando á su madre en compañía de Javier, que gustaba mucho de leer por aquellos sitios, el niño subía por el cerro persiguiendo, *china* en mano, á los pajaritos. Resultado de las cacerías de Rosendito: unas cuantas aves muertas y un hermanito más. ¡Ah! no hay duda; esos ejercicios después del baño son muy provechosos: mucho, mucho.

El tiburón es realmente una enorme pieza de horrible aspecto. Su ancha boca, su gran cabeza, su recia piel, todo lo que tiene de monstruoso y feo produce ingrata sensación en quien lo ve.

—A las casadas—grita un viejo pescador—les aconsejo que no vean mucho al tiburón, porque puede salirles un hijo parecido á él.

En oyendo esto, varias señoras llévanse instintivamente una mano al vientre y apartan la vista del monstruo marino: Mariana entre ellas.

—¿Y qué harán con ese bicho?—pregunta doña Salustia, la avara.

—Venderlo mañana en Caracas — contesta Tacoa.

—¿Y el tiburón se come?

—¿Que si se come?

—Pero, ¿hay quien lo compre?

—Sí, con otro nombre: lo venden por mero.

—¡Díos mío!—exclama la usurera.—Por eso es por lo que se vende en Caracas tanto mero barato. ¡Y yo que le he dicho á la cocinera que siempre que ese pescado esté así me lleve dos libras!

—¿Y á cómo se lo ha comprado?

—Hasta á ocho centavos.

—Pues puede usted vanagloriarse de haber comido tiburón.

—¡Qué horror!—exclama la avara.

—Esos son gajes de la economía doméstica—añade Eliezer Petit.

—De la avaricia humana—corrige Rafael Martínez.

—Pues yo—afirma doña Juliana—aseguro á ustedes que desearía comerme un pedazo de tiburón para saber á qué sabe.

—Lo que es yo, lo creo—dice Felicia—pues por lo visto usted sería capaz hasta de comerse la lengua de Felipita Menjil en salsa de tomates.

Muchos de los circunstantes celebran esta

ocurrencia de la señorita Millo con ruidosas carcajadas, las cuales repiten cuando la murmuradora, incorporándose á un grupo, pregunta el motivo de tales risas.

—Ahora te lo diré—contesta doña Juliana bajando la voz.

—Dímelo de una vez.

—Ten paciencia ; más tarde.

Felipita toma del brazo á la célebre gastróno-
ma y la separa algunos pasos para obligarla á
complacerla inmediatamente ; pero uno de los
pescadores que conducen en hombros al enorme
tiburón la obliga á separarse de su amiga echán-
dose á un lado rápidamente, pues le grita :

—¡ Apártese, señora !

—Oiga usted, estúpido !—grita Felipita encolerizada—yo soy señorita.

Tacoa, que oye esta advertencia, dice por lo
bajo :

—Podrá serlo, pero lo disimula muy bien.

Cuando doña Juliana repite á Felipita la aguda expresión de Felicia, pónese tan furiosa la murmuradora, que se le traba la lengua entre un montón de terribles amenazas.

—¿ Conque eso ha dicho ? Pues ya sabrá ella
á lo que sabe mi lengua sin salsa de tomates.

Desde ese instante se dedica á idear el modo
de castigar á esa «payasa que no piensa más que en
hacer reír á todo el mundo.» Habilidad debía tener
para no dejarse quitar el novio por una mujer casada.

Perseverante para el mal, la señorita Menjil
pasa en vela casi toda la noche, á pesar de que creyó que podría dormir tranquila por estar ya convencida de que las citas de los enamorados no son

nocturnas, sino matutinas.   Pero la idea de vengarse de Felicia la tiene preocupada, y sólo en ratos ha podido dormir; por supuesto, con el sobresalto de los que viven para dañar al prójimo.

También contribuye á su insomnio la impaciencia de que llegue el día para ponerse en acción, á fin de sorprender á los hipócritas enamorados que han estado haciendo de las suyas desde hace como veinte días, mientras que ella ha pasado las noches en vela creyendo que podría sorprenderlos.

Al amanecer salta de la cama, radiante de alegría; pues ya ha ideado el modo de vengarse de la «payasa» Felicia.   En los ojitos de pereza le brilla el fulgor de la maligna complacencia; fulgor satánico que se aumenta cuando sonriéndose repite mentalmente lo de la lengua en salsa de tomates; lo cual hace á menudo como para condensar más el odio que pronto ha de descargar sobre el corazón de la «payasa.»

XXV

Al ver Felipita que Mariana sale con su hija, paño al hombro, y se encaminan á los baños del río, dirígese á la vecina casa que habita Felicia Millo, á quien ruega que la acompañe á tomar un baño de agua dulce.

A Felicia le sorprende esta invitación, no obstante que hace días que la intrigante le ha hablado frecuentemente tratando de intimar con ella, sabe Dios con qué propósitos ! Pero por grande que sea su sorpresa y por inexplicable que le parezca tan rara invitación, no se atreve á desairarla; porque sabe muy bien cuán peligroso es desatender á esas murmuradoras que tienen lenguas ponzoñosas y de largo alcance.

Sin embargo, cuando va á salir, siente un estremecimiento de grima como el que produce el contacto de ciertos animales asquerosos, y quiere retroceder; pero Felipita le dice en tono de muy mal humor :

—Si no quieres ir, avísamelo con franqueza.

Esto, más que advertencia, parécele una amenaza, y resignándose á pasar rato tan malo, sigue á la murmuradora, tascando el freno del miedo que le infunde la lengua más viperina de Caracas, de Venezuela, del mundo entero.

Por la calle inicia Felipita la conversación sobre las galanterías con que Daniel Mitral distingue á Felicia, y queriendo granjearse las simpatías de ésta, le augura el triunfo sobre su presunta rival, la simple Lucila Trejo, á quien califica de «pobre de espíritu que no abre la boca sino para decir tonterías.»

—Mitral es un joven muy espiritual é inteligente, que gusta de la verdadera belleza y del talento, y que no podrá casarse con quien se ha barnizado con un falso candor para ocultar la mala madera de que está formada. Lucila es la muchacha más tonta que he conocido, y sabe Dios cuántas vagabunderías están escondidas bajo su corteza de infantil candidez.

A nadie le desagrada oír expresiones desfavorables para su rival; pero como las lenguas avezadas á murmurar de todo el mundo pierden al fin el poder de dañar y, por el contrario, favorecen cuando quieren ofender, Felicia no siente la maligna complacencia que ha querido infundirle la señorita Menjil; sino pavor al pensar en lo que sería de su pobre reputación si tuviese la desgracia de incurrir en el enojo de tan temible arpía.

Bien ha hecho, pues, en acompañarla al baño, y por ello se felicita. Quizás—piensa—por no haber hecho lo mismo Lucila Trejo, está ahora expuesta á las acometidas de esa lengua, que el día menos pensado lanzará al público contra ella cualquiera de las calumnias que á diario inventa.

—Voy á darte un consejo—dice la intrigante.
—Desconfía mucho de las mujeres casadas que son
hermosas y que no pueden ser vigiladas por sus
maridos; pues las tales no saben más que entorpecer matrimonios.

Estas palabras, con todo el veneno que contienen, penetran en el corazón de Felicia y lo conmueven; sin embargo, tratando de dominarse y fingiendo no haber comprendido el alcance del consejo,
dice:

—Me está usted hablando enigmáticamente.

—Pues si ahora no comprendes mis palabras,
no las olvides, y quizás no tarde el día en que puedas convencerte de que no son vanas, sino que tienen sólido fundamento.

Luégo, dando otro giro á la conversación, añade :

—Dime una cosa, Felicia: ¿ya Mitral se te
declaró? Hazme el favor.

—Nunca me ha dicho sino galanterías como
las que le dirige á otras.

—No vengas con disimulo, porque en esa materia estoy graduada desde hace tiempo. Has de
saber que cuando yo era persona menos formal,
tuve también muchos pretendientes; á todos los
cuales dejé con un palmo de narices, porque los
hombres me han inspirado siempre profunda anti-
patía, pues todos son unos grandísimos hipócritas
que no piensan sino en engañar á las pobres mujeres.

—No todos—interrumpe Felicia.

—Absolutamente todos. ¿Crees que Mitral
es un santo? Pues te aseguro que es un solemne
taimado que tiene más de un lío entre manos.

—Generalmente se le tiene por un joven de muy correcto proceder.

—¿De correcto proceder? ¡Ay, Felicia! Si tu candidez te permitiese adivinar ciertas cosas, no te expresarías de ese modo.

—A menudo se equivocan los que se creen adivinos—dice Felicia.—Ver y creer, dijo un santo. Figúrese usted si los que no lo somos podremos proceder de otra manera.

—¿Conque te gusta ver para creer? Pues á mí me pasa lo mismo; por eso he visto muchas cosas en este mundo. Algún día te referiré unas cuantas que pueden interesarte.

—Nó, nó—dice con presteza Felicia—nada quiero saber de la vida ajena.

Felipita se sonríe del modo picarezco con que se expresa la incredulidad; pues ella bien sabe que Felicia no procede con sinceridad cuando demuestra indiferencia por lo que se relaciona con Mitral, y que ese temor de conocer lo que pueda serle mortificante será superado muy pronto por el deseo de explorarlo todo, que nace en el corazón cuando éste sospecha que hay ocultos obstáculos en el camino por donde va buscando el bién apetecido.

—Fíjate—añade con marcada intención la señorita Menjil—en que hay vidas ajenas que se relacionan con las nuestras, y de esas debemos saber todo lo que les atañe, por razones muy fáciles de comprender.

Felicia no responde y mentalmente se repite las palabras de la intrigante como quien paladea amargo brevaje. Esas palabras son además punzantes, pues la han herido en el alma.

—¡Daniel Mitral el santo!—exclama riendo

Felipita.—Líbreme Dios de esos santos, que yo sabré librarme de los demonios.

—Pero bien—dice Felicia sintiendo violento ímpetu de conocer la verdad—¿qué es lo que usted sabe de Mitral?

—Algunas cositas que te contaré con calma.

Lo que Felipita desea es picarle la curiosidad á su compañera, para que en lo sucesivo sea dócil y se deje conducir como le plazca hasta el completo logro de sus perversos planes.

Ya lo ha conseguido, pues la joven, ora sea por curiosidad ó por otro sentimiento de mayor importancia, anhela estar al tanto de los secretos del hombre que, con galanterías y requiebros más ó menos sinceros, la ha inducido á suponer probable la dicha de ser su esposa.

Ya se cree con el derecho de celar á Daniel, ó de conocer siquiera sus enredos para poder decirle cuando la galantee: «—Usted no es sincero, señor Mitral, y no sé por qué ha creído que le sería posible pasar el tiempo conmigo.» Y luégo, cuando él protestara y le pidiera explicaciones, echarle en cara todas sus pillerías. Sí, porque no es permitido que los hombres se burlen así de las niñas honestas.

Desde este instante, pues, queda establecida la razón social de Menjil & Millo para traficar en escándalos, siempre que tengan relación con Mitral, ese hipocritón de siete suelas.

La socia principal comprende, con su rara intuición, lo que pasa en lo interior de su nueva amiga, y para aumentarle los resentimientos que está explotando á maravilla, continúa diciéndole

15

frases enigmáticas con insinuaciones estimulantes, y reticencias que le acrecientan la curiosidad.

Al llegar al local de los «baños dulces» Felipita se apresura á comprar dos billetes, con uno de los cuales obsequia á su compañera. A todos nos gusta ser generosos cuando la generosidad no nos cuesta más de cinco centavos, y hay que hacerle justicia á la señorita Menjil reconociendo que no es excepción de esta regla.

Necesario es también decir que no es intrigante vulgar; pues en su oficio llega al heroísmo, como va á demostrarlo ahora desnudándose y bañándose en presencia de otras personas, sólo con el fin de desempeñar su papel con todos los detalles indispensables para el completo disimulo.

En efecto, desde su lejana mocedad Felipita no ha concedido á nadie el honor de ver en paños menores su desairada figura, tan pobre de carnes como rica de arrugas; pero ahora inmola su añejo pudor en aras del propósito que está alimentando en su alma, perseverante é inflexible para el mal.

Y á fe que el sacrificio es grande; pues allí están, para formar contraste con sus tristes formas, las opulentas y estatuarias de Mariana.

Casi á un tiempo salen ambas de sus respectivos cuartos, vestidas de ligeras túnicas, que á medias cumplen el encargo de burlar indiscreciones.

No obstante el inquieto estado de su ánimo, Felicia siente al verlas renacer su buen humor y dice á una amiga que sale del agua:

—¿ Ves esas dos figuras?

—Sí.

—¿ Qué te recuerdan?

—No sé.

—Una á la *Pentesilea* de Arturo Michelena, y la otra al *Purgatorio* de Cristóbal Rojas.

—Verdaderamente—dice la otra bañista retorciéndose la cabellera —parecen figuras de esos cuadros.

Recordando el tiempo aquel en que se bañaba en el río de su hacienda, donde adquirió destreza en la natación, Mariana, de pies al borde del estanque, junta las manos, encoge las piernas, levanta los brazos y se lanza al agua, en la cual se zabulle largo rato, hasta que nadando llega al extremo.

De allí regresa braceando con rara habilidad, y luego se pára en el centro y se tiende boca arriba, donde permanece casi inmóvil, también bañada por el sol, como una deidad mitológica dormida en una fuente divina.

A la imaginación de las bañistas presentes viene el recuerdo de la escena de Venus saliendo de la espuma, que forjó la fantasía griega, y todas contemplan á la hermosísima señora de Aragón cual si fuese una ondina, ebria de placer y poseída á un tiempo mismo por el génio de las aguas y por el génio de la luz.

El gusto artístico se manifiesta siempre en toda ocasión propicia ; y así como los hombres nos recreamos en la contemplación de otro, desnudo, á quien den aspecto hercúleo sus músculos desarrollados y endurecidos, su elevada estatura, su robusto cuello y su amplio y formidable tórax ; también las mujeres le rinden culto al arte cuando alguna de sus congéneres exhibe ante sus ojos los primores que el poderoso cincel de Fidias hizo brotar del mármol.

Santa admiración es esa; porque el arte tiene de sagrado, así como de dignificante el culto de la belleza, que es una de las manifestaciones más sublimes del supremo poder del Artífice Divino.

Admirar lo bello es un deber; y no cumplir con él revela, ó inercia completa para sentir las manifestaciones de la vida externa, ó carencia absoluta de los generosos impulsos que rigen el sistema moral de la criatura.

Todas las pasiones callan, todas se apartan para que sólo se oiga la voz de la admiración, y para que ésta sola surja en el alma y la domine, hasta ponerla de hinojos, cuando la belleza suprema aparece triunfadora con todo su real cortejo de atractivos.

Allí está Mariana, recién salida del agua; todo es artístico en ella, todo sublime.

La enantes movible túnica de percal que débilmente se oponía á las indiscretas pretensiones de la brisa, está ahora adherida á las mojadas formas, como una avara que guarda temerosa el inmenso tesoro que posee; y en su empeño las estrecha de tal modo, que permite ver el conjunto de líneas cuya perfecta armonía es el más alto ideal del arte de las grandes maravillas.

La hermosa, de pies al borde del estanque, se retuerce con entrambas manos la mojada cabellera, y hasta las gotas de agua parece que cobran en su persona misteriosos atractivos; pues al caer semejan líquidos brillantes de incomparable luz.

Las bañistas, todas; jóvenes y viejas, bellas y feas, cesan de enjabonarse unas, de nadar otras, y de secarse las que acaban de salir del agua, para contemplar la esbeltez y hermosura de Mariana.

Hacéis bien, oh absortas damas. Vedla, vedla sin que la envidia os muerda el corazón, y sin que el mentido pudor os haga desviar la mirada; porque las creaciones excelsas de la naturaleza, así como las obras maestras de los génios, no son para infundir torpes pasiones ni bochornosas ideas, sino para extender el culto de la belleza y para conducir la mente por regiones donde todo es poesía y donde se vigoriza el amor á la existencia.

El pudor es una virtud; sí, y de las más hermosas; pero hay que saber distinguirlo; pues lo que muchas veces quiere pasar por tal, no es más que exceso de malicia refinada. Cuántas veces el que alardea de pudoroso ve puntas agudas que le lastiman la delicadísima epidermis allí donde el verdadero pudor nada mortificante advierte.

Si el falso pudor pudiese formar un índice de las obras de pluma, de pincel y escultóricas que motivan sus necios escrúpulos, las mejores joyas de las bibliotecas, y los grandes prodigios que enriquecen los museos, sin exceptuar las Venus ni las Tres Gracias, serían anotados en él, porque ese bastardo sentimiento es el peor enemigo del arte.

Los extremos son viciosos, y el extremo del pudor es la malicia.

La belleza de Mariana se impone á todos, y aun la misma Felipita se pára á contemplarla, tal como se detenían en Tracia las serpientes subyugadas por la mágica flauta de Orfeo, y las panteras á las márgenes de la fuente Castalia para presenciar el baño de Diana y de sus ninfas.

¡ A tánto llega el poder de la belleza !

Y es tan sincera la admiración de la señorita Menjil, que por un momento se arrepiente de haber abrigado propósitos hostiles contra Mariana, y aun piensa en desistir de su persecución para dejarla que se procure por otro lado la felicidad que no ha podido conseguir en el hogar.

Lo primero que experimenta es el raro sentimiento que inspiran los tesoros que están en manos de avaros despreciables, que ni gozan de ellos ni permiten que contribuyan á la felicidad de otros.

¿ Merece don Leonardo Aragón ser dueño de ese tesoro de gracias ?

¿ Y es natural que el tiempo lo consuma sin que sirva para hacer amable la existencia de mortal alguno ?

Felipita piensa en Daniel Mitral, á quien sí juzga digno de poseer á Mariana, pues á fe que es bien apuesto y culto ; pero la idea de que en su juventud no pudo lograr que jóvenes tan gallardos como él le hicieran la corte y pretendieran su mano, la saca de quicio, reenciende en su corazón los perversos instintos, por un momento apagados, y la induce á asestar de nuevo contra ambos amantes su odio de solterona encolerizada, que ha jurado estorbarle el gozar á esa detestable humanidad que no tuvo un marido para ella.

Y sus instintos se muestran aún más fieros cuando, habiendo entrado Mariana en su cuarto, cesa la mágica influencia que por un instante pudo dominar el negro corazón donde la gratuita malignidad ha venido fraguando planes contra el secreto de su amor.

Además, Felipita no puede detenerse, pues ha resuelto castigar á Felicia por aquello de la «lengua en salsa de tomates,» y debe concluir la obra comenzada.

Adelante!

XXVI

Sale Mariana de los Baños acompañada de su hija y, como en otras mañanas, en vez de volver al pueblo, ambas se encaminan por la orilla izquierda del río; Mila recogiendo flores silvestres y aquélla volviendo la mirada á todos lados, como quien explora el terreno que pisa, no con perfecta calma, sino antes bien con suma inquietud, y donde piensa realizar algo que de antemano le preocupa.

La niña se detiene, y presentando á su madre un pequeño ramillete de las flores más bellas que ha recogido, le dice:

—Mamá: átame este ramito.

—¿Y con qué lo ato?

—Es verdad, ¡caramba! no tengo hilo.

—Déjalas todas juntas y cuando volvamos al Casino haces el ramo.

—Es que yo quería darle este ramilletico al señor Mitral. ¡Es tan bueno conmigo! Siempre que llegamos á donde él va á pescar todos los días, me cede el anzuelo para que siga pescando yo, mientras va á buscarme por entre los matorrales sapozarapos y parchitas de monte. ¿No es verdad que es muy bueno el señor Mitral?

Mariana finge hallarse distraída, pues la candidez de su hija le produce cierto escozor en la conciencia; pero luego arráncase con disimulo tres largas hebras de su cabellera y dice á la niña:

—Aquí tengo tres cabellos que se me cayeron al peinarme; déjame atar con ellos el ramito.

—Y le diré que son tuyos, mamá.

—Nó; no le digas eso—contesta Mariana uniendo con tan poético lazo las bellas flores que su hija ha apartado para quien es con ella tan amable y complaciente.

Al dar la vuelta al recodo que forma el matorral que siempre está adornado de flores de pascua, Mila lanza una exclamación de júbilo y dice:

—Allá está el señor Mitral, mamá; ¿á que no ha cogido ningún pescado?

Mientras de esta suerte se acercan madre é hija al remanso que forma una enorme piedra y que sombrea un corpulento apamate, Felipita Menjil y Felicia Millo van por la misma senda hablando de la hermosura de la señora de Aragón. En alabarla se complace la intrigante, no por el deseo de hacerle justicia, sino porque así conviene al mejor cumplimiento de su plan.

—¿No es verdad—pregunta á Felicia—que esa señora es capaz de trastornar á cualquier hombre?

—Realmente, es muy bella.

—Yo sé de algunos jóvenes que están locos de amor por ella.

—Pues no tienen mal gusto.

—¿ Sabes de quien se dice algo también ?

—¿ De quién ?—pregunta Felicia con indiferencia.

—De Mitral.

—¿ De Daniel Mitral ?

—¿ No habías oído decir nada ?

—Sí ; al principio dijeron algo, pero después se ha visto que él, por el contrario, se muestra indiferente para con ella, y ahora le atribuyen otras preferencias.

—¡ Otras preferencias !—repite Felipita riéndose sardónicamente.

Felicia se pára y pónese lívida, porque las notas de esa maligna risa le caen en el alma como gotas de plomo hirviente.

—¿ Te ha hecho daño saber lo que he dicho? —pregunta Felipita fingiendo sorpresa y pena.— Perdóname ; hazme el favor.

—Nó, nó—responde con presteza Felicia.— ¿ Daño por qué ? ¿ Tengo acaso que ver con lo que haga ese señor?

—Sin embargo, lástima grande sería que él, por haberlo seducido una mujer casada, desistiera del propósito que, según manifestó á varias personas hace días, tiene de casarse contigo, si tú lo aceptas.

—¿ Dijo eso Mitral ?—pregunta Felicia sin poder disimular su alegría.

—Eso dijo : yo se lo oí decir. Créelo ; hazme el favor.

Ha mentido descaradamente la intrigante, pues Daniel no ha hecho á nadie tal confidencia ; pero nada generoso es el móvil de esa mentira, cuyo objeto es levantar el alma de la pobre víctima y pasearla por las vastas y risueñas regiones de la esperanza hasta que llegue el momento en que pueda hacerle comprender cuán peligroso es burlarse de ciertas lenguas.

—¿Sabes—añade Felipita remachando el clavo—que harías muy buena pareja con Daniel Mitral? El es apuesto, simpático, culto, rico; en fin, tiene multitud de bellas cualidades; pero avíspate y trata de asegurarlo pronto, porque si esa señora le calienta los cascos, pierdes el mejor novio que hay por todo esto. Avíspate, avíspate; hazme el favor.

Felicia no contesta, pero lanza un suspiro que revela la inquietud de su espíritu, el cual oscila entre el miedo y la esperanza, impelido por las mal intencionadas palabras de Felipita.

—Dime una cosa, Felicia: ¿estás muy enamorada de Daniel Mitral? Hazme el favor.

La interpelada vacila para responder y la intrigante añade:

—No te lo pregunto por simple curiosidad, sino porque me intereso por tu suerte, y porque desearía hacer todo lo posible para impedir que Mitral y esa señora se entreguen á ilícitos amores, que estorben tu casamiento con él.

—Dejemos esa conversación, pues no tengo derecho á intervenir en la vida de ese joven, puesto que nada me ha prometido; absolutamente nada.

—Pero te ha galanteado como para hacerte creer que está enamorado de tí.

—¿Y qué culpa tiene en ello?

—Que no está bien que se infunda esperanzas en una niña para luego dejárselas burladas.

—Peor hace la que por meras galanterías concibe esperanzas de esa especie.

Comprende la intrigante que es fuerte la re-sistencia que su compañera opone á las pérfidas insinuaciones que le está asestando, y le dirige certera saeta contra su amor propio diciéndole:

—¿Y es natural que un joven finja estar enamorado de una señorita, sólo con el propósito de ocultar mejor á los ojos del público sus rela-ciones criminales con una mujer casada?

—¿Es decir—pregunta á su vez Felicia con mezcla de ira y de sorpresa—que usted cree que Mitral......?

—No, niña; no creo nada. Lo que supongo es, ó que él para disimular ha venido fingiéndose enamorado de tí y de Lucila Trejo, mientras á escondidas ha entrado en relaciones amorosas con la señora de Aragón, ó que ésta ha logrado ha-cerlo desistir del propósito de comprometerse contigo para hacerte su esposa.

—¿Y por qué supone usted eso?

—Por lo que ya te dije: porque él ha mani-festado en público deseos de casarse contigo, si lo aceptas; pero como después de eso, según me confiesas, no te ha dicho nada sobre sus preten-siones, quiere decir que, ó todo ha sido mera ficción, ó han tomado otro rumbo sus deseos.

Felicia analiza mentalmente las observaciones de su compañera y las encuentra lógicas, por-que, realmente, cómo explicarse de otro modo la reserva de Mitral después de haberse mostrado tan enamorado de ella, y aun dispuesto á solici-tarla en matrimonio? Una ola de cólera le sube del corazón al cerebro cuando piensa que quizás ella no ha servido sino para representar ridículo papel en la comedia de disimulo con que Mitral ha ocultado otros amores; por cierto criminales para mayor gravedad del caso ; y luego siente profunda tristeza, que se condensa en lágrimas y que á duras penas logra contener cuando supone que, ya conquistado el corazón del hombre á quien ama y con el cual sería feliz toda la vida, una mujer casada le ha arrebatado su conquista, indudablemente para siempre ; pues reconoce que su belleza es diez veces superior á la de ella, y que es su seducción irresistible, hasta para las mismas mujeres, puesto que no hace mucho la admiró en el baño con toda el alma, sin darse cuenta de que acaso estuviera rindiendo homenaje á la hermosura destructora de su dicha.

—Pero bien—dice Felicia deseosa de esclarecer un punto oscuro.—¿ Cree usted que Mitral tiene relaciones amorosas con esa señora ?

La intrigante se sonríe con malicia y aun con satisfacción, pues claramente advierte lo que está pasando en el corazón de su víctima ; pero como sabe cuan terrible es la incertidumbre, á las veces aun más que la cruel realidad, la mantiene en ella contestándole con oscuridad y reticencias.

—No sé, niña ; nada te puedo asegurar. Ciertos signos...... pero, en fin, no debe una aventurar malos juicios. No me preguntes eso, hazme el favor. Por otra parte, como tú no lo amas, ¿ qué te importa que tengan ó no relaciones adulterinas ? Lo que sea sonará. Sí debemos tener presente que esa mujer es hermosísima ; la más hermosa de cuantas he conocido, y que Mitral es capaz de trastornarle la cabeza á cualquier señora ; mucho más si por marido tiene á un sér tan despreciable como don Leonardo Aragón. Entienda usted que si el fulano Mitral se ha hecho amar de ese prodigio de belleza, tiene para divertirse por mucho tiempo, y con gran comodidad. ¡Qué difícil sería desprenderlo de esos brazos para llevarlo ante el altar!

Visible es la malignidad de semejantes palabras, y advirtiéndolo Felicia, dice á la cruel solterona con marcado mal humor, que no puede contener:

—Parece que pretende usted mortificarme; no hablemos más de eso y volvamos al pueblo.

Felicia se detiene.

—Nó, nó, amiga mía; no lo creas; hazme el favor—dice con presteza Felipita, temerosa de que su víctima se resista á seguir con ella.—Me intereso por tu felicidad más de lo que imaginas; créelo, hazme el favor. Lo que intento es abrirte los ojos para que no sirvas de juguete y para que evites que la otra te lo quite, si aun no lo ha logrado. ¿Quieres que te dé unos buenos consejos? Sigamos caminando.

La inexperta niña se deja llevar por el cebo diabólico de los consejos prometidos; porque en el estado de ánimo en que ella se encuentra se anhelan con vehemencia, aunque sean emitidos por lenguas dignas de ser preparadas en salsa de tomates para merienda de Satán.

La flaca mano de Felipita la coge del brazo y la obliga á continuar andando.

—Oye: hazme el favor. Si quieres que Mitral no se te escape, muéstratele indiferente, y desáiralo cuantas veces puedas; porque la indiferencia y el desaire son las mejores armas que para sus conquistas debe emplear la mujer. Los hombres menosprecian las adquisiciones fáciles, y una mujer de talento y hábil puede hacerse amar más que otra que sólo cuente con atractivos físicos. Si desde que Mitral comenzó á galantearte te le hubieras mostrado indiferente, y si después lo hubieras herido con desdenes y desaires, otra fuera su conducta para contigo.

—Entonces—contesta Felicia—habría él advertido que yo no era sino una hipócrita, porque lo fingido siempre se descubre, y me hubiera despreciado por tal motivo.

—Eso depende del modo con que hubieras procedido.

—Quien no ha nacido para hipócrita, quien no sabe fingir, ni siquiera debe intentarlo.

—Pues amiga mía—dice Felipita haciendo alarde de hipocresía—deseo que con tu franco proceder logres casarte con Daniel Mitral, que es el mejor partido de todos los que te pretenden.

Cuando esto dice la lengua que doña Juliana sería capaz de comerse en salsa de tomates, ambas paseantes dan la vuelta al recodo que forma un tupido matorral adornado de flores de pascua.

Felipita Menjil no puede contener una exclamación de alegría al divisar á Mila que, sentada en la enorme peña que forma el remanso al pie de un corpulento apamate, está sola, completamente sola, quitándole el anzuelo á un pececito que acaba de pescar.

—Mira—dice á Felicia fingiendo ignorancia de lo que ocurre—mira á aquella niña que ha venido sola á pescar tan lejos.

Felicia presiente la verdad, pero trata de ocultarlo y contesta:

—Es una grave imprudencia.

En seguida, ya por temor de cerciorarse de lo cierto, ó ya por no exponerse á presenciar alguna escena inconveniente á su decoro, propone á su compañera el regreso inmediato; pero la señorita Menjil no ha ido allí para tan poca cosa, y por nada en el mundo dejaría inconclusa su obra. Así, volviendo á tomar del brazo á su víctima, le dice:

—Voy á hablarle á aquella niña para aconsejarle que no se venga sola hasta aquí. Si quieres, regrésate al pueblo, pero te advierto que tu reputación corre grave riesgo si te ven andar sin compañía por un camino que, según dicen, Daniel Mitral recorre todas las mañanas.

Comprende Felicia la magnitud de esta amenaza, tanto más peligrosa cuanto que ha sido proferida por la lengua más viperina del mundo: siente violentísimo sacudimiento de pavor, pues nada hay que la amedrente tanto como incurrir en el enojo de Felipita Menjil, é inconscientemente se deja llevar de la perversa mujer que con diabólica habilidad le ha tendido el lazo en que acaba de caer.

—Buen día, Mila—dice la intrigante á la pescadorcita—¿Has pescado mucho?

—Bastante: mire usted—y le muestra la toalla donde hay más de diez pescaditos.

—Pero haces mal, niña, en venirte tan lejos sola. Si tu mamá lo sabe, te regañará.

Mila suelta una carcajada y dice:

—¡Si yo vine con mamá, *señora* !

—Te advierto, niña—añade Felipita conteniendo la indignación que á borbotones le hierve en el pecho—que no soy señora, sino señorita; no lo olvides más, hazme el favor.

—Dispense usted, *señorita.*

—¿Dónde está tu mamá?

—Por ahí adentro, buscándome parchitas de monte.

—¡ Qué imprudencia !   ¿ Y si le sale una culebra ?

—El señor Mitral la defiende.

Al oír esto Felipita lanza una carcajada como la de Mefistófeles en el jardín de Margarita ; carcajada que penetra por entre los matorrales interrumpiendo idilios y esparciendo pavor, cual si fuese el silbido de una serpiente ó el rugido de una pantera.

Dos corazones que hay por allí se sobrecogen de espanto, cual si hubiesen oído un estrepitoso trueno producido por la apertura de una grieta inmensa en el cielo.

¿ Qué hacer, Dios mío ?

¿ Intentará esa terrible cazadora de escándalos penetrar por entre los matorrales donde tanto abundan los sapozarapos y las parchitas de monte ?

¿ Querrá llevar su implacable crueldad hasta el punto de desear ver en el rostro de los culpados la lividez del delito sorprendido en fragante ?

Otra carcajada de Felipita Menjil perturba la apasibilidad de tan bello sitio ; pero algo distante, y en seguida se oyen sus gritos que alejándose dicen :

—Espérame, Felicia ; espérame.

XXVII

En la tarde del mismo día Daniel se dirige á la estación del tren, con el propósito de irse á La Guaira para permanecer allí algunas semanas hasta que se disminuya el escándalo que producirán las revelaciones de Felipita Menjil y de su socia Felicia Millo.

Mariana, en tanto, se fingirá enferma hasta que su marido convenga en pasar al vecino puerto ó á Maiquetía, donde podrá continuar la serie de idilios en tan mala hora interrumpida por la perversidad de una murmuradora de oficio, y por la osadía de una celosa niña que ha incurrido en la torpeza de darle á unas cuantas galanterías mayor importancia de la que realmente tenían.

Aún no ha podido comprender Mitral cómo se atrevió Felicia á acompañar á Felipita en su imprudente empresa. Cuando oyó la voz de la intrigante sintió indignación y hasta quiso salir y encararse con ella para insultarla como se merece; pero cuando supo que también Felicia estaba allí, fue tal su sorpresa, y tan profunda su confusión, que

sólo pensó en ocultarse por si se atrevían á entrar
en el boscaje.

No ha querido volver al Casino, donde su aventura debe de ser el único tema de conversación; no
ha almorzado, y se va como fugado, sin llevar siquiera la maleta, que después mandará á buscar.

Daniel teme mucho el escándalo; á la inversa
de otros que, por parecer peligrosos, en viéndose
envueltos en una aventura amorosa procuran que
el público la conozca, sean cuales fueren las consecuencias. Y ahora es más grande su temor porque
está en medio una mujer casada, á quien ama y
aprecia, y porque se hallan en un pueblo pequeño,
donde tanto abundan los desocupados, siempre ga-
nosos de que ocurra algo sensacional para entretenimiento de sus lenguas.

Sabe él además que en tales casos suelen ocurrir incidentes, provocados por la indiscreción ó
malevolencia de algunos, que se resuelven en lan-
ces personales y que contribuyen de manera asombrosa al aumento del escándalo.

¿ Pero qué dirá Mariana cuando sepa que él se
ha ido de ese modo, sin siquiera despedirse de ella?
Acaso piense que la ha abandonado para siempre;
pero su pena durará poco, pues él le escribirá de
La Guaira comunicándole su plan.

¿ Qué pensará hacer Mariana? Seguramente
está despreocupada, pues no ha conocido él mujer
más serena y de mayor sangre fría para arrostrar
los graves conflictos. La carcajada de Felipita la
consternó al punto, pero en seguida recobró la presencia de ánimo, y mientras él buscaba donde ocultarse, ella se irguió altanera, como resuelta á oponer el escudo del descaro á las curiosas miradas de
la odiosa solterona.

Y después, cuando supo que Felicia Millo acompañaba á Felipita, le brillaron de tal modo los ojos, que Daniel temió que cometiera la imprudencia de salir á provocar un altercado con su rival. —«Felicia te está celando—le dijo—y me has asegurado que nada tienes con ella.»

Trabajo le costó contenerla.   Por fortuna Felicia, avergonzada ó furiosa ó temerosa de presenciar algo más ofensivo á su decoro, echó á correr, y tras de ella se fué la otra, celebrando con gritos y carcajadas el buen éxito de su empresa.

Daniel trae á su mente el recuerdo de todos los detalles de la aventura de la mañana, mientras con la mirada fija en el mar y recostado de la baranda de la Estación, espera que el tren dé la señal de partida.

La locomotora se provee de agua y lanza los primeros gritos para llamar pasajeros.

La vista del mar, la inquietud de su ánimo, sus temores y el deseo de hallar el modo de resolver pronto el problema enunciado en la orilla del río; hacen pensar á Daniel en su proyectado viaje á Europa, y hasta se decide á emprenderlo en llegando á La Guaira; pero esta resolución tarda menos en desaparecer que en precipitarse sobre un cardumen de pececillos el alcaraván que ha estado siguiendo con la vista.

En efecto: ¿cómo alejarse tan pronto de Mariana? ¿Cómo renunciar á la dicha que apenas ha paladeado?   Y además, eso fuera imperdonable cobardía, porque si huyese, alentaría á Felipita para murmurar más libremente; pues lo único que puede contener un tanto su lengua es el temor que él debe de inspirarle.

Su misma fuga sería hábilmente explotada por

ella, y acaso provocaría el desprecio de Mariaua; porque las mujeres que saben afrontar los peligros jamás les perdonan la cobardía á sus cómplices.

Por lo pronto irá á La Guaira y allí reflexionará con calma sobre lo que ha de hacer, y se comunicará por escrito con Mariana.

Así está meditando Mitral cuando la locomotora lanza la segunda llamada; vuélvese para ir á comprar el billete de pasaje y se halla frente á frente de la madre de Felicia Millo y de ésta, que acaban de entrar en el salón.

—Buenas tardes, señor Mitral.

—Buenas tardes, señora.

Doña Amelia Luján de Millo es una respetable viuda que no ha cumplido aún cuarenta y cinco años, pero que representa más á causa de los dolores reumáticos de que padece há largo tiempo. Su cara es franca y bonachona, y allí predominan, como rasgos salientes, sus melancólicos ojos azules de mirar dulcísimo, y su pequeña boca, siempre encendida y perennemente animada por casta sonrisa, cual si jamás la hubiese profanado el calor del beso.

Felicia es su única hija, y el casarla bien su mayor deseo.

Ha oído los decires referentes á las supuestas pretensiones de Daniel á la mano de Felicia, y esto le ha producido gratísima complacencia, pues cree que á ningún partido mejor puede aspirar. Confiando en el buen juicio de su hija ha dejado que los acontecimientos se desarrollen, esperando ansiosa el momento en que la una y el otro le hagan las correspondientes confidencias.

De cuando en cuando le ha dirigido á aquélla algunas indirectas para descubrir el estado del

asunto, y la ha inducido á la franqueza que toda
madre debe alentar en el corazón de los séres que
necesitan de los consejos de su experiencia y del
amparo de su amor. Pero Felicia le ha venido asegurando que todo va despacio, que las galanterías
de Mitral no han cobrado mayores proporciones,
y que ella cada día se siente más enamorada de
él y con más esperanzas de alcanzar su preferencia.

Así, pues, gran sorpresa le causó á doña
Amelia la intempestiva actitud de su hija cuando
al volver del baño, poco después de las once, le
suplicó que regresaran á Caracas inmediatamente.

En vano quiso saber el motivo, y sólo pudo
obtener la promesa de que después se lo referiría
todo. Y no era por desobediencia la negativa de
Felicia, sino porque ansiaba irse lejos; pues contándole lo ocurrido le sería imposible contener las
lágrimas, y porque á todo trance deseaba evitar
que la viesen llorar allí, donde había reído tanto,
donde á tantos había hecho reír y donde tan bellas ilusiones se forjara.

Doña Amelia accedió al ruego de su hija, á
quien nunca niega nada que le pida entre beso y
beso. Y ahora que halla á Mitral allí, se aumenta su confusión; pues en vez de mostrarse por
ello complacida su hija, evade el saludo de aquél
mirando á otro lado.

En efecto, el inesperado encuentro produce
en ambos jóvenes tremenda sensación. El, obligado á retribuir el saludo de doña Amelia, le tiende la mano, y cuando piensa en cómo ha de hacer
lo mismo con Felicia, ve que ésta le da la espalda
con ofensiva arrogancia.

No obstante haberse así librado de tan difícil

trance, á Daniel le mortifica el agravio de la joven; pero de pronto ve que una lágrima, desprendiéndose rápidamente de sus desviados ojos, cae en el entablado del salón, donde forma una mancha que un bello piececito oculta con presteza.

Daniel se conmueve, y despidiéndose con una ligera inclinación de cabeza, se retira, al tiempo en que el tren lanza el último silbido.

—¿Qué pasa entre estos jóvenes?—se pregunta á sí misma doña Amelia mientras compra los billetes.

Daniel ha resuelto no irse en ese tren, que sólo tiene un vagón. ¿Cómo hacer el viaje en presencia de Felicia? ¿Podría ella ocultar sus lágrimas y él su turbación? ¿Cómo habría de conducirse ante doña Amelia, que seguramente ignora lo ocurrido, á juzgar por la amabilidad con que le ha saludado?

Parte el tren y Daniel se queda. ¿Qué hacer ahora? ¿Esperar el otro? Ese saldrá á las ocho de la noche, y mientras tanto ¿cómo y dónde distraerse? Maquinalmente se encamina á la Guzmania, y de allí, no obstante el bravo sol cuya inclemencia apenas logra mitigar la brisa marina, se dirige al cerro vecino, como impulsado por la multitud de contradictorias ideas que le perturban la cabeza, y por la sed de distracción que padece su espíritu.

Anhela fatigarse corporalmente creyendo que así cesará el vuelo de su mente y la inquietud de su alma, y por eso sube y sube hasta que, ya sin fuerzas casi, se detiene á la sombra de un cují que le ofrece el amparo de su follaje y cómodo asiento en una de sus salientes raíces.

Recostándose del tronco, quédase dormido;

con el profundo sueño que producen el euerva-
miento que sigue á las violentas sensaciones, el
hambre, el bochorno de los días calurosos y el
cansancio del mucho andar.

Cuando despierta es porque el sol, cercano
ya á los umbrales del ocaso, logra deslizar uno
de sus rayos oblicuos por entre las hojas del cují ¡y dirigirlo sobre sus cerrados párpados, de
donde huye el sueño, pero dejándolos entorpecidos
para abrirse á la luz.

Daniel ladea perezosamente la cabeza para librarse del importuno mensajero del sol, y cuando
al cabo de un rato abre los ojos, ve en el tronco
del árbol, grabada por experta mano, una alegoría
de amor, seguramente criminal.

Son dos corazones traspasados por una misma
flecha y colocados sobre dos enormes cuernos. En
el centro de aquellas figuras están las iniciales
L y *B*, como un reto lanzado á la curiosidad por
el misterio.

¿Quién habrá grabado esa alegoría. ¿A quiénes pertenecerán esas iniciales, y de qué desgraciado marido habrán rasgado allí la honra?

Ora sea la delicada fragancia de las florecillas
del cují, que semejan motitas de oro; ó mera ficción de la fantasía, que tantas burlas suele gastar;
ó algún otro perfume impregnado en el bigote
que de muchas cosas puede vanagloriarse; es lo
cierto que á Daniel le parece que el ambiente que
está aspirando contiene aroma de mirtos y de
rosas, las fragantes flores del amor, las que huelen
á mujer enamorada y bella.

¡Cuántos idilios de amor se habrán celebrado
al pie de ese árbol!

Daniel, pensando en esto, cierra los ojos como para soñar despierto, y entonces cree percibir rumor de besos y suspiros, y crujir de faldas.

Y después de pensar largo tiempo en la dicha ajena, piensa en la que ha estado á punto de perder, acaso para siempre; pues mujeres tan altivas y apasionadas como Mariana no perdonan jamás al cómplice que las abandona en los graves conflictos, precisamente cuando les es más necesario su apoyo para arrostrar el furor del esposo y la burla social.

Ahora es cuando cae en la cuenta de que quiso cometer un disparate y una vergonzosa acción al huír sin avisárselo á Mariana. ¿ Cómo dejarla expuesta á las acometidas de la lengua de Felipita Menjil, y cómo alejarse para no poder tenderle la mano en caso de que su marido la arroje á la calle ?

Además, él ha debido recordar que ella, lejos de tener ascendiente alguno sobre su esposo, nada puede pedirle, pues don Leonardo se complace en hacer siempre lo contrario de lo que su mujer desea. De consiguiente, en vano fuera pretender que ellos pasaran á La Guaira ó á Maiquetía para reanudar allí las horas de placer interrumpidas por la malignidad y por los celos.

El dilema es, pues, el siguiente: ó volver al Casino en seguida antes de que Felipita, exenta del temor que Daniel pudiera infundirle, cobre mayores bríos en su obra escandalizadora, ó emprender el proyectado viaje á Europa, renunciando para siempre á Mariana.

Cuando así plantea el dilema, deja caer su mirada desde esa altura sobre el distante Casino, como ave de amor que busca un nido.

Allá se ven los dos hermosos laureles que

reverentemente se inclinan cuando la reina de la belleza pasa por debajo de ellos poniendo corazones de hinojos.

Y él, el señor de esa reina, ¿ha de renunciar á su conquista?

¿Puede llegar á tanto la simpleza de un mortal?

Nó; el amor de una mujer así no se abandona por fútiles motivos; pues vale aún más que la vida.

¿Qué sería la existencia para Daniel después que hubiese perdido la dicha incomparable que han cantado en matinales conciertos los pajarillos que se reúnen entre las ramas del corpulento apamate, bajo el cual hay un remanso, abundante de sábalos y bagres?

El hombre animoso, el que sabe arrostrarlo todo por conservar el bien que posee, sólo puede ser privado de él por el hastío; por ese implacable sepulturero del placer que no emerge del alma, sino que es efluvio fugaz de los sentidos.

Y cuán distante está aún el hastío de Daniel, cuya memoria sólo recuerda como una veintena de idilios verificados, para su mayor mérito, con la intermitencia que las circunstancias impusieron.

Por el cosmorama de su mente desfilan los recuerdos de las más felices horas de su vida, y entonces siente algo así como un sobrecogimiento de ánimo; como el estupor del avaro que ha estado á punto de perder en un instante todo su caudal.

Ya no puede explicarse á sí mismo cómo pensó en partir abandonando tan vergonzosamente, entregada á su negra suerte, á la mujer que tanto le ama y á quien adora con todo el corazón.

A este cambio ha contribuido notablemente la ausencia de Felicia Millo, á quien temía más que á Felipita Menjil, porque todo cuanto aquélla dijera sería creído, mientras que la célebre intrigante, á fuerza de herir con la lengua, la tiene ya casi impotente para el mal.

Cierto es que los extremos se tocan, y en prueba de ello vemos á menudo cómo los murmuradores de oficio, los que sólo viven para denigrar del prójimo, alcanzan tal grado de descrédito, que cuando quieren dañar á alguno con el veneno que llevan en la lengua, lo favorecen, por el contrario, de manera notable.

Hay enemigos que honran y ataques que hacen bien.

Cuando rueda una injuria, no debemos fijarnos en la persona contra quien va dirigida sin averiguar antes de dónde ha partido.

El pedestal más firme para las reputaciones sociales y políticas es la enemistad de ciertos séres, miserablemente ruines, que llevan sobre los hombros el fardo de todas las vergüenzas, y que sienten de continuo en la conciencia el diente de todos los remordimientos.

Cree Daniel que Felipita se hizo acompañar de la señorita Millo para poder citar una testigo cuando refiera lo que averiguó en el río, reconociendo así que su solo testimonio no es bastante para que le crean lo que diga ; y puesto que Felicia ha partido, no hay peligro en afrontar la mala voluntad de la intrigante.

Esta serie de reflexiones determinan el regreso de Daniel al Casino, lo cual se efectúa cuando la noche comienza á encender en el cielo titilantes estrellas, en las calles faroles de menguada luz, y por entre el monte cocuyos y luciérnagas que brillan ambulantes y á intervalos.

XXVIII

Han pasado más de treinta días desde que
ocurrió lo narrado.

Felipita Menjil ha hecho todo lo posible porque le crean la aventura del río; pero como cita
por testigo á una ausente, todos opinan que es mera patraña de la murmuradora para darse importancia; con tanta más razón cuanto que la conducta de Mariana y de Mitral nada de sospechable
tiene.

Los amantes, aleccionados por la experiencia,
han tomado las necesarias precauciones para ponerse á salvo de otras sorpresas; Mila deplora cada
día que ya su madre no quiera ir á donde ella solía
pescar con el anzuelo que galantemente al llegar
le cedía el señor Mitral; doña Juliana y sus tres
hijas continúan con el mismo apetito que tanto
alborota los nervios de Coppola; y don Leonardo
Aragón sigue padeciendo del reumatismo, y refiriendo sus pasadas aventuras á media docena de
caballeretes que pacientemente le oyen, ora porque

quieran graduarse de libertinos, ya porque gusten
de esa especie de narraciones, ó porque sean capaces de soportarlo todo á trueque de las copas de
brandi con que el narrador los obsequia durante
sus tertulias.

Todas las noches hay asamblea de libertinos
bajo los grandes laureles de la entrada del Casino.
Don Leonardo casi monopoliza la palabra, y empleando la ruin terminología de la gente soez, da á
su auditorio innecesarias lecciones para que apren-
dan á derrochar caudales y á adquirir enfermedades
incurables.

¡Qué de elogios llueven sobre los recuerdos
inolvidables de Josefa la *Catira*, de la india Rosa,
de Juanita la *Quesadilla* y de dos ó tres docenas
más de la impúdica ralea que ha dado triste cele-
bridad á los callejones de Peníchez y del Silencio,
y al intrincado laberinto del Caracol!

Lo que sobre todo regocija á don Leonardo es
el recordar que nueve vírgenes fueron conducidas
por él ante el ara donde la salacidad marchita flores
de inocencia, para que luégo rueden de arroyo
en arroyo, de lodazal en lodazal, hasta llegar al
salón del hospicio, antesala de la tumba, donde la
sífilis congrega á las valetudinarias de la crápula.

Sus ojos sin pestañas de sátiro impotente le
brillan con fulgor siniestro cuando refiere cómo, ya
por medio del engaño ó ya comprando la complici-
dad maternal á fuerza de oro, borró la aureola de
castidad que adornara la frente de sus víctimas.

Los jovencitos que le oyen con la boca abierta
le aplauden sus triunfos y le confiesan la envidia
que les inspira.

¡Insensatos! No pensaran ni sintieran así
si supiesen cómo está purgando sus excesos y crí-

menes ese abominable libertino, y menos aún si adivinaran cuánto de bochornoso y cruel le reserva lo porvenir.

Puesto que tiene la venda de la ignorancia, dejadlo que bendiga su juventud, cuyos recuerdos constituyen el alimento de su alma, hasta que llegue el día en que comprenda cómo los acontecimientos humanos, en fuerza de la lógica moral, se resuelven en fallos inapelables de la justicia.

Cada noche consumen un litro de brandi los contertulios de don Leonardo, que éste costea gustosamente, pues nada hay para él más meritorio que oírle pacientemente sus interminables relatos.

Otro grupo de tertulianos se reúne también á la misma hora en el extremo izquierdo del corredor, y lo forman damas y caballeros que hablan sobre diversos temas, especialmente sobre los dos más sensacionales del día: los revolucionarios que están por los lados de Caraballeda, y el fantasma que algunos huéspedes y criados del Casino han visto á altas horas de la noche.

Hay allí varios gobiernistas; pero los revolucionarios están en mayoría, y esto, lo mismo que la popularidad de la rebelión y la esperanza del cercano triunfo, hacen que los últimos, menospreciando el peligro de ser encarcelados, discutan en alta voz y con la exaltación que caracteriza las discusiones políticas entre venezolanos.

Como hubo recientemente un combate en Naiguatá, los gobiernistas sostienen que la victoria fue alcanzada por fuerzas constitucionales, en tanto que los contrarios afirman que esas tropas fueron totalmente batidas por los revolucionarios.

Cada cual asegura que sus noticias son de buena fuente, y es asombroso cómo los partidarios de la revolución citan nombres propios para recomendar la procedencia de sus informes, sin advertir que de ese modo comprometen imprudentemente la libertad de las personas que nombran, tanto más cuanto que éstas son altos personajes políticos, ó de algún modo capaces de conocer lo ocurrido.

Peligrosos en alto grado son para sus mismos copartidarios los revolucionarios urbanos que toman el conspirar como un deporte, y que presumen de bien informados como pudieran jactarse de elegantes. De ellos puede decirse que son aláteres de los espías y de los esbirros del Gobierno, pues los ayudan eficazmente á cumplir con su vil obligación.

Los tertulianos del Casino no escarmientan, no obstante estar en cuenta de lo que ocurrió há pocos días, y que fue causa de varias prisiones.

En efecto, Luis Albañales, un conspirador de cantina y de gallera, dijo de voz en cuello y copa en mano en «La India» que brindaba por un triunfo reciente de la revolución, cuya noticia conocía de buena tinta, pues él y otros estaban al corriente de toda la correspondencia del Gobierno. Y en seguida, para que á sus camaradas no les quedara la menor duda de cuanto decía, dió detalles que, por exactos, fueron indicios suficientes para que el funcionario público que de esto tuvo conocimiento cayese en la cuenta de que realmente la correspondencia oficial era conocida entre el círculo revolucionario.

Sin tardanza fue encarcelado el presuntuoso, y habiendo sido incomunicado y amenazado con tormentos, reveló los secretos que en mala hora le fueron confiados, y por culpa de semejante mentecato muchos conspiradores útiles quedaron privados de libertad.

Terrible plaga es la de los necios que trafican en noticias revolucionarias para darse importancia.

De ellos líbranos, Señor.

———

A las tertulias nocturnas del Casino concurren varios de ésos, á cual más imprudente; pero hay también dos ó tres que, conocedores del arte de conspirar, y bien aleccionados de la experiencia, fingen completa ignorancia de lo que ocurre y absoluto alejamiento de los asuntos políticos, mientras que con hábil discreción abastecen á los cercanos rebeldes de armas, cápsulas, provisiones y vestuarios, y les comunican las medidas tomadas contra ellos por el Gobierno.

Del tema político pasan, casi siempre por iniciativa de alguna dama, á hablar del fantasma que algunos han visto. Entonces se le erizan los vellos á las mujeres, y aun á los hombres mismos. Sólo Felipita Menjil permanece impasible ó se sonríe maliciosamente, en tanto que su mirada busca las de Daniel y de Mariana, cuyos rostros se vuelven á otros lados para ocultar los ojos, esos eternos delatores de las inquietudes del alma y de los temores de la conciencia.

Que el fantasma representa una mujer vestida de blanco: he ahí en lo que están contestes los que han tenido la desgracia de verlo.

La primera que lo vió fue doña Juliana; quien, no obstante los reiterados consejos del doctor Plácido Daniel Rodríguez, continúa comiendo desafo-

radamente, exponiéndose así á frecuentes indiges-
tiones.

—No coma mucho de tarde, señora—le dice á
menudo el médico.

Pero es más fácil ponerle un bozal á una tintorera que un freno á la gula insaciable de esa mole
humana de nueve arrobas netas. Sin embargo, el
miedo á encontrarse otra vez con el fantasma la ha
obligado á moderarse un poco en las comidas.

No han faltado proyectos para hacer frente á
la nocturna aparición y averiguar lo que hay de
cierto en eso ; pero ha sucedido lo que en tales
casos acontece : que en llegando el momento, todos
faltan á la cita.

Daniel y Mariana tratan de estar siempre al
tanto de tales proyectos, y si la señorita Felipita
Menjil se muestra indiferente á ellos, es porque ya
no es tan dueña de su voluntad como lo era diez
días atrás ; es decir, antes de la noche en que, ha-
biéndola sorprendido Mitral en acecho del fantasma, la llamó á un extremo del corredor y le refirió
cómo, por favorable casualidad, una antigua criada
de los Menjiles, madre de un enfermo pescador á
quien él ha socorrido muchas veces, le habló de la
influencia desastrosa de las botellas en el signo de
agosto, y de los percances á que pueden dar lugar
cuando una ignora las leyes del vacío.

«Secreto por secreto, y en paz;» díjole al final
Daniel.

No es poca fortuna el haber podido quitarle la
ponzoña á escorpión tan peligrosa.

XXIX

Día por día se aumentan el pavor con que se habla del fantasma y el entusiasmo de los revolucionarios al referir los triunfos de los rebeldes que dominan las alturas de Naiguatá y las cercanías de Macuto.

El día ha sido sensacional, pues se han oído tiros cercanos, y se sabe que desde el amanecer comenzó un combate por los lados de Caraballeda. Se esperan graves acontecimientos y hay quien afirme que de un momento á otro entrarán las fuerzas gobiernistas derrotadas y detrás de ellas las de la revolución triunfantes.

Además, para la noche hay el proyecto de hacerle frente al fantasma. A ello están comprometidos don Leonardo Aragón y cuatro de los jovencitos que tanto gustan de oírle referir las aventuras de su borrascosa y, para ellos, envidiable juventud. Pasarán la noche en el corredor que mira al mar, á oscuras y con dos litros por delante.

Los del plan han convenido en no comunicarlo

á nadie, so pretexto de prudencia, pero en realidad para que en caso de que no se atrevan á llevarlo á cabo, no queden expuestos á la burla de los otros huéspedes.

Por eso ni Mariana ni Daniel conocen el mencionado proyecto, no obstante la acucia con que averiguan todo lo referente á ese asunto.

Casi todos los temporadistas de Macuto han sido renovados. Por diversas causas han regresado la mayor parte á Caracas ó á La Guaira; pero como todavía no ha terminado la temporada, los reemplazos no han tardado, y aun continúan llegando en cada tren.

Todas las noches forman tertulias en el Casino seis ú ocho de los antiguos huéspedes y gran número de los recién llegados.

La campana de la iglesia acaba de dar las ocho de la noche. Don Leonardo preside su grupo de contertulios y habla de las mil ocasiones en que dió pruebas de sangre fría y de valor inimitable. Los mozalvetes que le rodean al pie de los laureles de la entrada le oyen con la profunda é inalterable atención con que Desdémona oía de los gruesos labios de Otelo las narraciones de sus duelos con la muerte bajo el ardiente sol africano.

En el otro grupo háblase de la guerra.

—De un momento á otro los tendremos aquí —asegura un conspirador.

—Los revolucionarios fueron batidos—replica un adicto al Gobierno.

—¿Batidos? Yo te contaré un cuento.

—Ustedes viven de mentiras.

—¿De mentiras? Mira lo que viene por ahí— añade el revolucionario extendiendo el brazo hacia la playa oriental.

Todos los circunstantes se levantan, porque, en efecto, por ahí viene tropa.

Es del Gobierno, y por la prisa y el desorden con que llega, bien se advierte que ha sido derrotada.

Son como doscientos hombres que, en llegando, el jefe organiza y distribuye convenientemente, dispuesto á defender el pueblo.

Durante dos horas van llegando, uno á uno, numerosos heridos que caminan con gran trabajo, quejándose lastimosamente.

El júbilo de los revolucionarios es indescriptible, y como si ya estuviesen en el Capitolio, de ridícula manera ofrecen garantías á sus contrarios y se distribuyen entre sí lucrativos empleos, en los cuales aspiran á enriquecerse en breve plazo.

—No te aflijas—dice un jovencito á un empleado público—tú sabes que mi tío será ministro, y yo «te arrimaré la canoa.»

—Gracias—contesta el otro sonriendo—agradezco tu buena intención, pero te advierto que aún «falta mucho pan que rebanar.»

—¡Qué equivocado estás, chico! Esto es cuestión «de dos rascadas.»

—Cuidado si el «pescado se te vuelve cabeza.»

—¡Que va, hombre! Lo que es ésta, se nos dió.

Así, empleando frases incultas de la jerga del vulgo, continúan ambos jóvenes emitiendo sus opiniones referentes á los sucesos políticos hasta que llega, casi arrastrándose, un soldado herido que pide un pedazo de pan y un vaso de agua.

Don Leonardo Aragón opina que no debe dársele nada, pues de lo contrario los demás heridos vendrían también á pedir lo mismo, y pronto el

Casino se convertiría en un hospicio. Esta opinión parece á todos acertadísima y se resuelven á seguirla. Sin embargo, el herido continúa pidiendo la limosna, y si algunos se le acercan es para solicitar informes sobre el combate del día, á lo cual accede él con la esperanza de ser recompensado, aunque le cuesta mucho el hablar.

—Señor: un pedazo de pan, un poco de agua por amor de Dios—vuelve á decir con voz aun más desfalleciente.

Pero los revolucionarios, en satisfaciendo su curiosidad, se retiran aconsejando al peticionario que siga al cuartel, donde tendrá lo necesario, y los gobiernistas, abatidos por el conocimiento de la funesta verdad, no son capaces de sentir en tales momentos ningún impulso generoso.

—Un poco de agua, un pedazo de pan—repite el herido sentándose en uno de los escalones de la entrada.

Mariana, que difícilmente ha podido contenerse hasta este momento, se levanta, y á pesar de haber oído la opinión egoísta de su marido, cuyo enojo arrostra, va al tinajero, llena una copa de agua, entra en su cuarto, saca varias galletas de una lata y se dirige resueltamente al soldado herido, á quien ofrece el ansiado socorro.

El infeliz se la queda viendo como en éxtasis; como quien tiene ante sí una visión deslumbradora, y le dice:

—¿Es usted la Virgen de Coromoto, señora?

Mariana no contesta y acerca la copa á los labios del sediento, que bebe con avidez.

—Señora:—añade él—invoqué á la divina patrona de Naiguatá, que es mi pueblo, cuando usted

se me presentó trayéndome lo que deseaba. ¿Es
usted la misma Virgen?

—Nó; soy una desgraciada pecadora. Ruegue
usted por mí.

El soldado comienza á comer una galleta;
pero no puede concluir, porque siente un desvane-
cimiento, y como un derrame en lo interior de la
herida que tiene en el pecho.

Presiente su cercano fin, y temeroso de que se
le escape la vida, suplica con presteza á Mariana
que le prometa cumplir un encargo que quiere hacerle.

—Hágalo usted—contesta ella con voz conmovida—y crea que lo cumpliré.

—En Naiguatá, señora, viven mi mujer y mi
única hija. La primera está muy enferma y morirá
pronto. Tísica, señora, está tísica; figúrese usted.
Mi hijita tiene cinco años nada más, y quedará
huérfana, sola en el mundo. Por eso yo no quería
ir á la guerra; pero me reclutaron, señora, y voy á
morir lejos de ellas. Protéjame á mi mujer y á mi
hijita; protéjamelas, señora, por lo que usted más
quiera eu el mundo......

El herido, que es un mulato de elevada estatura y de complexión robusta; de manos encalle-
cidas por el remo, y de piel curtida por el salitre
y por el sol, llora lágrimas más amargas que el
agua de ese mar cuya furia ha arrostrado resueltamente en pequeños botecitos para ir lejos, muy
lejos, á buscar el alimento del hogar que en breve
la desgracia destruirá.

—¿Cómo se llama su mujer?

—Silvana de Rivas y mi hija Silvina. Es le-
gítima, señora, porque mi mujer y yo cumplimos
con la Iglesia, como buenos cristianos.

—Confíe usted en que las protegeré.

—Gracias, señora ; muchas gracias. Yo rogaré á Dios que la haga á usted muy feliz, y El me oirá, porque siempre he sido bueno. Sí ; nunca le he hecho mal á nadie ; nunca, nuuca.

En seguida, metiéudose la mano por entre la camisa, saca un relicario y dice :

—Esto es para mi hijita.

Luego añade quitándose un anillo de plata :

—Y esto para mi mujer.

En tanto que así se conduce Mariana con el pobre soldado, su marido, á pesar de que siempre evita hablarle, no ha cesado de ordenarle que éntre, dejando al herido que siga su camino como pueda, pues ella no es hermana de la Caridad.

—No es necesario serlo para hacer el bien— contesta ella con arrogancia.

Don Leonardo, furibundo por verse desobedecido, echa ternos y maldiciones, que le aprueban los jovencitos que le hacen compañía ; pues, según opinan ellos, la mujer debe obedecer al marido sin chistar.

—¡ Déjalo, Mariana !—grita por décima vez el sifilítico con voz enronquecida por la ira.

—Déjeme, señora ; obedezca á su *padre*—dice el herido suponiendo que aquella voz tan ronca y áspera sea la de un anciano, y no la del marido de una mujer tan buena y bella.

Pero Mariana, en vez de obedecer, se arrodilla y sostiene la cabeza del moribundo, que ya, vacilante, se inclina como buscando el lecho del eterno descanso.

Entonces advierte que de la herida está brotando la sangre eu abundancia ; quítase una bufanda de lana que lleva al cuello, y trata de restañarla, mojándose las manos.

Una ola de rabia sube á la cabeza de don Leonardo.

—¡ Mariana !—grita—te repito que entres.

Pero al mismo tiempo otra ola de sangre sale por la herida del soldado, y una explosión de santa ira estalla en el pecho generoso de Mariana, que grita á su vez irguiéndose con majestad de soberana airada :

—Ayudadme, señores, á socorrer á este infeliz. ¡ No seáis tan indolentes !

En este instante llega Daniel de la calle y se acerca al soldado, á quien trata de levantar para llevarlo á su cama; pero sus fuerzas no son suficientes, porque el mulato es de talla de atleta, porque ya tiene el desgosnamiento de la cercana muerte, y porque Mitral hace días que viene debilitándose á ojos vistas y de modo tan alarmante, que el doctor Aguerrevere Pacanins le dijo el día anterior, al tiempo de despedirse de él en la Estación, que cambiara de aires, que pasara á un clima fresco, que no trasnochara nunca y, sobre todo, que tuviera presente que no sólo de amor vive el hombre.

Mariana trata de ayudar á Daniel; pero no basta su buena voluntad; resbala y cae sobre el moribundo, en cuyo ensangrentado pecho se manchan los finísimos encajes de color de crema que adornan el busto incomparable donde palpita un corazón que, por amante y generoso, merece ser por siempre feliz.

—¿ Este es su marido, señora ?—pregunta el soldado aludiendo á Daniel.—¡ Qué bueno es !...... Muy digno de usted...... Que el Cielo los haga muy felices......

Don Leonardo oye estas palabras, y ardiendo en rabia grita con más fuerza aún:

—¡Mariana! ¿Vienes ó nó?

—¡Nó!—responde ella en el mismo tono.

—Me contestas así—añade el sifilítico—porque sabes que no puedo ir á buscarte por un brazo.

—¡Necio!

—Retírese, señora—repite el herido—yo me quedaré con este caballero.

En seguida detiene á Daniel, que párte en busca de un médico, y con voz casi perceptible le dice:

—A usted también, señor, le recomiendo á mi mujer y á mi hijita...... La señora sabe cómo se llaman...... Quedan solas en el mundo...... ¡Solas!......

En haciendo este encargo, como si quisiese abreviar sus instantes de vida para no causar más molestias ni disgustos, expira derramando una lágrima y diciendo:

—Adiós, Silvana. Dios te bendiga, hija mía.

XXX

Vuelve Mariana al Casino con la cabeza erguida, andando majestuosamente y luciendo sobre las eminencias de su pecho, como dos rosas purpurinas, las medallas de fresca sangre con que la Caridad la ha condecorado.

Varios de los circunstantes la miran con el desdén con que se acostumbra castigar las trasgresiones de lo que se llama *buen tono* entre necios de la alta sociedad; y don Leonardo, queriendo aprovechar tan propicia ocasión para recomenzar su reprimenda, exclama afectando más burla que enojo:

—¡Buen papel ha hecho usted, señora! Aquí tenemos otra Verónica, señores. Venerémosla.

Mariana no responde, y sigue caminando y sacando aún más el pecho para que le vean bien las manchas de la sangre del infeliz soldado que fue conducido á la guerra cuando más ansiaba vivir para prolongar los días de su mujer enferma y para guiar á su única hija por la senda del Bien.

La tertulia se prolonga hasta cerca de las

doce, y bien quisieran muchos amanecer allí, pues en verdad que hay sensacionales é inagotables temas de interés actual; pero cuando más empeñados están los tertulianos en una discusión, llega un oficial, y en tono áspero ordena, en nombre del jefe de las fuerzas recién llegadas, que guarden silencio, pues no dejan oír al cercano retén los ruidos sospechosos y las respuestas á los alertas.

Minutos después, cuando Daniel regresa del cuartel, á donde hizo conducir el cadáver del soldado, sólo están en el extremo occidental del comedor, en torno de una mesa, don Leonardo y cuatro de sus jóvenes discípulos, bachilleres en libertinaje, que pronto optarán al grado de doctor.

Sobre la mesa están un litro de brandi y cinco copitas. De este modo se hallan preparados á esperar al fantasma.

Daniel, que á pesar de la oscuridad los ha distinguido, comprende al punto de lo que se trata y entra en su cuarto pensando en cómo podrá advertir á Mariana lo que sospecha.

Grave conflicto es ése, en verdad; y tanta es la confusión de su mente y la inquietud de su espíritu, que no se le ocurre medio alguno para salir del paso.

¿Qué hacer? Seguramente sucederá lo que tanto ha temido, y que en vano ha tratado de evitar con advertencias dirigidas á su amante para ser más prudentes y menos abusadores de las facilidades con que las circunstancias los favorecen. Pero, en verdad que son bien difíciles de contener las mujeres enamoradas cuando á su antojo pueden improvisar las ocasiones favorables á sus ardorosos deseos.

Daniel ha tenido también otras razones para

el comedimiento y la prudencia que ha propuesto, pero esas son de las garantizadas por la inviolabilidad del íntimo secreto; de las que nunca se confiesan, porque á nadie le place mostrarse rendido cuando es la naturaleza y no la voluntad la que escatima fuerzas para continuar la apetecible, pero fatigosa ascensión por la elevada colina donde brotan los manantiales del amor impetuoso y nacen las flores de los supremos deleites.

Con ruda franqueza ha tratado el espejo á Daniel al mostrarle la palidez de sus mejillas, la oscuridad de sus ojeras, la prominencia de sus pómulos y otros rasgos reveladores de cómo la salud más firme no puede resistir la acción destructora de cincuenta y pico de noches robadas á Morfeo por la diosa inspiradora de las grandes locuras. Pero ¿cómo negarse á abrir la puerta en que da leves golpecitos la mano más blanca y primorosa del mundo?

La *prudencia*, cuando se está tan cerca; cuando todo es tan fácil, no es más que una palabra vacía que no entiende el corazón.

Y no hay que acudir al recurso de fingirse enfermo; porque entonces la misma manita tocará en la puerta con mayor empeño, como en otras ocasiones, con el propósito de dispensar cuidados de enfermera, como si fuese posible impedir con meros subterfugios las explosivas expansiones del amor.

Pero todo tiene fin; todos los sucesos llegan, tarde ó temprano, al límite que les demarca la inflexible lógica, y parece que la ficción del fantasma tendrá desenlace funesto. De ahí proviene la inquietud de Daniel, que se ha puesto en acecho detrás de la entrejunta puerta de su cuarto, con la mirada fija en el grupo de libertinos que están esperando y dándose ánimo con copitas de brandi.

Así trascurre como hora y media, y ya se cabecean los trasnochadores, casi rendidos por el licor y por el sueño, cuando uno de los jóvenes, temblando de miedo, muestra á sus compañeros un bulto blanco que viene del patio. Nadie se atreve á moverse y todos se agachan, tratando de no hacer ruido.

El fantasma avanza...... Es una mujer alta, altísima...... Diríase que tiene los brazos levantados sosteniendo un velo blanco. Va muy cerca de la pared...... Aproxímase al cuarto del ángulo noreste, al que ocupa Mitral...... ¡Cuánto pavor infunde !......

—Háblele, don Leonardo—dice en voz muy baja un jovencito.

Aragón comprende que á él le corresponde la acción, y sin echarlo en la copa, apura á pico de botella el último trago de brandi, para revivir sus bríos. En seguida quiere hablar, pero tiene la lengua como dormida y no le salen las palabras.

El fantasma, en tanto, avanza muy arrimado á la pared. Es cada vez más alto, más blanco y más pavoroso. En momentos semejantes es cuando úno desea ser tragado por la tierra.

Y no hay quien se atreva á encararse con la horrible visión para preguntarle quién es, qué desea.

—¿Usted como que tiene miedo ?—pregunta uno á don Leonardo.

Herido en su amor propio, el sifilítico se levanta, da un paso y......

Una descarga de maúseres, terrible, estrepitosa, revienta como un trueno, haciendo estremecer todo el edificio, despertando á los dormidos y llenando de estupor á los despiertos.

—¡¡¡ *Viva la Revolución !!!*

El fastasma huye, Daniel cierra la puerta, los libertinos se meten bajo la mesa y don Leonardo permanece de pies, asombrado, entontecido y totalmente bañado por el kerosene de la lámpara colgante, que una bala acaba de romper.

Al punto supone que ha sido herido y que es su sangre, hedionda á petróleo, lo que le baja de la cabeza, en la que siente dolor, pues un vidrio se le ha encajado allí.

—¡¡¡ *Viva el Gobierno !!!*

Otra descarga.

—¡¡ *Viva la Revolución !!!*

Otra, y otra, y otra, y muchas, muchísimas descargas más.

XXXI

Al día siguiente amanece Macuto en poder de los revolucionarios, y los temporadistas se dan prisa á abandonarlo, temerosos de otro suceso como el de la noche anterior.

A los huéspedes del Casino, sobre todo, no se les han calmado aún los nervios, pues las primeras descargas fueron á pocos metros de distancia, dirigidas contra el retén de la próxima esquina. Los revolucionarios, conocedores del terreno, deslizáronse por entre el maizal que comienza donde termina la última calle oriental del pueblo, y en llegando cerca, hicieron la primera descarga y tras de ella otras varias que pusieron en confusión y derrota á los contrarios.

Don Leonardo ha amanecido hediondo á kerosene y con una herida de vidrio en la cabeza.

Su indignación no tiene límites, y á aumentarla contribuyen las rechiflas de los otros huéspedes, quienes se preguntan mutuamente qué haría el sifilítico á tales horas en aquel punto.

Mariana, cuando lo ve, no puede ocultar su alegría, lo que observado por él le recuerda la escena del soldado herido, y suponiendo que su esposa juzga ese percance como un castigo del Cielo por su falta de caridad, prorrumpe en dicterios contra ella.

—¡A Caracas! Vámonos inmediatamente.

Mariana protesta contra esa orden, quiere demostrar que no es posible partir tan súbitamente, sostiene que es necesario esperar siquiera el tren de la tarde, y se reserva otros medios para prolongar su permanencia allí; pero don Leonardo muéstrase inflexible, y aún más desde que entra un señor asegurando que el Gobierno ha enviado tropas por varios puntos, y que seguramente á la noche asaltarán la plaza.

En oyendo ésto y el segundo grito de llamada que lanza el tren, don Leonardo paga su cuenta de hospedaje, encarga á Coppola que le remita á Caracas su equipaje, y tomando del brazo á Mila dice á su esposa:

—Vámonos.

Apenas tiene tiempo Mariana de dirigir una mirada á Daniel, como diciéndole:—*Te espero en Caracas;* pero él, que estima esta inesperada separación como coyuntura favorable para cuidar de su minada salud, siente esa mezcla de pesar y de alegría que nos producen los acontecimientos que á un mismo tiempo son ingratos y bendecidos, porque nos privan de un placer de que hemos venido disfrutando; pero presentándonos en cambio el bien que nos era indispensable.

Mitral, que se halla recostado de la baranda del corredor cuando parte la familia Aragón, quédase allí un rato pensativo, tratando de vencer

el deseo de ir á la estación del tren, y alentando
el proyecto de hacer el viaje á Europa, tan necesario ahora para recobrar la salud.

Si parece que todo lo ocurrido lo ha dispuesto
su ángel bueno para detenerle en su veloz carrera tras del deleite que ha venido consumiéndole
la vital energía.

Nunca se hubiera decidido á alejarse de Mariana mientras sintiese tan de cerca su atracción ;
pero ahora varias circunstancias favorables le in-
dican el camino del exterior, entre las cuales la
más débil es la de volver á Caracas, en donde se
despidió por largo tiempo de sus amigos, sin haber ido á Europa.

Se ausentará ; sí. En su viaje recobrará el
vigor perdido, y cuando vuelva hallará á su amada aun más apasionada que antes.

Al hacer esta resolución siente deseos de ir
á la estación para ver otra vez á Mariana y aun
para despedirse si fuere posible. Sale aprisa, pero
no tarda en acortar el paso, temeroso de que la
seductora presencia de la reina de su corazón le
desbarate sus planes.

Pita el tren por tercera vez y párte.

A las seis de la tarde Daniel Mitral, á bordo
del vapor «Lafayette» que acaba de levar anclas
en la rada de La Guaira, dirige una mirada de

18

despedida al poético Macuto, en tanto que con la diestra se tantea los salientes pómulos y las pálidas mejillas, meditando sobre lo mucho que enflaquecen las largas temporadas en el reino de Venus, donde salen fantasmas á media noche y se buscan por entre los matorrales para las cándidas niñas sapozarapos y parchitas de monte.

FIN DE LA PRIMERA PARTE

SEGUNDA PARTE

I

Han trascurrido seis años.

Es la hora en que en la Plaza Bolívar comienzan á formar grupos los que suelen ir á gozar allí del fresco de la tarde, y á conversar de literatura algunos, de política los más y de la ajena vida los restantes.

A esta hora es cuando atraviesan por las avenidas diagonales los que vuelven á sus hogares después de la faena del día, y cuando van cesando en su fastidioso canto las chicharras que forman la incómoda orquesta de mayo y que á menudo imitan lloviznas á pleno sol.

—¡Mariana!

—¡Daniel!

Casi á un mismo tiempo lanzan los nom-

brados esas exclamaciones y se paran cerca de la
estatua del Padre de la Patria.

Va ella acompañada de una señorita en quien
él no se fija por el momento, pues se lo impiden la
hermosura de Mariana y la emoción que experimenta al volver á ver á su antigua amante, más
bella que nunca y tan joven como antes.

—¿Cuándo regresó usted?

—Hace diez días.

Mariana le dirige una mirada de reproche como diciéndole:—¡Tanto tiempo en Caracas y no
has procurado verme!

—¿Por dónde estaba?

—He viajado por varios países de Europa. En
Génova enfermé gravemente, y por eso prolongué
mi estada allá.

—Ahora parece que está muy bien de salud.

—Sí; muy bien.

—¿No se ha casado todavía?

—Ni aún lo he pensado siquiera.

Un relámpago de júbilo fulgura en los hermo-
sísimos ojos que no tienen rivales en el mundo.

—¿Y el esposo de usted?

—De mal en peor. Ya no puede moverse para
nada.

—¿Esta señorita es Mila?

—Servidora de usted—responde la niña.—Estaba extrañando que no me reconociera, señor Mitral.

Innecesaria pareciera la pregunta del joven si de pronto pudiese úno suponer que esa
niña tan hermosa fuese hija de quien, más que
madre, parece su hermana mayor.

Las dos semejan una rosa en plena lozanía y
un botón entreabierto de una misma mata.

Mariana viste lujoso traje negro con adornos rojos que realzan su hermosura, si esto puede serlo por la influencia del vestido, y Mila uno blanco que le da angelical aspecto, que cuadra muy bien á su dulce semblante.

El tiempo no ha menoscabado en nada la belleza de la madre; antes bien, parece que la ha vigorizado al aumentarle algunas libras de peso que, bien distribuidas en su esbelto cuerpo, lo hacen más apto para el andar majestuoso de las reinas.

En sus mejillas están siempre frescas las rosas de salud que tanto admiraron los temporadistas de Macuto; sus ojos tienen el mismo fuego y la misma expresión de mando para que todas las almas se prosternen reverentes; y entre sus labios, provocativos siempre, aparece la dulce sonrisa que turba cerebros, semejante á un rayito de luz entre un rubí partido en dos.

Daniel advierte además otro atractivo que antes no tenía el rostro de su amante: es que la gordura le ha dado esa doble barba que, en no siendo exagerada, es uno de los primores más admirables y que más trastornan los sentidos del hombre.

Esa como grada deliciosa que hay entre la barbita y la garganta de Mariana es un rasgo poético; es un cauce por donde se desliza un raudal de poesía inimitable.

Los antiguos amantes se dirigen miradas significativas:—*¡Qué bella estás!*—dicen los deslumbrados ojos de Daniel.—*¿Me amas todavía?*—preguntan con picaresca expresión los de ella.

Después de algunos cumplimientos más, Mitral les ofrece una visita, anota en la cartera la dirección de la casa y se despide.

En tanto que Mariana va caminando por la Avenida Este y que Daniel se pasea por la alameda, les vienen á la mente los recuerdos de aquel tiempo feliz, cuya segunda época es ahora el grande, el mayor anhelo de sus almas.

¿Cómo recordar aquellas horas sin querer que vuelvan?

¿Cómo no ansiar que se repitan los amorosos idilios que les embellecieron en otros días la existencia?

Sabe Mariana que esa especie de idilios son deliciosísimos, y á Daniel le consta algo más: que son también muy peligrosos, puesto que después de haberle destruido la salud, le pusieron á un palmo de la tumba, en la ilustre cuna del descubridor de un mundo.

En efecto, Mitral llegó á París tan quebrantado que, no pudiendo resistir el clima de aquella ciudad, viajó en solicitud de otro propicio hasta llegar á Génova, donde se agravó de tal modo, que fue deshauciado por los dos mejores médicos del lugar. Por fortuna, como la naturaleza suele reaccionar en los organismos jóvenes y que han sido vigorosos, la reacción sobrevino como por milagro, sorprendiendo á los facultativos, que luego citaban el caso como un prodigio de la ciencia.

De Génova pasó á las montañas de Suiza, cuyo admirable clima contribuyó de modo poderoso á perfeccionar su curación.

Hasta entonces no había tenido ni tiempo ni voluntad para pensar en Mariana, de cuyo recuerdo lo separaban ya muchos dolores y más de

treinta meses. Y cuando quiso su corazón renacer á la vida del amor, á orillas del lago Ginebra,
muy cerca estaba la bellísima personita de la única hija del dueño de la alquería donde se había
alojado, y esa muchacha gentil le decía con sus
dulcísimos ojos azules que le amaba con toda el
alma.

El no pudo, no hubiera podido mostrarse indiferente á esa espontánea pasión que le prometía
un cielo de ventura incomparable ; pagó mirada
con mirada, sonrisa con sonrisa, y muy pronto
ambos jóvenes se pasearon por la orilla del lago
en amoroso y dulce platicar.

Fue aquello un hermoso poema de amor y de
virtud, que concluyó como suelen concluir las largas luchas entre esos dos gladiadores del alma.

Daniel cada día más enamorado, y ella siempre virtuosa. El amor del úno, impetuoso corcel ;
la virtud de la ótra, sólido muro que no pudo ser
ni destruido ni salvado. La disyuntiva era esta :
ó el matrimonio ó la ausencia.

Mitral se alejó de la enamorada y bella campesina dejándola bañada en llanto, y arrojándole
á su voraz dolor, como miserable entretenimiento,
la promesa del pronto regreso.

Pasó á Roma, la ciudad del pasado poderío de
la espada y del presente poderío de la Cruz,
y de allí á Atenas, cuya gloria parece en el
lejano horizonte de la antigüedad aurora esplen-
dorosa del saber humano.

Después de visitar las más célebres ciudades
de Grecia fué á Jerusalem, teatro del gran crimen ;
y al regresar tocó en Egipto, cuyos notables mo-
numentos le atraían ; luego estuvo en España,
patria del heroísmo ; y por último en Nueva York

y en otras ciudades angloamericanas, donde se
convenció de cuán cierto es que en el seno de la
libertad se resuelven todos los problemas sociales
y políticos.

———

A Mariana le ha parecido Daniel más gallardo que antes. Los viajes, la variedad de climas,
el gozar sin exceso y las expansiones del espíritu
ante las maravillas del arte y los prodigios de la
naturaleza, han acentuado su varonil belleza y
desenvuelto su apostura.

La pasión aquella que nació al rumor de las
olas que se estrellaban contra el sólido malecón
de Macuto, y que creció veloz cabe la fronda por
entre la cual se desliza el humilde río que baja del
vecino cerro y va, cargando flores, á rendir su
líquido tributo al mar Caribe; aquella pasión, no
muerta por la ausencia, sino adormecida por el
tiempo, despierta con más vigor, levántase en el
pecho de Mariana y se apresta á imponer de nuevo su voluntad.

Daniel, por su parte, ha comprendido que no
se trata de una reconquista, para lo cual hay que
vencer resistencias, sino de la reocupación de una
propiedad que está á su orden. De consiguiente,
piensa que todo es asunto de una ocasión propicia
y nada más.

El se pasea por la avenida de norte á sur de
la Plaza Bolívar, pensando en los venturosos días
que lo esperan. Sobre todo, le causa complacencia la circunstancia de que no habrá lugar á excesos perjudiciales á la salud, porque ahora será
él quien indique las ocasiones, y no volverá fan-

tasma alguno á interrumpirle el sueño tocándole en la puerta del cuarto con la mano más blanca y bella del mundo.

En el triángulo suroeste de la alameda, bajo una hermosa acacia, se ha formado un grupo de amigos de Daniel, quien al verlos siente deseos de tomar parte en su animada conversación.

—Buenas tardes, amigos—dice incorporándose.

—¡Salud! Mitral—contestan todos.

Como ya está dicho que la conversación es animada, huelga agregar que la política es el tema de ella. No de tal modo se ventilan entre venezolanos otras cuestiones.

El provocador de la discusión es Adelaido Mena, joven pequeño y delgado, de ojos soñolientos y verdosos, de escasísimos bigotes y de pelo castaño, pero tan recio, que forma contraste con su color y con la palidez de su tez, lo cual lo coloca en el número de los que Pedro Villanueva llama *catires á la fuerza*.

Adelaido es un perpetuo empleado público, y pasa de una administración á otra, y de este á aquel ministerio con la misma naturalidad y presteza con que un perico vuela de una hacienda á otra y de esta á aquella mata de cacao.

A nadie sorprendería esto si debiese sus nombramientos á relevantes y raras cualidades que en todo tiempo lo recomendasen; porque al fin y al cabo el mérito debe ser protegido y lo útil utilizado; pero no posee ninguna cualidad que merezca mencionarse. Es cínico por naturaleza y por estudio; por instinto y por cálculo, y á menudo dice que «la política es el arte de guardar equilibrio en la cuer-

da del presupuesto, teniendo por balanza la desver-
güenza.»

Con la mayor despreocupación confiesa su ser-
vilismo; pero haciendo al mismo tiempo alarde de
la compensación que le reporta. Reconoce que
Fulano y Zutano son más dignos que él; pero hace
constar también que jamás se ha visto obligado á
empeñar los muebles de su casa; que nunca ha
padecido privaciones, y que á pesar de todo, en todas partes lo acatan, y que nadie huye de él, porque en nadie infunde el temor de pedirle prestado.

Para él la dignidad no es sino una palabra
hueca, cuyo sinónimo en el vocabulario de la vida
real es *hambre*.

Esta opinión acaba de emitirla ante el grupo
de amigos que están bajo la acacia de la Plaza Bolívar, y luego añade sentenciosamente:

—Y es con comida con lo que debe llenarse
esa palabra. Y para lograrlo, es preciso conseguir
dinero á todo trance.

—A todo trance nó—dice Marcano Rojas.—
Trabajando con honradez.

—¡Bah! No me vengas con frases hechas.
¿Quién ignora el consejo que daba cierto padre á
su hijo? «Haz dinero honradamente, le decía;
pero si no pudieres hacerlo así, haz dinero.»

—Según eso, tú......

—Estoy dispuesto á cantar al són que me to-
quen; pues bien convencido estoy de que nada vale
un corazón altivo junto á un estómago vacío.

—Calumnias de ese modo á la opinión pública
—dice Mariano Villarroel dándose un tirón en el
bigote—la cual sabe despreciar á los viles y hala-
gar á los dignos.

—¡Parece increíble—exclama Adelaido lanzando una carcajada—que á estas horas haya quien crea aún en los halagos de la opinión pública! Lo que hay de cierto, amigos míos, son los favores del Poder, y es á eso á lo que siempre aspiro.

—Y yo también, y todos—dice Jorge Paz—pero cuando el Poder es popular; pues sólo entonces son honrosos sus favores.

—Siempre; siempre. En todo caso.

En diciendo esto Adelaido, cae de las ramas de la acacia ligera llovizna sobre los circunstantes, y en seguida añade Jorge:

—Los favores que los tiranos, desde las alturas del Poder, dispensan á sus servidores, envileciéndolos en vez de honrarlos, son como las lloviznas con que las chicharras, desde lo alto de los árboles, riegan las flores, apestándolas y marchitándolas en lugar de perfumarlas y revivirlas.

Este oportuno símil es aplaudido por casi todos los presentes, y produce cierto azoramiento en el joven que presume de político hábil y en dos ó tres que piensan como él.

—Sea como fuere—dice Adelaido reponiéndose—es deber de todo hombre no dejarse morir de hambre.

—Para eso cuenta con el trabajo—replica Mariano Escalona.

—¿Hablas de trabajar en un país donde todo trabajador es despreciado ó esquilmado?

—Esa es una verdad tan relativa—dice Jorge Paz—como la de que todo puesto público es un mollejón que gasta reputaciones y prestigios con asombrosa rapidez.

Jorge Paz es el reverso de Adelaido Mena. La aversión á los empleos oficiales es en él idiosincrático. No conoce la tolerancia; no la ha

visto jamás, ni á cien leguas. Todo lo que pertenece al Gobierno le parece pésimo, y según él,
ningún gobernante merece ni una sola frase de
encomio. Sueña perennemente con revueltas ci-
viles, y aún no ha entrado una revolución en el
Capitolio, cuando ya él se está alistando en las
filas de la oposición. Es lo que pudiéramos llamar un *pan-revolucionario*, y el día en que no
pueda conspirar, probablemente se morirá de
hastío.

—Según tu modo de pensar—pregúntale Adelaido Mena—¿ basta ejercer un cargo público para
deshonrarse ?

—Casi, casi—contesta Jorge Paz.—Y eso será
así hasta que se dé una buena barrida en las oficinas públicas, con escoba de alambre, para que
desaparezcan los empleados tradicionales, los de
puro favor ; los que son inamovibles, no por idó-
neos, sino porque se prestan á todo lo que de ellos
pretenden sus superiores.

—Servir á la Nación nunca puede ser afrentoso.

—A la Nación no ; pero la costumbre casi
general entre nosotros es servir ó á un hombre, ó únicamente á los propios y particulares intereses, con prescindencia de otra cualquiera consideración. Tristeza da decirlo, pero es lo cierto
que en pisando uno las gradas del Poder, sirve
de blanco á los disparos de la opinión pública.
Y lo peor es que no bastan para librarse de ello,
ni la buena voluntad, ni aun el mismo buen com-
portamiento. ¡ Que á tánto llegan las consecuencias de inveterados desaciertos !

—¿ Podrás decirme á qué partido perteneces ?
—le pregunta Adelaido con segunda intención.

—No te importa saberlo, ni viene al caso mi filiación política–contesta Jorge.

—Pero en algún partido debes de estar afiliado. ¿Por qué lo ocultas?

—Pues bien; ya que quieres saberlo, me valdré para contestarte de cierta expresión original de un amigo mío: pertenezco al *antivagabundismo* de que me hablaba ayer tarde Manuel Blanco.

—¿Al antivagabundismo? No conozco ese partido.

—Pero sí debes de conocer el vagabundismo.

A estas frases suceden otras más agrias, y de esta suerte los discutidores van amostazándose hasta que, por haberse incorporado varios jóvenes literatos, de los que marchan á lo porvenir conquistando fama, cámbiase el tema de la conversación de acuerdo con los preferentes gustos de los recién llegados. Retíranse dos ó tres que sólo quieren hablar de política en toda ocasión, y entonces Coll y Eliezer Pettit y Key Ayala y Rafael Silva y Esteves Buroz y Maximiliano Guevara y otros se comunican libremente sus sensaciones literarias con motivo de recientes lecturas.

Felices de aquellos cuyos espíritus pueden pasearse por los campos amenos que ha cultivado la intelectualidad, porque allí abundan flores de ingenio que perfuman la existencia de los que son capaces de amarlas.

La literatura es el más bello jardín del alma, y para comprender su riqueza y calcular cuántas delicias atesora, basta oír á un grupo de literatos cuando están comunicándose las impresiones sentidas durante la lectura de obras notables.

Sensible es que en Caracas no haya sociedades literarias que contribuyan al desarrollo intelectual de la generación que va á conquistar lo porvenir. Aun recordamos complacidos la valiosa labor de los «Amantes del Saber», asociación que cedió el campo al «Centro Científico y Literario», que no supo conservarlo, y cuya prematura muerte débese en primer término á lo que al principio pareció signo favorable para que alcanzase inmenso desarrollo : á la circunstancia de haber nacido excesivamente grande, fenomenal.

El día de la instalación de dicho Centro se contaron más de ciento veinte miembros que, colocados en la Babel de una demagogia literaria, no pudieron entenderse ni aun para la redacción del artículo primero del reglamento que muchos juzgaban innecesario.

Era de verse aquella confusión, aquella anarquía, no obstante haber sido adoptado provisionalmente un reglamento ajeno. Y entonces dijo alguien :—«Si esto es con reglamento, que sería sin él ?»

El fracaso de aquella sociedad, que tanto prometía, parece que ha impedido la formación de otras, lo cual es en alto grado sensible, porque los institutos literarios son indispensables para el progreso intelectual de los pueblos.

Aquí, donde casi todos los gremios han constituido asociaciones, no existe ninguna compuesta de literatos, muchos de los cuales, atrayéndose mutuamente para disfrutar del placer de comunicarse sus ideas y sensaciones, suelen formar corros en algunas oficinas de redacción, entre los cuales es el más numeroso el de «La Semana»; ó de tarde en la Plaza Bolívar, con riesgo de que á lo mejor de una disertación se presente algún conspirador de oficio pidiendo noticias de la guerra, que nunca falta en Venezuela; ó algún gomoso hablando de Fulanita, á quien acaba de ver, ó de Zutanita, á quien no ve desde hace muchos días; tal como sucede en esta ocasión en que, al tiempo en que Pedro-Emilio Coll comunica á sus oyentes, con fácil palabra, las impresiones adquiridas en la lectura de un drama de Tolstoy, llega Luis Albañales retorciéndose el bigotito y preguntando:

—¿Es cierto que derrotaron al Gobierno en Bachaqueros?

—Ya estamos hartos de bolas—responde Fernández García.

—Pues me lo acaban de asegurar.

—Entonces te felicito.

—¿Y de San Joaquín qué sabéis?

—Que es allá donde hacen los biscochitos más sabrosos del mundo—contesta Rafael Silva.

—Pues yo sé de muy buena tinta que el Jefe Civil se alzó.

—Que le aproveche. Continúa, Pedro Emilio.

El conspiradorzuelo se acerca misteriosamente á Manuel Felipe Rodríguez, le dice un secreto al oído y se aleja.

Rodríguez se desternilla de risa.

—¿Qué te dijo?—le pregunta Castillo Medina.

—Que como él es amigo mío, y me estima mucho, me aconseja que me recoja temprano, porque esta noche puede ocurrir algo fenomenal.

—Más fenómeno será él—añade Castillo Medina.

No bien ha cogido el narrador la punta del interrumpido relato, cuando se presenta Fidel Lemosin, á quien llaman *Guirirí*, y sin saludar exclama:

—¡Caramba! Qué bella está Luisita! Acabo de verla en la calle : es un pimpollo.

—¿Y por qué no la seguiste?

—Porque entró en la Santa Capilla.

—Pues anda á plantarte en la esquina y cuando salga, acompáñala-hasta su casa—dice Jacinto Añez.

—La cosa es que no tengo amistad con ella.

—No importa : ella se considerará sumamente honrada por tu compañía.

—¿Lo crees así?

—¡Cómo que si lo creo!

Se va Güirirí.

—¡Gracias á Dios! Continúa, Pedro Emilio.

Decretado ha sido por el demonio que maneja á los fantoches de la necedad que el autor de «Palabras» no ha de concluir la emisión de las ideas relativas al drama del gran ruso ; pues en yéndose el segundo importuno, llega el tercero, Bruno Vargas, y dice :

—He hecho un gran descubrimiento, amigos míos : la enfermedad de Celia Sulines es misteriosa. Os aseguro que en eso hay gato en mochila ; ó mejor dicho : criatura en vientre.

—Pero ninguno de nosotros tiene que ver en eso—dice Pedro Manuel Ruiz—Continúa, Pedro Emilio.

—¿Y de qué estabais hablando?

—De cosas que no entiendes. Continúa, Pedro Emilio.

—De literatura, seguramente. La 'mejor literatura, convenceos de ello, amigos míos, es lo que diariamente pasa en la vida social ; verbigracia : esas misteriosas enfermedades de muchachas á quienes no dejan ver de nadie. Mis hermanas fueron ayer á visitar á Celia, y por nada las dejaron entrar en el cuarto de ella. Y todo era misterio; á nada contestaron con claridad los de la casa, y cuando les preguntaban qué médicos habían visto á la enferma, se azoraban de un modo muy comprometedor. Mi hermana mayor, que es muy viva, les recomendó al doctor Aguerrevere, que es especialista para esos casos; y ya sabéis que dicho doctor se distingue como partero.

Este Felipita Menjil con pantalones sigue rasgando reputaciones con su perversa lengua, y bien pronto queda dueño único del campo; pues los jóvenes literatos lo abandonan, para pasearse algunos, y otros para engrosar el animado grupo donde Vicente Pimentel, después de haber sacado del copioso estuche de su memoria varias anécdotas interesantes y algunos chistosos cuentos, sustenta en una discusión gramatical los preceptos académicos contra Fortoult Hurtado, á quien en lo relativo á *les* y *los* le parecen impugnables.

Entrambos se tratan como con guantes de seda; como debe discutirse entre caballeros: aquél reconociendo y descubriéndose ante la autoridad literaria de Fortoult Hurtado, y éste sorprendiéndose á cada instante de ver que bajo la modestia de Pimentel se oculten tantos y tan sólidos conocimientos filológicos, que ya quisieran para su cacumen muchos que viven de la pluma, que presumen de literatos, y que bien los necesitan.

Pimentel sostiene que el lenguaje, como la medida del tiempo, es asunto de pura convención, y que así como en lo relativo á las horas debemos atenernos al reloj de la Catedral, si queremos marchar todos de acuerdo, en lo tocante al habla hay que atenerse á la Academia, si se desea una norma para la correcta expresión de las ideas.

Pasa á la sazón el doctor Villalobos y ambos contrincantes lo llaman, pues juzgan muy oportuna su llegada para que eche en uno de los platillos de la discusión el peso considerable de su autorizado dictamen; pero al mismo tiempo llega Bruno Vargas (el Felipita Menjil con pantalones) preguntando si conocen la causa de la misteriosa enfermedad de Celia Sulines, y refiriendo los pormenores de la visita que le hicieron sus hermanas, de quienes no dejaron verla, lo cual, según él, es harto significativo.

En vano aquellos amantes del buen decir intentan restablecer la discusión: el grupo se disuelve, pues Bruno Vargas se opone á ello esgrimiendo, como florete emponzoñado, la terrible lengua con que va por doquiera pinchando reputaciones é inoculando veneno.

II

En la noche del siguiente día, después de las ocho, Mila se halla asomada á una ventana de su casa, y Mariana, que ocupa una poltrona de damasco, frente á un espejo de cuerpo entero, recréase en la contemplación de su hermosa persona, cerciorándose de si aún dispone del poder seductor desplegado en otro tiempo.

La sala está lujosamente amueblada, como de gente rica al fin, y de buen gusto. En un extremo, sendos retratos al óleo de los dueños de la casa y de la hija; en el otro, un gran espejo de primera clase, y á ambos lados dos artísticos jarrones de estilo japonés; entre las dos ventanas un magnífico piano americano, en el centro una pequeña mesa dorada con álbumes y objetos de arte; entre las dos puertas una elegante juguetera donde el capricho y el dinero han reunido primores admirables; en las paredes, pocos, pero valiosos cuadros; y convenientemente colocados dos divanes, cuatro poltronas y varias sillas, todo de alto precio, como lo son también la fina alfombra y las elegantes cortinas.

Mila vuelve la mirada hacia adentro de cuando en cuando, es decir: al pasar por la calle alguno de los muchos jovencitos que aspiran á ser dueños de su corazón, de su belleza y de su caudal.

Retirando así la vista para evitar sus saludos quiere ella demostrarles que sus pretensiones, lejos de agradarles, la incomodan. Pero ellos, ó no lo advierten por presuntuosos, ó menosprecian la advertencia, creyendo posible vencer su resistencia perseverando en el ir y venir de esquina á esquina.

El que más molesta á la asediada niña es Perucho, sobrino de un Ministro del Despacho, que á cada rato nombra á su tío, como si le fuera necesario recordar tan notable parentesco para que le oigan con paciencia las simplezas que salen de su boca, tan pronto como de ella desaparece el escarbadientes que emplea, no como utensilio necesario en ciertos casos, sino como adorno de que no puede prescindir para completar los detalles que dan apostura á la ilustre persona de un sobrino ministerial.

De diversos modos ha hecho saber Perucho á Mila que él tiene un tío ministro; pero la muy tonta como que no le ha dado importancia alguna á tan grave advertencia; pues en viendo que él se separa del farol, junto al cual hace guardia todas las noches, y se encamina á la casa de su adorada, ella, ó se aleja de la ventana ó vuelve la mirada hacia adentro hasta que calcula que el sobrino del ministro ha llegado al otro farol, de cuyo pilar suele recostarse para escarbarse los dientes con la comodidad que requieren las ocupaciones favoritas.

A veces, mareada por las idas y venidas de sus pretendientes, la señorita Aragón se retira de la ventana, pero la necesidad de respirar el aire fresco de la calle y el aburrimiento de la soledad, la llevan otra vez allí, lo cual cada aspirante se explica á su manera, con menoscabo de la verdad y para expansión de la propia vanidad.

Bien merece la encantadora niña cuantas demostraciones de admiración se le puedan dirigir, porque son cuantiosos sus bienes de fortuna, notable su belleza y de todos conocidos su candor y su modestia ; pero es de advertir que no pertenece al número de jovencitas que, en vistiéndose por vez primera de largo, se procuran un novio, como si ello fuese indispensable para caracterizar bien el papel de núbil señorita.

A Mila siempre le han desagradado la desfachatez y desenvoltura exagerada de algunas de sus amiguitas, á quienes ha oído hacer alardes de los deslices cometidos en frecuentes y transitorios amoríos, que no son sino zarzales donde dejan sus blancos vellones el candor y la inocencia.

¿ Por qué se enemistó con su antigua amiguita Carmen, la que vive enfrente ? Porque una noche la sorprendió dándole un beso por la ventana á Manuelito, uno de los que ahora le están haciendo la corte.

No faltaba más, sino que ella fuera á corresponder al amor de un mozalbete que de tal modo se conduce con las niñitas que enamora !

No cree que ha nacido para solterona *vistesantos*, pero tratará de no incurrir en el pecado de dejar que le marchiten la flor de su inocencia, que es el presente más valioso que ofrecerse puede, junto con la mano de esposa, al amado compañero del hogar.

No quiere ella que sus labios se abran al beso

del amor antes de que pronuncien el *sí* al pie de
los altares, ni que la imagen del que sea su dueño
viva entre cenizas de otros ídolos ; y anhela conservar las primicias de su corazón para el que per-
sonifique el ideal de esposo surgido en sus ensueños de virgen que ya siente á distancia la influencia inevitable de la eterna ley del amor.

Mila está en esa edad en que la niña, dejando de querer á sus muñecas, siente de modo
vago, confuso, sin poder definir lo que le pasa, el
deseo de beber en la fuente de poesía y de placeres
cuyo murmurio es canto que llena tantas páginas
del gran libro de la existencia universal. Pero
como nadie la aventaja en fundamento, el ramillete
de sus quince abriles no será por cierto para regalo
y entretenimiento de ninguno de los ocho ó diez
barbilindos que, con escarbadientes ó sin él, sobri-
nos ó simples prójimos de ministros, se paran en
las esquinas y se recuestan de los pilares del alum-
brado público, como medio, el más eficaz según
ellos, de demostrar el fuego que les arde en el
pecho.

Él dulcísimo mirar de los ojos garzos de la
señorita Aragón es quizás el atractivo que sobresa-
le entre los muchos que su rostro tiene. Sus grandes pupilas, siempre serenas ; sus largas pestañas
y la expresión de candor que de entre ellas surge,
forman angelical conjunto, á cuya vista experimenta el alma puras y perdurables sensaciones.
Después sigue su tez de nieve y rosa, á la cual
úno no se atreve á mirar detenidamente por temor
de menoscabar su pureza y de ajar su incomparable tersura.

Acaso sea demasiado pequeña su boquita; pero
es innegable que al verla sienten envidia las mu-

jeres, y que á los hombres les palpita entre los labios la sed del beso, al mismo tiempo que se les sobrecoge el corazón por el temor que infunden los pensamientos sacrílegos.

Sólo la cabellera de Mariana puede competir con la de Mila en abundancia; pero quedando en pie la interrogación de si es preferible el negro azabache de la primera ó el rubio oscuro de la otra.

En cuanto á la esbeltez de su cuerpo, derrochador de donaire y gracia, no es posible admitir rivalidad alguna. El andar de esta niña es á paso de vencedora que va por doquiera conquistando corazones.

De su educación moral basta decir que es obra de su madre, quien á fuer de tal y mediante su acopio de experiencia, ha logrado infundir en su hija nobles sentimientos é ideas adecuadas para alumbrarle el escabroso y oscuro camino de la existencia.

Las mujeres que han pecado por desgracia, y no por especulación ni por vicio, son madres expertísimas en lo de evitar que sus hijas vayan por la mala senda; pues conocedoras de cuánto influyen las circunstancias en los acontecimientos humanos, dedican todos sus cuidados á ampararlas de lo que pueda empujarlas hacia el mal; sobre todo de aquellos incidentes que determinaron la propia caída.

Mariana tiene muy presente que el alejamiento de la sociedad que le impuso su padre fue el principio de su infortunio; pues por eso, por estar acostumbrada á tratar con gente inculta nada más, fue por lo que no pudo conocer la pésima estofa del pretendiente que, sólo con su apuesta figura, muy distinta de la de los peones de la hacienda donde

vivía, logró avasallarle el corazón. De ahí el empeño con que procura que su hija tenga relaciones
sociales con jóvenes escogidos hábilmente por ella,
de modo que las pretensiones de cualquiera de ellos
á la mano de la niña puedan merecer su aprobación, si fueren correspondidas.

Para ejecutar su plan Mariana reúne en su
casa todos los miércoles á un grupo de personas
notables, entre las cuales se cuentan diez ó doce
señoritas y siete ó nueve caballeros, muy distin-
guidos por sus cualidades morales y por sus facultades intelectuales.

—No quiero que visite mi casa—dice á menudo la señora de Aragón—ningún joven que pueda
no gustarme para marido de mi hija.

Y de acuerdo con ese modo de pensar, no acepta presentaciones espontáneas, sino las solicita
después de haber averiguado bien todo lo que se
relacione con el candidato á su amistad. Son estas
precauciones, según ella, indispensables; pues la
corrupción que ha inutilizado á gran parte de la
juventud no es para remitirse á dudas, y quiere
evitar á todo trance que el día menos pensado
cualquier libertino de gallardo aspecto y seductor
decir conquiste el corazón de su hija. De ahí que
los «miércoles» de la familia Aragón sean censura·
dos por lo que muchos llaman «incomprensible
exclusivismo;» pero es innegable que son en alto
grado amenos, pues en el seno de la más exquisita
cordialidad se representan charadas, se recitan poesías, se canta, se baila, se hacen juegos de mano y
de salón, se toman helados y otros refrescos, se
conversa de todo, menos de política; en fin, se pasan las horas como muy bien pudieran pasarlas
tantas familias que, teniendo los medios de procu-

rarlo, jamás celebran ni una reunión en sus casas,
cuyos salones permanecen desiertos, ó con el lasti-
moso espectáculo de unas señoritas que, asomadas
á la ventana, se aburren de manera horrible en la
flor de la edad.

Mediante el sistema ideado por Mariana, su
hija, á los quince años, tiene ideas fijas y precisas
respecto del mérito de los caballeros; pues ya ha
hecho comparaciones entre los que visitan su casa
y otros á quienes ocasionalmente ha conocido en
las de algunas amigas.

Es por eso por lo que ve con tanto menosprecio á los rondadores nocturnos que, pasando de
esquina á esquina y limpiándose los dientes al pie
de los faroles, creen que pueden conquistar el corazón, la mano y el caudal de la única heredera de
los Aragones.

Bien haya, pues, la experiencia de la madre
infortunada y pecadora que de su infortunio y de
su pecado saca recursos para apartar á su hija de
la mala senda.

¿Qué le resta por desear? Sólo perseverancia
para no quebrantar el propósito de no permitir que
visite su casa ningún joven indigno de ser su
yerno.

III

El reloj del comedor da las nueve de la noche. Mariana se levanta, acércase al gran espejo, arregla con esmero los adornos de su traje rojo, pásase varias veces la punta de los dedos índices por las cejas, se retira, torna á acercarse, encrespa dos pequeños rizos que le exornan la nuca, y concluye con lo que desde hacía largo tiempo no acostumbraba : ensayando una sonrisa.

Es miércoles, y la hora en que comienzan á llegar los convidados.

Entran don Laurencio Casil y sus hijas. Honorable anciano es él, y dos bellas señoritas son las herederas únicas de su respetable nombre y de sus cuantiosos bienes de fortuna.

Don Laurencio, después de preguntar por don Leonardo, va á su pieza, que es la tercera de la casa, y está entre la de Mila, que sigue á la sala, y la de Mariana, que es la más grande de todas.

Las damas se abrazan y se dan sendos besos, siguiendo así la chocante costumbre que es una de las más grandes calamidades sociales de necesaria

extirpación. Las primeras señoras y señoritas que
entran se besan con gusto ó con indiferencia; pero
en qué aprieto se ven cuando llega Mauricia Farfán acompañando á su sobrina, la rubia Cecilia!

La tal Mauricia es una solterona de cuarenta
y ocho años, que posee las muelas más picadas de
que tienen noticia las crónicas de las bocas desa-
seadas. Su cutis es amarillento y áspero, sus dientes parecen granos de café semi tostados, y cada
palabra que pronuncia es como el estornudo de
una cloaca.

Ahora, figuraos el suplicio de tener que cambiar un beso con ella.

Su sobrina, en cambio, es una joya; y de las
invitaciones que se le hacen para que amenice las
fiestas con su talento y gracia incomparable, se
aprovecha aquélla, porque es la única que puede
acompañarla, pues Cecilia no tiene padre ni hermanos, y á su madre, que padece de la vista, los
médicos le han prohibido trasnochar.

Cecilia canta muy bien, y declama mejor;
toca el piano y la guitarra con maestría, y en su
privilegiada memoria conserva multitud de poesías,
melopeyas, galerones y corridos; todo selecto, con
lo cual ameniza los saraos, á tal punto, que en
acostumbrándose á su presencia se sentirá tristeza
donde ella no esté esparciendo el caudal de sus
gracias.

A los veinte minutos ya están presentes casi
todos los invitados, y gradualmente va animándose
la tertulia.

Mila está entre dos caballeros, ambos muy
apreciables y muy enamorados de ella. Son los
que más se distinguen galanteándola; pero la niña
no demuestra preferencia por ninguno, y á todos

atiende con la exquisita cultura que le ha dado su
madre.   El de la derecha se llama Alfredo Jacinto
Silva, y el de la izquierda Luis Durán Montiel.
El úno tiene gracia, imaginación y dinero; el ótro
ilustración y talento: ambos son simpáticos y
apuestos.   Diríase que en este instante están en
match de galantería.

Es de ver á Mila cómo, en medio de dos gala-
nes tan expertos, se conduce con destreza, oyendo
los requiebros con naturalidad admirable, como
quien conoce muy bien el valor de tales palabras,
y sin dar la más leve muestra de envanecimiento
por verse de tal modo galanteada.

'Su madre le ha dicho con frecuencia que no
se decida por ningún pretendiente antes de hallarse bien convencida de que está realmente apasionada; pues acontece en asuntos de amor que meras
simpatías son á las veces confundidas con el sublime sentimiento que es la base del matrimonio feliz,
y á poco andar se extinguen ó se apartan para ceder
el puésto al verdadero amor, lo cual tiene trascendencia lamentable si á las primitivas simpatías se
les ha dado importancia mayor de la que realmente
merecían.

Que no hay que apresurarse en elegir novio,
es uno de los consejos maternales que Mila oye á
menudo.   Y á fe que le parece bueno y de fácil
observancia, porque su edad temprana, el amor que
á sus padres profesa, los cuidados y mimos de su
madre y el bienestar de que disfruta en su casa, son
atractivos que le hacen amar la vida de soltera, de
la cual sólo tienen prisa en salir las muchachas
que aman ó las que, viendo casi madura su juventud, quieren aprovechar la primera ocasión propicia

para renunciar la candidatura á la nada apetecible dignidad de vestir imágenes.

Pero como Mila no se halla en ninguno de esos casos, procede según las indicaciones de Mariana, y nadie podría decir hacia cual de los pretendientes se inclina su preferencia.

Algunas de las antiguas amigas de la casa, de esas á quienes mucho agrada intervenir en la gestación de todo matrimonio, para luego citarlo como obra meritoria que les halaga el orgullo, han tratado de inducir á Mila á que se decida por tal ó cual joven, acompañando sus oficiosas insinuaciones con extensos elogios á sus respectivos candidatos. Una de las que han tomado la cosa más á pecho es la solterona Mauricia Farfán, la tía de Cecilia; pues no se cansa de ensalzar las bellas cualidades físicas y morales de Javier Bravo Farfán, su primo en tercer grado de consanguinidad.

De justicia es decir que Javier merece todas las alabanzas que á menudo le dedica su prima; pero indudablemente es el que menos motivos tiene para forjarse ilusiones; pues con él no es tan atenta Mila como con otros, acaso porque esas alabanzas, al salir por boca tan desaseada, pierdan toda su virtud sugestiva y adquieran, en cambio, poder contrario á la fecundación de la semilla del amor.

En efecto, sin que la señorita Aragón pueda evitarlo, cada vez que Mauricia Farfán se le acerca para mencionar las buenas cualidades de su primo, al mismo tiempo que se ve obligada á volver la cara á un lado huyéndole á las emanaciones de las muelas picadas, siente instintiva repulsión hacia el joven elogiado, no obstante comprender cuán digno es de las referencias que de él hace su prima.

Tal sucede en otros casos y en otras esferas:

pues, por ejemplo, basta que una pluma pervertida
y manchada con el cieno de la adulación alabe frecuentemente á un personaje político, para que, aunque sean innegables las buenas cualidades del elogiado, á la opinión pública le acontezca respecto á
él lo que á Mila con el primo tercero de la solterona Mauricia Farfán.

———

Han llegado ya todos los tertulianos de costumbre, pero Mariana revela la inquietud y la impaciencia de los que esperan temerosos de esperar
en vano.

De cuando en cuando se asoma á la ventana
y con más frecuencia mira el pequeñito reloj de
oro, adornado de brillantes, que lleva al pecho.

Está además esta noche más presumida que
de costumbre, pues no pasa por delante del espejo
sin que disimuladamente se encrespe los rizos de
la nuca, se arregle los adornos del hermoso vestido
rojo, se pase la punta de los índices por las cejas,
y ensaye una de las amorosas sonrisas que ya tenía olvidadas.

Entra Daniel Mitral.

Los visitantes se sorprenden al ver á un desconocido, porque las incorporaciones á las tertulias
de la familia Aragón son muy raras, y porque
hacía largo tiempo no se efectuaba ninguna. Por
la importancia y distinción que estas tertulias han
adquirido, considérase á todos los que á ellas concurren como séres privilegiados, y basta que un
joven soltero sea invitado, para que al punto se le
supongan excepcionales cualidades morales; pues
bien conocido es el esmero con que la señora de

Aragón elige á los que han de estar en sociedad con su hija.

La inquietud desaparece del rostro de Mariana y muéstrase radiante, con la mirada vivaz y con los labios animados por una de esas sonrisas que son como avanzadas de las íntimas satisfacciones del alma.

Después de las presentaciones de estilo comienzan los actos del programa. El primer número es un fragmento de «Aída» que á cuatro manos tocan en el piano las Casiles; después Cecilia recita una melopeya acompañada de Redescal Uzcátegui, quien en seguida se hace aplaudir por la admirable manera con que toca el «trémolo» de Gottchalk.

Así van trascurriendo las horas, gratas y breves, amenizadas, ya por la voz dulcísima de Mila que canta el aria de las joyas, de *Fausto;* ya por las dotes declamatorias de Germán Stelling y Durán Montiel, que recitan la «Vuelta á la Patria» y la «Oración por Todos», respectivamente; ya por algunas charadas que representan varios jóvenes; y por valses, cuadrillas y otros entretenimientos tan cultos como gratos.

Mariana y Daniel tratan de no dirigirse en público la palabra, porque gran trabajo les cuesta tratarse de *usted* y temen tutearse por descuido.

Por un momento se encuentran solos en un extremo del amplio salón, y ella le dice :

—Creí que ya no vendrías.

—A punto estuve de no entrar.

—¿ Por qué ?

—Porque habiéndote llamado el viernes por el teléfono para anunciarte una visita ; es decir, al día siguiente de habernos encontrado en la Plaza

Bolívar, me dijiste que me esperase hasta que me
avisaras, y después de varios días me invitaste ayer
para que viniera esta noche. Antes de las nueve
pasé por aquí, pero habiendo visto á varias personas, seguí para aguardar que se fueràn; volví á
pasar poco después y entonces ví que se había
aumentado el número de visitantes. Como un amigo me informó en la esquina de arriba de que hay
aquí tertulia todos los miércoles, mucho extrañé,
y más me disgustó, que me hubieras obligado á
esperar el día en que menos libertad tendríamos
para vernos y hablarnos.

—No debes extrañar mi proceder. Lo que te
han dicho es la verdad. Los miércoles son los días
que he destinado para recibir á *mis amigos*.

Al decir Mariana *mis amigos* hace un mohín
como queriendo significar la intención de esas palabras. Daniel lo advierte y le dice:

—Convengo en que, habiéndote hecho variar
el tiempo y la ausencia, sólo me tengas ya por
amigo; pero como yo aspiraba á que de algún modo me distinguieras de los demás, siquiera por derecho de antigüedad, que no por otros motivos,
supuse que me recibirías cuando pudiera verte y
hablarte con más libertad.

—¿Y para qué hemos de desear esa mayor libertad, si para nada la necesitamos, puesto que
en lo sucesivo nuestras relaciones no han de ser
distintas de las que mantengo con los otros caballeros aquí presentes?

—¿En nada; en nada se han de diferenciar?

—Absolutamente en nada. Puedes visitarme
como amigo de la casa, pues siempre me será grato recibirte; pero sin hacer contigo ninguna excepción que pudiera producir sorpresa ó extrañeza

entre mis amigos y en mi hija ; pues has de saber que así como los tiempos no son los .mismos, las circunstancias también han variado. Eres bastante inteligente para comprender esto sin que sea menester que te lo demuestre.

—Lo que yo comprendo, con gran dolor de mi alma, es que ya no me amas.

Dice Daniel esta frase con tal expresión de tristeza, que Mariana se conmueve y baja los ojos, acaso para ocultarle á su antiguo amante lo que ellos reflejan.

¿Y qué es lo que reflejan? La lucha ruda y tenaz que en su alma libran el viejo amor contra el nuevo deber, y los renacientes anhelos contra los últimos propósitos.

Ese amor, no debilitado, sino antes bien robustecido por la ausencia; pues no olvida nunca el sér humano la fuente donde ha bebido los más dulces deleites y donde otra vez puede ˗beberlos; y esos anhelos que forja por millares la mente, al conjuro de gratísimos recuerdos, y que surgen en el corazón como adormecidas vibraciones de remotos goces, bregan contra el deber de madre que quiere ofrendar sacrificios á la dicha de su hija ; y por aniquilar los propósitos que ese deber ha improvisado.

Y esos propósitos son de nueva vida ; son el resultado de largas reflexiones y de muchas horas de insomnio.

En la tarde aquella en que casualmente se hallaron en la Plaza Bolívar, fue para Mariana tan viva la sensación de placer, y de tal modo vinieron los recuerdos de otros días á fascinarla con mirajes tentadores, que dió rienda suelta á su imaginación

20

para que entrara en la región de lo porvenir sembrando ilusiones, de las cuales debían nacer hermosas y apetecidas realidades.

Así, cuando se separó de su antiguo amante, iba por la calle pensando en él y en el momento en que juntos pudieran recordar los más venturosos días de su vida. Pero llegó la noche, la sombría incubadora de arrepentimientos saludables y de luminosas reflexiones, cuando no está muerta la conciencia ni gangrenado el corazón; y entonces, al reclinar en la almohada la cabeza, su hija la besó en la frente pidiéndole la bendición. Al sonido de ese beso y tras del «Dios te bendiga» que le salió del alma, se irguió en su sér, encadenándole todas las facultades, el deber maternal.

¿Qué pensó en aquella noche? Tántas cosas!......

¿Pudo dormir? Ni un solo instante.

Y al día siguiente, cuando Daniel Mitral le anunció por el teléfono una visita para la noche, le exigió que esperase hasta que ella le avisara. Días después le invitó para la tertulia del próximo miércoles, lo cual ha sorprendido y enojado á Daniel, según se lo ha demostrado con quejas que tienen mucho de pesadumbre y algo de reproche.

Al oír aquella última palabra de Daniel, Mariana se turba de tal modo que, so pretexto de ir á cumplir con una obligación de ama de casa, se aleja presurosa. Quédase él abatido por la nueva actitud de la mujer á quien suponía encadenada aún por aquella pasión vigorosa y fuerte que en Macuto se la entregó sin voluntad de resistirle y sin conciencia de sus grandes deberes.

¿Por qué ese cambio? ¿Es que ya no le ama?

Lejos de sí suponer tal cosa. ¿Acaso no ha

visto otra vez en sus ojos los destellos de la llama
intensa en que se le abrasa el alma ?

¿ Sus sonrisas de ahora son por ventura menos dulces que aquellas que cual gotas de divino
néctar le endulzaron en otro tiempo la existencia ?

Bien cierto está Daniel de que Mariana le
ama todavía, y poco tarda en comprender que es
Mila el obstáculo interpuesto entre los dos.

La que pasó por sobre la honra del marido no
quiere ahora echar á un lado el respeto que le
infunde la hija.

La majestad de la madre aparece ante la conciencia de Daniel resplandeciente ; transfigurando
en excelsa divinidad á la esposa infiel que nada le
negara, á la antigua amante de quien esperaba
nuevas complacencias.

¿ Qué hacer ?

Mientras otros ríen ó cantan ó bailan ó ter-
tulian, Daniel medita. Viendo á Mila piensa que
debe no profanar más los labios que de noche, al
acostarse ella, y al amanecer cuando se levanta le
dicen : «Dios te bendiga»; pero al fijar la vista en
Mariana, al contemplar su boca, roja y provocativa, nido de todas las tentaciones y clavel entreabierto donde liban los geniecillos del deleite el
néctar de todas las delicias ; cuando siente la seducción de su espléndida hermosura ; cuando los
anhelos le golpean en el pecho ; cuando los nervios le vibran y le invaden la mente los recuerdos
en tropel, y se le enciende la sangre, y se le ofusca
el cerebro, entonces quiere vencer á la madre como
en otro tiempo venció á la esposa.

Terribles luchas son las del corazón y la cabeza : las del amor contra el deber.

Daniel, dándose cuenta del problema que las

circunstancias han planteado, se apresta á luchar, primero consigo mismo, pues no fácilmente podrá renunciar al amor de Mariana respetando sus propósitos de enmienda, y después, caso de no poder dominarse, contra el deber maternal que se ha empeñado en poner fuéra del alcance de sus impuros deseos el placer de que en otro tiempo se saciara.

Todo le es desventajoso. En la primera lucha no espera dominar su pasión, porque después de tan larga abstinencia, y de haber visto otra vez á Mariana, aun más bella y voluptuosa que antes, ¿cómo olvidarla? ¿Cómo alejarse de ella? ¿Cómo renunciar á su amor, al ardiente amor que fue tan pródigo de incomparables goces?

Y en cuanto á la brega que ha de sostener con su antigua amante, ¿podrá contar con el triunfo? Antes era Mariana la esposa herida de despecho, la esposa hastiada, abrumada por el deber conyugal, á quien su compañero había abandonado cayendo en medio del camino, vencido por el fardo de las funestas consecuencias del libertinaje. Ahora es ante todo la madre arrepentida que sólo anhela velar por su hija; que á procurar su felicidad se ha consagrado en cuerpo y alma; que quiere poder darle consejos con la cabeza erguida, si no por la pureza, al menos por la firme resolución del sacrificio.

¿Podrá vencer todas esas resistencias?

He ahí una pregunta que parece una esfinge.

A causa de estas reflexiones Daniel Mitral hace en la tertulia un papel poco menos que desairado; pues mientras los demás se divierten á porfía, muéstrase ó indiferente ó preocupado, como si la reunión no tuviese alicientes para él.

Habiendo advertido Mila su actitud, se le acerca y le dice:

—Está usted muy pensativo, señor Mitral. No era ese su modo de ser. ¿Le pesa de haber vuelto á Venezuela ó es que le fastidia nuestra tertulia?

—No, señorita; lo que aún me mortifica—responde Daniel queriendo dar giro humorístico al diálogo—es el recuerdo de aquel disgusto que le dí á usted cuando le quité y solté una mariposa que había cogido en el camino de El Cojo. ¿Lo recuerda usted?

—Esa es una respuesta como otra cualquiera —añade Mila riéndose—pero me resisto á creer que le duren tanto las mortificaciones provenientes de los disgustillos que con muy buena intención dé usted á las niñas que no se apiadan de las inocentes mariposas, que tienen tanto derecho á la vida como nosotros.

—¿Pero no me guarda usted rencor?

—Nunca lo he tenido, y menos por usted, pues siempre le he aplaudido aquella buena acción y, además, recuerdo con cuánto gusto interrumpía su pesca para cederme el anzuelo y buscarme sapozarapos y parchitas de monte.

Si Mila conociera el arte de leer en los semblantes, se asombrara al ver lo que expresa el de Daniel.

Cada palabra de ella ha sido como cruel espina que se le ha clavado en la conciencia, porque son tremendos instrumentos de suplicio los elogios que debieran ser anatemas, y las manifestaciones de gratitud hechas en vez de terribles y merecidas imputaciones.

A esas torturas están expuestos los que, conociendo el deber, no se han ceñido á él; los que delinquen sin estar del todo pervertidos; los que arrojan sobre su conciencia, no inerte aún, el cieno de los grandes pecados. Y tal sucede á Daniel; pero, ¿ha podido evitarlo? En las terribles luchas en que el triunfo ha de ser ó de la materia ó del alma, la vencedora será inevitablemente la que tenga de su parte el mayor número de circunstancias favorables.

Bien quisiera Daniel, y es ese su más vivo pensamiento en presencia de Mila, no apetecer á Mariana como antigua amante; sino respetarla como madre de niña tan angelical y pura; pero para perseverar en ello fuera menester borrar de su memoria lo pasado, extinguir los espejismos con que lo está tentando su impetuosa pasión, y privar á Mariana de ese poder fascinador que no pueden resistir los sentidos, y del cual no le es dable libertarse á quien haya sido dominado por él.

Después de haber cruzado dichos jóvenes algunas frases más, referentes á sus recuerdos de Macuto, Mila invita á Daniel á pasar al ambigú para tomar un helado. Ambos salen de bracero, y al verlos Mariana, siente algo muy raro, algo indefinible, algo como ligera nube que le pasa por el alma, sin dejarle huella alguna, acaso porque sus obligaciones de ama de casa no le permitan detenerse á meditar en ello.

No hay niña más encantadora que Mila; ninguna como ella le habla á el alma el tierno lenguaje que parece un himno de candor, y con el cual la aleja de las vulgaridades mundanas para conducirla por el cielo moral donde esplenden, como estrellas fijas, las virtudes.

Mitral experimenta esa pura seducción, y

mientras oye el dulcísimo acento de su compañera, trata de solidificar la resolución de inmolarle la pasión que siente por su madre, como homenaje á su pureza. Pero más tarde, después de haberse paseado con Mila largo rato, encuéntrase con Mariana en el corredor, le habla á solas, vuelve á ver el brillante lunar que ella tiene algo más abajo de la oreja izquierda y que parece pequeñísima abertura por donde quisiera penetrar el alma, y siente al punto la reacción de sus amorosos anhelos.

—¿ Persistes en negarme una cita ?—le pregunta él.

—¿ Y para qué la deseas ? Ya te lo he dicho y te lo repito cuantas veces sean necesarias : sólo podemos ser en lo sucesivo buenos amigos, y te ruego que respetes mi resolución. Visita mi casa como la visitan otros, los miércoles, y no te empeñes en mortificarte con irrealizables esperanzas y en comprometerme con una persecución imprudente que podría turbar la felicidad de mi hogar.

—Pero—dice Daniel delirante—¿ has podido creer, siquiera por un instante, en la posibilidad de una fría indiferencia ante tus hechizos, hoy más tentadores que nunca ? ¿ Supones que podré renunciar á tu amor, después de haber sido con él incomparablemente feliz ? ¿ Cómo he de verte sin que se me inflame la sangre y sin que se me turbe el cerebro ?

—Pues entonces vuelve á ausentarte. En otros países podrás vivir seis ó diez años más sin pensar siquiera en mí, y cuando regreses, me hallarás sin esos hechizos que tanto te seducen. ¿ Quieres darme esa prueba de amor ?

—¿ Alejarme de tí ? ¡ Jamás !

—¿ Y cómo pudiste marcharte la otra vez, sin despedirte ni aun siquiera por escrito?

—Creí que pudiera regresar antes de que tuvieses noticia de mi ausencia, pero......

—Pero como al llegar á Europa—interrumpe Mariana—te olvidaste de mí, resolviste quedarte seis años. Ahora te ha renacido el capricho que supones amor y quieres que volvamos á las andadas ; pero ya te lo he dicho varias veces : me debo toda á mi hija, y por ella estoy dispuesta hasta á convertir en amistad el amor que aún te profeso.

Mariana se calla, arrepentida de haber pronunciado imprudentemente la palabra *amor*.

—¿ Luego todavía me amas ?

—Pero más amo á mi hija, y el deseo de ser digna de su aprecio es el sentimiento más grande de mi alma, después de mi cariño maternal.

—¿ Quieres que me vuelva á Europa ?

—Sí.

Después de estas palabras ambos guardan silencio. ¿ Qué les pasa ? ¿ En qué piensan ?

A él le pesa de haber hecho pregunta tan temeraria, que acaso se le escapara inadvertidamente, ó por creer que obtendría respuesta negativa ; y ella fija la mirada en el suelo, cual si ese *sí* que tan prestamente se le salió de los labios fuese el océano Atlántico, ya interpuesto entre ella, más enamorada que nunca, y el ídolo de su inmensa, de su incontenible adoración.

Sepáranse silenciosos, pensativos, sombríos, y como ya la reunión toca á su fin, Daniel se despide para retirarse. Al darle la mano á Mila ésta le dirige las siguientes palabras :

—No falte el otro miércoles, señor Mitral.

Mariana sale con disimulo al corredor, y en el momento en que él coge su sombrero, dícele con voz conmovida :

—No quiero que te vayas á Europa ; sabes? Vuelve el miércoles.

IV

De menos inquietud de espíritu necesita Mariana para pasar íntegra una noche en vela.

¡Desventurada mujer! Llegó á suponer que era la cosa más fácil del mundo la realización de un plan asombrosamente peregrino, madurado en largas vigilias: tratar á Daniel como amigo, como si nada hubiese pasado en otro tiempo entre ellos, conteniendo los impulsos del propio corazón, resistiendo á la seducción de sus ruegos y privándose de la dicha que aún pudiera brindarle su ardiente amor.

Si esto, pensaba ella además, le causara muchos tormentos, los sufriría como en castigo de sus viejas faltas y los ofrecería al Cielo en cambio de un aumento de felicidad para su hija. Pero lo que no había advertido era que su plan no pasaba de ser mera transacción entre el deseo de ver con frecuencia á Daniel y la necesidad de atender á las conveniencias sociales; entre su antiguo amor y su hoy más imperioso deber de madre. Pero los sucesos le han hecho comprender que es más fá-

cil negarle todo al amor que concederle sólo una
parte de lo que pide, tanto más cuando en otro
tiempo no tuvo límites la complacencia.

Cansada del lecho, donde no ha logrado esta
noche ni un minuto de sueño, lo abandona y se
sienta en una mecedora de mimbres, porque el
calor de la almohada le aumenta el fuego de la
cabeza, ahora convertida en fragua donde el insomnio está forjando ardorosos pensamientos.

Ya no sabe lo que desea.

A veces quiere que Daniel se marche lejos,
bien lejos, y la deje en paz; y otras se sobrecoge
de espanto ante el peligro de una nueva ausencia;
porque recuerda lo mucho que sufrió cuando supo que él se había ido á Europa. ¡Qué días aquellos! ¡Qué noches tan horribles las que entonces
pasaba! Y ahora le ama más que antes; sí, mucho más, tal vez á causa del sacrificio que se ha
impuesto; pues el amor no acepta vallas, y crece,
y ruge, y se desborda, y todo lo arrasa cuando te-
merariamente se le quiere oponer obstáculos.

Desgracia grande ha sido el regreso de Daniel
antes de que la nieve de los años les haya apagado
la llama que les arde en el pecho. Cuando ella,
después de padecer por tan largo tiempo el dolor de la ausencia, comenzaba á sentir la acción benéfica de la resignación, si no del olvido,
volvió él á la Patria reclamando sus derechos de
antiguo amante. ¿Merece que se le atienda? ¿No
procedió cruelmente al marcharse sin darle esperanzas de pronto regreso, sin despedirse siquiera?
¿Está obligada á ser consecuente con quien no lo
fue con ella? ¿Por qué no convertir en punto
final lo que él quiere que sea un simple punto y
seguido en el episodio de su amor?

Por estar hastiado de ella fué á gozar con mujeres de otros países, ¿y ha de prestarse nuevamente para que le vuelva el hastío?

Todas esas preguntas se hace Mariana en tanto que en traje de dormir se balancea en la mecedora de mimbres, frente á un escaparate de espejos, y en seguida se contesta á sí misma que no se trata de averiguar si Daniel ha procedido bien ó mal, ni de saber qué es lo que más le conviene para lo porvenir, sino de cerciorarse de si podrá sacrificar su amor, resistir á las seducciones de él y cumplir sus propósitos.

Poca meditación le basta para comprender que es ardua tarea la de seguir tratando como simple amigo á quien en otros días fue su dueño y señor absoluto; pero poseída al mismo tiempo de cierto deseo de mortificarse, á manera de penitencia, é impelida por la necesidad de ver á todo trance á su amado, resuelve continuar con el plan que ha adoptado, confiando en que su voluntad será bastante fuerte para salir triunfante en la ruda empresa.

Estando alumbrada la estancia por una lamparilla que arde todas las noches, Mariana ve su imagen en el espejo del escaparate, contempla su hermosura y recuerda que está en el zenit de la existencia, que puede vivir aún para el placer, y que todavía le es dable hacer feliz por largo tiempo al hombre á quien tanto ama.

Siente entonces como remordimiento de haber resuelto convertir el tesoro de su belleza en instrumento de suplicio para el sér adorado.

¿Cómo hacer esto? ¿Dónde hallar bastante fuerza de voluntad para verle padecer, para negarle todo y para oír sus quejas sin conmoverse?

¿No fue grande, inmenso su dolor cuando le oyó decir que se volvía á Europa? Y lo que sintió en el fondo del alma al verle coger el sombrero, cuando creyó que le miraba por última vez?......

A punto está Mariana de echar por tierra todos sus planes de regeneración, difiriéndolos para cuando no sea tan copioso el tesoro de juventud y de hermosura que está viendo en el espejo, y vacilando en la duda deja la mecedora para volver al lecho; pero al levantarse ve un retrato de su hija que está sobre el tocador.

Entonces el amor de madre se yergue radiante, absoluto, majestuoso.

Nó, nó. Los labios que le dicen é Mila «Dios te bendiga», no volverán á ser nunca jamás manchados por el beso del amor impuro. Y sufrirá, sí, mortificando á Daniel y torturándose á sí misma; viéndole con frecuencia para que no se le adormezca el amor y negándole todo lo que de ella exija en nombre de antiguas prerrogativas.

Que ese suplicio será cruel, crudelísimo, bien lo sabe ella; pero de ese modo desea purgar sus viejas faltas, aquellas que aventó contra la cabeza execrable de su esposo, y que ahora no quiere arrojar sobre la frente purísima de su hija del alma.

Cuando la besa, cuando le da consejos, cuando le cita las ventajas del buen proceder, y le describe las funestas consecuencias del pecado; cuando la encomienda al Cielo, y al recibir sus filiales caricias; siéntese humillada; pues comprende que ella, pecadora no arrepentida aún, no es digna de ser madre de tan angelical y candorosa niña.

Hay, pues, que subir ese calvario. Será, como amante, incomparablemènte desgraciada ; pero como madre se sentirá orgullosa de sufrir por su hija.

Luego que haya sufrido bastante ; cuando haya purificado su alma en el dolor, podrá besar y bendecir y aconsejar á su hija sin sonrojarse, sin tener que bajar la frente ni que cerrar los ojos.

Minutos después Mariana duerme, da el reloj las cinco y el gallo saluda á los primeros arreboles del nuevo día.

V

No ha sido el sueño más generoso con Daniel que con Mariana.

También él duda; también su espíritu oscila entre opuestos sentimientos; su voluntad también tiene por delante un muro formidable: el deber maternal, contra el cual la empuja una fuerza poderosa: el amor refrenado.

Al salir de la tertulia, no obstante lo avanzado de la hora, se encamina á la Plaza Bolívar, donde se pasea largo rato pensativo. Cuando pasa por el sitio donde se encontró días antes con Mariana, parécele verla otra vez con el traje negro de calle que tanto realza su hermosura, y la compara con la Mariana que acaba de ver en traje de sarao, espléndida como una reina, divina como una diosa; aun más encantadora que la tarde aquella, como si hubiese querido mostrarse esta noche con todos sus atractivos, haciendo alarde de su poder fascinador para enloquecerlo, para embriagarlo de amor y luego vengarse de su larga ausencia, ofreciéndole una insulsa amistad, cuando más codicia su amor.

Que no ha de verla sino los miércoles, entre varias personas; que sólo podrá hablarle de su pasión en los instantes que el acaso le conceda, y que en lo sucesivo no será para ella sino uno de tantos amigos. Eso le ha dicho; pero, ¿ podrá someterse él á tal imposición? ¿ Respetará su voluntad? ¿ Habrá de resignarse á este incomparable suplicio tantálico quien en otro tiempo bebió en la copa del placer hasta las heces?

No faltaba más, sino que amor tan vigoroso y tan indómito rindiera así, de buenas á primeras, la cerviz al yugo de la más cruel y absurda pretensión.

La reconquista será difícil, pero no imposible; pues con mucho cuenta quien ya conoce el camino para llegar al corazón de una mujer.

Sintiendo un poco más fresca la cabeza, Daniel se encamina al Gran Hotel Venezuela, donde se halla alojado, deseoso de descansar al favor del sueño; pero en acostándose vuélvesele á la mente el mismo asunto, aunque por otra faz.

No se trata de un capricho; no es que Mariana quiera mortificarle para recrearse en ello; no es que haya dejado de amarle; ni mucho menos que esté ensayando los medios de olvidarle; nó; sino que Mila es ya una señorita casadera, y su madre no quiere exponerse á dar un escándalo que estorbaría la felicidad de su hija si ésta llegase á amar á cualquiera de los excelentes jóvenes que le están ofreciendo su mano de esposo. ¿ Quién se casaría con la hija de una adúltera, cuyo crimen fuera público?

Daniel está convencido de que Mariana le

ama aún, acaso tanto como antes; pero comprende cuán bien fundados están sus temores; porque en Caracas todo se sabe, tarde ó temprano; porque los adulterios no pueden permanecer largo tiempo ocultos; y porque si alguna mancha cae casi íntegra sobre la frente de las hijas, es la infidelidad de las madres.

Trátase, pues, no de un mero capricho de mujer enamorada, sino de un *sacrificio maternal,* y bien conocido es el valor de esos dos expresivos vocablos.

Y en cuanto á él, al señor Mitral, á quien Mila ha llamado tantas veces «bueno y generoso» por haber libertado á una mariposa, ¿podrá contribuir á hacer imposible la dicha de niña tan angelical y bella?

Indudablemente, hay que respetar los dictados de la conciencia; hay que sacrificar ese amor tan criminal á la felicidad de Mila; hay que abstenerse de contribuir á la desgracia de la hija, después de haber acompañado á la madre en el pecado.

Ese es el camino que el deber le señala. ¿Le permitirá el amor andarlo? ¿Y por qué nó? En último caso, siempre tendrá algún resto de valor para entrarse en un barco é irse á buscar por las poéticas riberas de los lagos de Suiza otro amor que le haga olvidar el que es ya un imposible para él, después de haberle dado á torrentes la dicha.

Como si el pensar así, tan razonablemente, fuera específico indefectible contra el insomnio, Daniel se duerme.

Cuando se levanta son más de las once de la mañana, y un camarero del hotel le dice:

21

—Muy temprano llamó por el teléfono una señora y preguntó por usted. Le dije que todavía no se había levantado, y como á las diez volvió á llamar. No quiso decir su nombre, pero advirtió que más tarde llamaría otra vez.

En efecto, á los pocos minutos un mesonero avisa á Daniel que por el teléfono quieren hablarle.

Es Mariana que le pregunta «qué hay de viaje.»

Daniel, por ese instintivo deseo de mortificar á la mujer enamorada, que á las veces sienten los amantes, le contesta que está arreglando su maleta para marcharse por el tren de la tarde. Ella se alarma de tal modo, que con ansiedad conocida á distancia le suplica que no se vaya, y no deja la bocina hasta después de haber oído la anhelada promesa.

Este incidente ensancha los horizontes de la esperanza de Daniel y despierta en su corazón nuevos anhelos.

¿Qué prueba más clara de que el amor de Mariana es el mismo, ardiente, impetuoso, capaz de todo, y que en punto de complacencia fué tan lejos, años pasados?

¿Y cómo renunciar á semejante amor?

Si ella hubiese dejado de quererle, se resignaría, y sin pensarlo mucho, marcharíase ó trataría de entretenerse por otro lado; pero sabiendo que basta con persistir algo y con emplear algunos ardides propios de las justas amorosas para reconquistar la fuente donde ha bebido tan dulces deleites, ¿se rendirá sin lucha?......

Querer seguir á una alma por el camino de las fluctuaciones cuando la empujan contrapuestos sentimientos, á cual más poderoso, vale tanto como pretender describir el vuelo de una golondrina que en serena tarde de verano ejercita sus alas describiendo caprichosas curvas. Y es así, con inquietud de golondrina, como va y viene el alma de Daniel sin poder orientarse en el rumbo que debe seguir definitivamente.

Cuando tales situaciones ocurren, son las subsiguientes circunstancias las que determinan la marcha recta é invariable del espíritu.

VI

Nada en el mundo es inútil. Todo lo que existe tiene su razón de ser.

Estos aforismos son aplicables hasta á don Leonardo Aragón, el énte que parecía haber nacido únicamente para producir el mál, sin que ni una sola vez aprontara siquiera un grano de arena á la obra del bién. Hoy en día es uno de los hombres más útiles de Caracas.

Su influencia bienhechora tiene grandes alcances, y no son para calculadas la magnitud y la trascendencia de los servicios que le está prestando á la juventud.

Cada cual es útil á su modo, y el de don Leonardo es de los más eficaces.

Cuenta la historia que los antiguos griegos hacían emborrachar á sus esclavos y así se los mostraban á los niños, para que viendo tan repugnante espectáculo, cobrasen aversión al vicio de la embriaguez. Eran esas, magníficas lecciones objetivas, que fueron muy aprovechadas. Pues bien;

don Leonardo Aragón da asimismo lecciones de
esa especie, gratuitamente, á la juventud caraqueña, haciéndose llevar al zaguán de su casa en una
silla rodante, todas las mañanas, para tomar el sol
y distraerse con el movimiento de la calle.

Allí, con su quietud de paralítico; sin nariz,
pues ya se la comió la sífilis; con el cutis lleno de
granos y de manchas; con los ojos siempre lloro-
sos y exentos de pestañas; con la boca descolorida
y entreabierta, como boca de idiota; con su insoportable hedor que á un mismo tiempo hiere el
olfato y excita las glándulas salibares; con todo
su asqueroso aspecto de valetudinario de la crápula,
sirve de viviente ejemplo para demostrar á los jóvenes hasta qué punto pueden llegar las consecuencias de los excesos juveniles.

La fama de libertino de don Leonardo Aragón
es bien extensa, y por eso todo transeúnte que le
pasa por delante comprende que su miserable estado es, más que desgracia, el castigo que ha merecido por su tormentosa juventud, que ya no bendice con tanta frecuencia como cuando en Macuto
recordaba sus placeres.

Mariana ha tratado de evitar esa exhibición
matinal en el zaguán; pero él, por lo mismo, persiste en tal costumbre, y en dando las ocho llama
al sirviente para que lo traslade, del antiguo butacón de suela donde pasa la noche, á la silla rodante en que sirve á la juventud caraqueña, como los
esclavos ebrios á los niños griegos de la antigüedad.

Mucho se ha disminuido el auditorio á quien
refiere sus juveniles aventuras; pues sólo consta
ya de su sirviente, que se sabe de memoria los epi-
sodios de que fueron protagonistas Mauricia la

Nariguda, Josefa la *Catira*, Juanita la *Quezadilla* y otras muchas, y tres ó cuatro mozalbetes barbilindos, enamorados de Mila, que creen que por la amistad del amo de la casa pueden alcanzar el honor de ser invitados á las tertulias de los miércoles.

Los tales mocitos suelen pasar por allí y se paran á conversar con el sifilítico, á quien proporcionan de este modo gran placer; pero por grande que sea el heroísmo de su olfato y el estoicismo de sus glándulas salibares, no tardan en ser derrotados por las emanaciones de ese cuerpo, herencia miserable de la crápula que está devorando la sífilis, y se alejan presurosos, llevando en la boça exceso de saliva y en el estómago la acidez de las náuseas.

El cuarto que ocupa don Leonardo, situado entre el de Mila y el de su esposa, hiede á yodoformo y á pústulas reventadas; es espacioso y tiene escaso, pero lujoso mobiliario; en el fondo está el cómodo butacón de suela donde duerme el enfermo, y al lado un armario con muchos medicamentos.

Es de justicia advertir que Mariana, conmovida por los padecimientos del sifilítico, en quien después de todo ve al padre de su adorada hija, ha suavisado en mucho su rencor, y que cumple con su deber, si no como amante esposa, al menos como enfermera cristiana que abnegadamente se dedica á disminuir las penas del prójimo. También Mila, modelo de hijas, sirve á su padre con respeto y con cariño; proceder que, como el de Mariana, paga él con intolerables manifestaciones de su perenne mal humor.

En los buenos corazones no se menoscaba el amor filial por la desgracia de los padres; antes bien, se aumenta de manera admirable, como en el de Mila ha acontecido.

Esta niña venera de tal modo á don Leonardo, que habiendo sorprendido en su casa á un joven que hablaba mal de él entre un grupo que fumaba en el patio, se le encaró con ira tal, y tan agriamente le habló, que todos los circunstantes se asombraron de ver á la paloma convertida en fiera, al ángel transformado en furia.

Nadie había supuesto que Mila, la dulcísima niña de mirar tan suave, fuera capaz de semejante cólera.

Con qué arrogancia se irguió, y con cuánta altivez extendió el brazo señalando al malhadado la puerta de la calle!

Y cuenta que aquel joven le era simpático y, según opinión de muchos, uno de los que más probabilidades tenían de alcanzar su mano de esposa.

La violenta indignación le produjo un síncope y una enfermedad de varios días. Durante los delirios de la fiebre gritaba al ofensor de su padre que saliera de su casa; que no volviera á presentarse más nunca ante su vista; que fuese á murmurar á otra parte, y que desde ese instante sólo contase con su odio.

Eran éstos verdaderos arrebatos de locura que revelaban la poderosa influencia de la ira sobre el cerebro de Mila.

—¡Quién había de creerlo!—exclamaba doña Enriqueta de Perales.—Esa niña parecía incapaz de indignarse, y véanla ustedes cómo se ha convertido en una furia.

—Yo hubiera jurado que no tenía hiel—añadió Celsa Benavente—pero ya veo que debemos rogar á Dios que nos libre de esa clase de inofensivas palomitas, dejándonos el cuidado de librarnos de las terribles fieras.

Con motivo de ese suceso quiso don Leonardo impedir que hubiera más tertulia los miércoles; pero mediante las súplicas de su hija y la aparente indiferencia de su esposa, á quien siempre contraría, convino en que continuaran. Acaso contribuyera en mucho para su condescendencia la circunstancia de que los padres de algunas de las niñas tertulianas, así como varios pretendientes de Mila que á todo trance quieren halagarla, acostumbran pasar al cuarto del enfermo para oírle unas cuantas aventuras juveniles, fumando sin cesar, por supuesto, para soportar el hedor del yodoformo y de las pústulas.

Cuando por algún motivo se recuerda aquel furor de Mila, ésta se avergüenza y confiesa que en aquel instante se cegó y no se dió cuenta ni de lo que dijo ni de lo que hizo. Don Leonardo, en cambio, se enorgullece en alto grado; tanto por haberlo defendido su hija, como porque, según él, ese carácter al parecer suave, y cuando llega el caso irascible é impetuoso, es heredado de él.

—Así soy yo—dice envanecido—así soy yo. Parezco un santo; pero en habiendo motivo me sulfuro, y soy entonces capaz de todo.

Don Leonardo tiene razón á medias, porque si bien es cierto que su ira no tiene límites cuando estalla, no es verdad que tenga él la apariencia fría y reposada de Mila. Él es lo que revela, ni más ni menos, y revela á cada paso feroces instintos.

Admirable es el proceder de Mariana para con su esposo, y de santa su resignación para soportarle todas las impertinencias, después de haber sido tan desgraciada por su causa. Antes ella lo despreciaba y aun lo detestaba; pero como más tarde el amor maternal le llenó toda el alma, la felicidad que le proporciona su hija ha contribuido poderosamente á infundirle cierto sentimiento de gratitud hacia el hombre á quien debe la dicha de ser madre.

El, en cambio, aprovecha todas las ocasiones en que pueda mortificarla, y siempre resuelve lo contrario de lo que ella desea. Pero Mariana hace poco caso de sus hostilidades y sólo se preocupa de mantener la cordialidad en el hogar, como condición indispensable para que sea honorable, y de la educación de su hija, cuya felicidad es la más santa y ardiente de sus aspiraciones.

Desde que Mariana se creyó abandonada para siempre por Daniel; desde que se resignó á sepultar en el olvido su criminal amor, el afecto maternal fue el único lazo que la ató á la vida, y la dicha de Mila el solo objeto de su vivir.

Así ha venido, pues, educándola en el seno de la sociedad; haciéndola amar á la virtud y aborrecer al mál, y procurando que nunca esté expuesta á caer en la desgracia de prendarse de cualquier joven pervertido, que no solamente la haría padecer las consecuencias de su libertinaje, sino que, haciendo imposible la armonía conyugal y mereciendo su desprecio, y aun su odio, la expondría á cometer faltas que, aunque lógicas, son siempre manchas imborrables en la conciencia y en la honra.

De ahí el esmero con que ha elegido á los que tienen el honor de concurrir á sus tertulias.

Casar bien á Mila : he ahí su gran deseo.

Todo contribuye favorablemente al logro de ese propósito : la belleza de la niña, su juventud, la suavidad de su trato, su natural inteligencia, su buen juicio, su docilidad para recibir consejos, su distinguido porte, su elevada posición social y su condición de heredera única de cuantiosos bienes de fortuna, forman el ramillete de sus excelsas cualidades.

Con tales dotes bien puede aspirar á la conquista del mejor de los novios.

Hay ocho ó diez candidatos aceptables y unos cuantos rondadores callejeros á quienes Mila detesta cordialmente, procurando á menudo manifestarles de cualquier modo sus desfavorables impresiones. A éstos los llama *coleópteros nocturnos*, porque van y vienen de farol á farol todas las noches, haciendo así el papel más desairado á que puede prestarse un pretendiente.

Mariana confía en la buena inclinación de su hija, que tiende naturalmente al aprecio del verdadero mérito, y se esmera en fomentarle la instintiva repulsión que le inspiran los *coleópteros nocturnos*.

Así ha logrado que Mila conserve el corazón intocado de esos livianos amoríos que marchitan la flor de la inocencia en muchas niñas, á quienes más tarde el fallo social niega el derecho de ceñir la simbólica corona de azahares y de colocar la ofrenda de su castidad sobre el ara del hogar cristiano.

Para cumplir mejor su maternal misión Mariana le ha inspirado confianza, y á menudo le recomienda que con franqueza le comunique sus pensamientos é impresiones. Hasta ahora no ha recibido ninguna importante confidencia, ni ha advertido demostraciones de preferencia hacia determinado pretendiente.

Con satisfacción observa Mariana que Mila no manifiesta prisa por casarse, y así suele decírselo, advirtiéndole que, tanto por su edad y demás cualidades, como por la dicha de que disfruta en su hogar, puede esperar con calma la aparición del que el Cielo ha destinado para dueño de su corazón y de su mano. Que espere, que espere; que no se case sino muy enamorada y con un caballero que sea capaz de hacerla feliz toda la vida.

De esta suerte va discurriendo la existencia de la familia Aragón, la cual se muestra satisfecha de la relativa felicidad que muchos les envidian.

VII

Resignado Daniel á sobrellevar las imposiciones de las circunstancias, ha formado un plan en
el cual están tomados en cuenta los dictados del
deber y las exigencias del amor.

El deber lo obliga á no comprometer por
medio del escándalo la suerte de Mila, niña inocente cuyo casamiento estorbarían las preocupaciones
sociales si se descubriese el adulterio de su madre;
y el amor le exige imperiosamente que no renuncie
al placer que en otro tiempo le brindó Mariana en
la copa de las sublimes complacencias.

De acuerdo con estos contrapuestos mandatos
ha resuelto, como fórmula de transacción, esperar
en actitud de amigo hasta que, casada Mila, desa-
parezca el freno que contiene los anhelos de ambos amantes.

Por darle gusto á Mariana, y por demostrarle
que hay abnegación en su cariño, concurre á todas las tertulias de los miércoles, las cuales ameniza con su talento y con su gracia natural. El ha

compuesto varias ingeniosas charadas que han sido representadas con muy buen éxito; recita á menudo propias ó ajenas poesías y dirige de cuando en cuando juegos de salón que agradan mucho.

Todos convienen en que la incorporación de Daniel Mitral ha contribuido notablemente á la mayor amenidad de las tertulias; pero á las claras se advierte en los pretendientes de Mila el temor que infunden los rivales poderosos. Además, hay en Mariana cierta inquietud, pero no pasa de ser el azoramiento que produce la presencia en público de un cómplice.

Ni un momento siquiera ha creído posible que el corazón de Daniel pueda intentar el más leve esfuerzo para desasirse de los lazos con que lo tiene aprisionado. Está satisfecha de su hermosura, y aun parece más vanidosa que antes, acaso porque los espejos de cuerpo entero, inclusive el del baño, le aseguran que todavía puede atenerse al poder fascinador de sus incomparables atractivos. Y en efecto, ¿quién podría competir con ella en belleza? ¿Quién tiene su majestuosa esbeltez? ¿Qué sonrisa más dulce que la suya, y cuáles ojos despiden más seducción en la mirada? Donde ella está no hay más sol que su hermosura. Ni aun Mila, la angelical, llega á tánto; pues todavía existe entre ellas la diferencia que média entre una rosa en plena lozanía y un botón entreabierto de una misma mata.

Gracias á la fe en sus propias fuerzas, Mariana no se preocupa de las atenciones y galanterías que Mitral dirige á las señoritas; antes bien, las juzga indispensables para ocultar lo que ha de permanecer de todos ignorado. Lo que sí le causa turbación es la fingida gravedad con que debe tratarle en público, lo cual evita con empeño, pero acechando las ocasiones en que prudentemente pueda dar vado á algunas expresiones amorosas. En una oportunidad de esas le dice:

—No puedes calcular cuánto te agradezco que me complazcas viniendo los miércoles.

—Y tú no podrías imaginarte cómo he tenido que luchar conmigo mismo para desistir de mi viaje á Europa.

—¿Por qué ese empeño en marcharte? ¿No eres feliz viéndome de cuando en cuando?

—Nadie puede serlo mientras desee con ansia algo que la fatalidad le niega.

—Toda felicidad es relativa; la absoluta no existe. Para mí es dicha muy grande el verte los miércoles y saber que todavía me amas.

—¿Pero no te gustaría más verme frecuentemente y como antes?

—Nó; porque la zozobra de producir un escándalo que inevitablemente fuera funesto á mi hija, amargaría de tal modo las horas que te consagrara, que prefiero no desearlas.

—Con prudencia todo puede hacerse.

—Menos lo que jamás podrá ocultarse. ¿No recuerdas ya lo que nos aconteció en Macuto?

—Es que allá fuimos muy imprudentes.

—¿Y cuándo no lo son los enamorados?

—Deja á mi cargo todas las medidas de precaución y yo te garantizo......

—Te suplico que no insistas en eso, Daniel. No puedes imaginarte cómo se me sobrecoge el ánimo de espanto sólo al pensar que por no perseverar en el sacrificio que me ha impuesto mi amor de madre, pueda yo ser causa de la desgracia de mi hija. Élla reúne todas las cualidades necesarias para casarse bien; pero si doy un escándalo, ¿qué joven digno y que se estime en algo le dará su mano?

—Tus temores son exagerados.

—Nunca lo son los de una madre que quiere asegurar la felicidad de su hija. Antes pude arrostrar el furor del hombre que me había hecho desgraciada; pero ahora, Daniel mío, aunque te amo más, no me atrevo á inmolar á Mila; que inmolación fuera estorbarle para siempre su dicha. Respeta mis maternales escrúpulos, y ten presente siempre que el amor de madre es el amor de la abnegación, el amor más santo, el amor que todo lo puede, el amor inmortal de los grandes sacrificios.

—Sí, Mariana: sí respeto tus escrúpulos y admiro tu afecto maternal; pero, ¿es acaso igual la partida? ¿No comprendes que si puedes sacrificar el amor que me tienes es porque eres madre, y que yo no tengo de donde sacar fuerzas para tánto?

—Acude á tu hidalguía de caballero y verás cómo eres capaz de todo en bien de esa angelical criatura que tanto se merece.

Ha tocado Mariana con suma habilidad una fibra harto sensible. La palabra *hidalguía* y el calificativo de *caballero* tienen en los momentos solemnes cierto misterioso poder que se revela produciendo los efectos deseados.

La voluntad de Daniel vacila, retrocede. Ambos amantes se miran en silencio. Ella trata de adivinar el efecto de sus palabras, y él las pesa y se las repite mentalmente.

A punto está de decir Daniel: «sea; haré lo

que quieres», pero Mariana, volviendo á un lado
y hacia arriba la cabeza, déjale ver el lunar del
cuello, su perfil de diosa y su garganta espléndida, incomparable, tersa y blanca ; con esplendidez
de nube tropical, con tersura de alabastro y con
pureza de azucena semi abierta.

Y sin poder evitarlo, el pensamiento le toma
la delantera á las miradas, y se vá por esa primorosa garganta en exploración de amor buscando
bellezas conocidas y deseadas.

Un suspiro le sale del pecho á Daniel; suspiro que es como débil quejido que lanza la hidalguía del caballero, vencida en ruda lid por los
amorosos anhelos que se le desencadenan en el
corazón al conjuro de ese perfil de diosa, de esa
tentadora garganta y de ese lunar, brillante de
puro negro, que semeja pequeñísima abertura
por donde quisiera penetrar el alma para confundirse con la de mujer tan seductora y bella.

—¡ Mariana mía !—dice con voz conmovida y
labio trémulo—si es delito profesarte un amor
que eclipsa todos los demás sentimientos, soy por
eso delincuente. ¿ Pero puedes tú, la inspiradora
de esa pasión, echarme en cara mi falta de hidalguía caballeresca ? Te confieso que por sobre el
caballero está el amante. No sé si es que hay perturbación en mi sistema moral ó en mi sistema
nervioso, mas es lo cierto que no tengo fuerzas
para el sacrificio que me exiges. Sé cuánto se
merece Mila, y gustoso diera mi vida por su dicha ;
pero es que un solo átomo de mi amor vale mil
veces más que toda mi existencia.

—Pues en nombre de ese amor te suplico que
veas en Mila, no á la angelical criatura con quien
debe ser generoso é hidalgo el caballero, sino á

la hija de la mujer á quien tanto amas, y así podrás, si no por ella, al menos por mí, abstenerte de pretender lo que pudiera hacerla víctima propiciatoria de mis faltas, para eterno remordimiento de mi conciencia.

Daniel se siente dominado por la poderosa voluntad maternal, que con tal arte se defiende y acomete. Calla y fija la mirada en el suelo, como evitando la seducción de Mariana, en tanto que ésta contempla á su hija para no desfallecer en sus propósitos.

—Para cumplir tus deseos—dice él—es indispensable que nos separe el océano.

En este instante suena, armoniosa y larga, una carcajada de Mila, en quien permanece fija la mirada de su madre. ¿Qué no hacer para no exponerse á interrumpir la alegría de esa niña que con tanto gusto se ríe?

—Vuélvete á Europa, pues—contesta Mariana y se aleja aprisa.

Estas palabras sorprenden á Daniel; pero á poco las juzga sin importancia, porque piensa que han sido pronunciadas inconscientemente, y que muy pronto serán retiradas como sucedió en otra ocasión; pero Mariana trata de no volver á encontrarse á solas con él, y cuando, terminada la reunión va á retirarse, lo hace dando tiempo para que su amada se le acerque y le suplique de nuevo que no se ausente. Inútil precaución: Mariana permanece al lado de su hija, con una mano de ésta entre las suyas para que por allí se le trasmita á el alma el vigor de que necesita en momentos de tan cruel tribulación.

Mitral sale á la calle preocupado, temeroso de

22

que sea irrevocable el mandato de Mariana, si bien creyendo á veces que al día siguiente otra vez lo llamará por el teléfono para suplicarle que se quede.

Al levantarse, como á las nueve, pregunta si lo han llamado y le contestan que nó. Permanece en el hotel toda la mañana, pendiente de las llamadas telefónicas, y cuando llega el medio día comienza á sentir desaliento y á creer que Mariana, lejos de querer evitar su partida, la desea sinceramente. Esto le prueba á las claras que ella está dispuesta á todos los sacrificios; que nada puede esperar ya de su amor; que la madre ha vencido á la amante, y que la felicidad de su hija, que no quiere comprometer con ningún paso en falso, es ahora el objeto principal de su existencia.

El corazón del hombre, orgulloso hasta cuando ama, nunca quiere ceder y juzga desdoroso el desistir de cualquiera determinación que, en no cumpliéndose, parecerá ridícula amenaza. De ahí que Daniel se halle ahora retenido por la fuerza de su amor, y al mismo tiempo impelido por el orgullo que le reclama el cumplimiento de lo prometido.

El orgullo ha vencido. Daniel resuelve partir. Arregla algunos asuntos pendientes; prepara su equipaje, y escribe varias cartas; entre ellas una á don Lucas Ramella dejando bajo la sola egida de su proverbial caridad á una pobre anciana que desde hace días entrambos vienen socorriendo.

Resuelto está el viaje para el siguiente día. Mucho le ha costado la tal resolución, pero es inevitable. No ha nacido para Tántalo, y prefiere esperar viajando por Europa que Mila se case, para luego continuar la reconquista del placer perdido, sin tener que luchar contra el amor de madre; que es, como dice Mariana, el amor de la abnegación, el amor más santo, el amor que todo lo puede; el amor inmortal de los grandes sacrificios; pero actualmente el más inoportuno y estorboso de todos los amores.

Media hora antes de partir llama por el teléfono á la señora de Aragón.

—Me despido de usted, señora. Parto en este instante.

¡Con cuánto desconsuelo vuelve á colocar la bocina en su puesto! Se le empaña la vista; pásase la mano por la frente como para disipar la nube de dolor que allí se le condensa; déjase caer en una silla abrumado por el desengaño; apoya en la diestra la mejilla, y se queda con la mirada fija en el suelo, preguntándose mentalmente si se va ó si se queda.

Hasta este instante ha tenido la esperanza de que Mariana le impidiera el viaje, á lo cual hubiera accedido gustosamente. ¿Pero qué fue lo que ella le contestó? Sólo una palabra, dicha dos veces; la primera con firme entonación, la segunda entre un sollozo:—¡ *Adiós, adiós !*

El portero del hotel le avisa que el coche está á la puerta.

VIII

Por casualidad sabe Mariana, diez días después, que Daniel se halla en Macuto. Habíale llamado la atención no haber visto su nombre en las listas de recién embarcados para el exterior, y sospechó lo que después le aseguraron.

¿Quiso Mitral bromearse, engañarla, mortificarla, ó es que se ha arrepentido?

Esto último es lo cierto. Cuando llegó á La Guaira, abrumado de dolor, ofuscado por los recuerdos de aquel viaje en que conoció á la señora de Aragón en el tren, anhelante de que cualquier incidente lo detuviese, no pudo resistir al deseo de pasar á Macuto, so pretexto de despedirse de la cuna de su amor; pero en realidad para buscar allí, entre viejos recuerdos, nuevas fuerzas que le vigorizaran el anhelo de quedarse para poder resistir al orgullo, que era lo que le inducía á cumplir su primer propósito, evitando así el ridículo de parecer como representando una comedia vulgar y vergonzosa.

Solicitó y obtuvo en el Casino la misma pieza que ocupó seis años antes, y allí pasa horas de la noche pensando en lo pasado, y como embriagado por el ambiente que aún conserva el perfume del fantasma más oloroso que se ha deslizado por entre las sombras nocturnas.

Todas las mañanas, después del desayuno, se encamina hacia el gran remanso que sombrea un corpulento apamate, cuyas amoratadas flores caen á intervalos, como estipendio con que paga al río el interminable baño de raíces que al pasar le da.

Las sardinas y los bagres muévense allí gozosos de que ya no sirvan para entretener á ninguna cándida niña, mientras se le busquen por los matorrales sapozarapos y parchitas de monte; los pajarillos cantan siempre alegres, y parece que le preguntan sorprendidos por qué está solo; el mismo himno que convida al reposo toca la brisa entre las ramas; y van cayendo sin cesar las hojas secas y formando los mullidos lechos que galantemente suelen ceder los silfos de la selva.

Sobre uno de esos lechos de hojas se tiende todas las mañanas Daniel Mitral, y allí permanece hasta que llega el sol á mitad de su jornada.

Así trascurren muchos días, pero como la vida monótona no cuadra bien á los gustos de Mitral, y como ya está resuelto á no salir del país, anhela cualquier motivo ó pretexto para volver á Caracas. Este anhelo se hace más intenso á medida que avanza diciembre, y violentándose mucho logra permanecer en Macuto en los días de pascua, durante los cuales debe de haberse bailado alguna vez en casa de la familia Aragón. Pero como se acerca el día de año nuevo, el de las grandes expansiones, el que parece estrechar más los lazos del afecto, está casi resuelto á regresar el día último del mes.

Cuando el 28, al tiempo de sentarse á la mesa para almorzar, le dicen que por el teléfono lo llaman de Caracas, siente tan viva y súbita alegría, que parece un chiquillo alborozado. Algo grato presiente.

Quien lo llama es Mila.

¿Por qué no Mariana? ¿Le habrá acontecido algo funesto? Daniel se queda lívido y nada puede responder á la niña que, después de haberle dicho su nombre, le pregunta con quién habla.

Por fin se impone de lo que Mila.desea: que se vaya inmediatamente por el tren del medio día para que concurra á un baile que se efectuará esa misma noche en su casa, para celebrar el compromiso de matrimonio que ha contraído.

—¿Con quién?—le pregunta Daniel regocijado.

Ella le contesta que allá lo sabrá.

¿Qué noticia mejor para Mitral? Inducirá á Mariana á que procure que el casamiento se efectúe pronto, lo más pronto posible, á fin de que, asegurada la felicidad de Mila, nada estorbe la de ambos amantes. No almuerza. Hay noticias que valen más que cien banquetes.

En arreglando la maleta, Daniel paga la cuenta de hospedaje y sale á tomar el tren de la una para seguir á Caracas en el de las tres.

Por el camino va meditando así: «Conque al fin la bella Mila ha entregado su corazoncito de ángel! ¿Quién será el afortunado mortal que tan gran dicha ha conseguido? Antes de venirme de Caracas no se le conocía ninguna inclinación; verdad es que esto hace como tres meses, y que de menos necesita el amor para rendir á una alma.

He ahí una muchacha con quien yo, en otras circunstancias, me hubiera casado sin vacilar. ¡Qué bella es! ¡Y qué candorosa! ¡Y cuán fina en el trato social! Debe de ser vehemente en el amor, porque á través de la dulzura de su mirada se advierte la predisposición de su alma á las violentas sensaciones. No presencié la felpa que le dió al joven que sorprendió hablando mal de don Leonardo; pero me dicen que se enfureció de tal modo, que dejó á todos atónitos, pues nadie la había creído capaz de tanta cólera. Y si tan vehemente así es en el cariño filial, ¿cómo será en la pasión de esposa? Mila tiene la apasibilidad de ciertos ríos, cuya impetuosa corriente va por el fondo. Mila enamorada debe de transformarse; debe de ser otra. También Mariana es así. ¿Cómo iba yo á imaginarme que aquella señora que conocí en un tren por este mismo camino, tan grave, tan altiva, tan circunspecta, fuera poco tiempo después una imprudente locuela á quien no podía refrenar con cuantas reflexiones me sugerían el deseo de reposar y la necesidad de restablecer mi salud?»

Después de algunos otros recuerdos de lo pasado, Daniel vuelve á pensar en Mila. En verdad que es digno de envidia el elegido. De ella puede hacerse una esposa ejemplar, pues bien se advierte que su corazón tiene la docilidad natural y el fuego moderado necesarios para que el amor lo modele á su antojo. Inapreciable cualidad es también la de no haber amado antes; pues hallazgos son las muchachas bonitas que á esa edad no tengan ya el corazón marchito y los labios manchados por impuros besos. Mila sí corresponde á su ideal de esposa. Con ella sí se hubiera casado él sin vacilar, pues reúne las bellas cualidades que para su compañera en el hogar puede desear un hombre. Todos los placeres que le ha proporcionado el amor de Mariana los hubiera cambiado gustosamente por la felicidad, santa y perdurable, de vivir en un hogar donde formara con Mila una familia, al amparo de la Religión y de la Ley. Esa, ésa es la verdadera dicha. A su edad el hombre se orienta en el desierto de la vida y conoce la ruta que conduce al oasis donde florecen los afectos que jamás se marchitan. La familia: he ahí el gran oasis. Fuéra de ella no hay felicidad que á un tiempo mismo sea santa y perdurable. ¿Qué es lo que le ha sucedido con Mariana? Al principio, temeroso de perder el bién de que ilícitamente gozaba, se hartó de placer hasta el punto de enfermarse; y en estos días, ¿cuánto no ha sufrido? El placer que se roba no puede nunca ser elemento de felicidad. ¡Qué de zozobras le acompañan! ¡Cuántos gérmenes de dolor lleva en sí! Los remordimientos surgen de ciertos placeres como el humo del combustible que se quema. Los goces del hogar no son como ésos. ¡Ah!......... ¡Si él encontrase otra niña como Mila!......... Sólo así pudiera libertarse de la red en que ha caído. La vida del solterón le horroriza, porque siempre ha sido el punto convergente de sus más hermosas ilusiones un hogar feliz, donde lo colmen de complacencias una compañera amorosa y amada y varios hijos en quienes se cifren todas sus esperanzas.

La imaginación de Mitral avanza y se pierde por la ignota extensión de lo porvenir, escudriñándola como si tratase de descubrir algún indicio que le anuncie la posibilidad de alcanzar la ventura apetecida.

De los once caballeros que van en el vagón es

el único que no conversa. Francisco de Paula Reyes explica por qué cambiaría gustosamente en este país su título de doctor por el grado de general; Jesús Lameda, con motivo de haber visto un platanal á la falda de un cerro, perora enfáticamente sobre las halagüeñas promesas de la *industria salvadora*; Núñez de Cáceres recita sonetos á Petrona y estrofas de la Cachurriada; Romerogarcía, demostrando que entiende tanto del cultivo de los campos como del de las bellas letras, sorprende á Vicente Betancourt y á Obdulio Bello con el caudal de sus conocimientos agronómicos; José Santiago Rodríguez y Gutiérrez Méndez departen sobre literatura y se recitan versos de sus poetas favoritos, dando así el simpático espectáculo de una borla de jurisconsulto que se inclina ante la lira vigorosa de Díaz Mirón, y de una espada de militar pensador que se cuadra ante la musa picarescamente filosófica de Campoamor; y Mr. Rudolf Dolge, poseído de ese entusiasmo santo que en la Gran República del Norte ha impulsado las industrias hasta colocarlas sobre la cumbre del buen éxito, y que ha convertido á cada ciudadano en un poderoso elemento de progreso, traza con la imaginación los vastos horizontes de la futura prosperidad de Venezuela, y dice, con acento de plena convicción, que como tiene fe en esto, no ha vacilado en aumentar la maquinaria de la «Lavandería Americana» con modernos aparatos que acaba de traer, cuyas ventajas describe con lujo de detalles.

Todos hablan; menos Daniel.

—Las leyes que se escriben con la pluma nada valen—dice Reyes.—Sólo son respetables las que traza la punta de la espada.

—¿Cuántos mástiles de plátanos caen diariamente en Venezuela?—pregunta Lameda.—Pues bien: aprovechar ese tesoro perdido, es el ideal de la nueva industria.

—El que quiera tener una idea de los medios con que cuenta Venezuela para su futura prosperidad—dice Obdulio Bello—que visite mi hermosa tierra andina, donde con toda propiedad puede decirse con Cecilio Acosta que es oro cuanto pisan nuestras plantas y pan cuanto se toca con las manos.

—Díaz Mirón — exclama Rodríguez — es el poeta gladiador; maneja la lira como Hércules la maza.

—Necesitamos escuelas de agronomía—opina Betancourt—pero muchas, muchísimas escuelas; pues la Naturaleza, en su labor productora, debe ser asistida por la inteligencia.

—No temo la competencia de los chinos ni la de nadie—dice Mr. Dolge contestando á una pregunta.—Yo pudiera traer cuantos chinos necesitase, pues tengo relaciones en China; podría emplear su destructor sistema, y con el auxilio de mis máquinas, rebajar los precios aun más que ellos, hasta obligarlos á salir de aquí; pero prefiero mostrarme como hombre de conciencia, dar trabajo á más de setenta hijos del país, conservarles la ropa á mis clientes, que pasan de mil quinientos, y esterilizársela como se estila en el Norte, es decir, observando las prescripciones de la higiene y aprovechando los grandes adelantos de la moderna mecánica.

Él tren, en tanto, va subiendo por las atrevidas curvas que magistralmente trazó la ciencia entre una cadena de agrestes colinas. Al pasar por cierto lugar Daniel piensa:—Allí fue donde Mila vió unos chivos y compadecida de ellos preguntó á sus padres «qué comerían en esos cerros tan pelados.» Esa niña tiene muy buen corazón. Todavía recuerda con gratitud lo que ella llama *lección de generosidad* que le dí cuando puse en libertad la mariposa amarrilla con ribetes negros que cazó en el camino de El Cojo. ¿Quién iba á creer entonces que aquella niñita llegara á ser tan bella, tan seductora? Porque en verdad que lo es. Afortunado mortal el que ha conquistado su corazón. Lo envidio; sí, lo envidio. Mila será cuando llegue á la plenitud del desarrollo, tan hermosa como su madre. ¿Y qué felicidad mayor que la de vivir siempre á su lado, amarla libremente, llamarla esposa y recibir de ella los frutos de su amor, bendecido por Dios? ¡Ah! yo que me creía incomparablemente feliz por ser amado de la madre, comprendo ahora que aun más, mil veces más, lo hubiera sido con el puro amor de la hija.

Pocos minutos después de las cinco llega el tren á Caracas. Sobre los pasajeros se precipitan una multitud de mozos de cordel y de empleados de hoteles y casas de huéspedes cerrándoles el paso. A empujones y á golpes de maleta logra Daniel librarse de ellos; pero á las puertas de la estación lo esperan los cocheros, á quienes corresponde agotar el resto de paciencia con que llegan hasta allí los viajeros. En saliendo Mitral, lo rodean, como pieza de caza hostigada por atrevidos perros; levanta la maleta en actitud amenazante, pero el cochero «Cubanito» se la arrebata, corre, la coloca en su calesa, abre la portezuela y muy cortesmente invita al joven á que suba.

Daniel depone su enojo y de buen grado complace á quien, al fin y al cabo, lo ha libertado de la insufrible jauría cocheril.

Guevarita, el diligente dueño del «Gran Hotel Venezuela,» se sorprende al ver á Daniel Mitral, á quien suponía viajando por Europa, y más aún cuando sabe que no ha pasado de Macuto.

—Con seguridad que usted está enamorado, mi amigo, y por eso no se ha decidido á irse tan lejos. Lo celebro, lo celebro.

—Quizás tenga usted razón. ¿Cómo va el negocio?

—No faltan algunos pasajeros.

—¿Buenos pagadores?

—Y malos también.

—Siempre que pueda usted librarse de los que exclusivamente vienen á la capital á buscar empleos.......

—Realmente; son malos clientes.

—Son una plaga terrible; peor que las chinches.

—Dígamelo á mí, que por ese respecto tengo en los libros cuentas que alcanzan á miles de pesos, y en depósito una infinidad de baúles y maletas. Pero ya estoy aleccionado.

—Pues que de los postulantes lo libre Dios.

—Amén,

—Hasta ahora.

—Buenas tardes.

En seguida se dirige Daniel á una barbería y se entrega en las expertas manos de Gabriel Hermoso, raro ejemplar de su gremio, tanto por su destreza y buen gusto en el arte de Fígaro, como porque no acostumbra fastidiar al cliente con interminable charla; pues no le habla sino cuando es autorizado con preguntas.

Hay personas que gustan de pensar en los asuntos que más las preocupan, en tanto que les hacen la barba ó les cortan el cabello; pero por desgracia hay también barberos que no pueden tener la lengua en calma. Hermoso no es de éstos, y por eso, mientras funcionan las tijeras y la navaja, Daniel Mitral continúa la serie de pensamientos que comenzó en el tren.

Aun no ha podido adivinar quién es el afortunado mortal con quien Mila, la divina Mila, cambiará esta noche los simbólicos anillos. Pero sea quien fuere, lo cierto es que lo envidia con toda el alma, porque no hay ventura comparable á la que le está reservada.

De tanto pensar en esto; de tanto envidiar al prometido de la señorita Aragón, ha llegado á olvidar completamente que antes era su mayor deseo que la hija se casara pronto para que la madre, deponiendo escrúpulos y temores, volviese á ser la complaciente amante de otros días.

IX

Tres horas después, es decir: á las nueve y media de la noche, entra Daniel en casa de la familia Aragón.

Numerosos bombillos de luz eléctrica, hábilmente combinados por Gerardo Borges, esparcen claridad de día por salones, corredores, patios: por todas partes; muchos primorosos ramilletes, prodigios de arte, perfuman el ambiente con la exquisita fragancia de las flores más bellas que se cultivan en los famosos jardines de las Anderson; casi todos los invitados muévense incesantemente, poseídos de la animación que precede á los bailes, y de la curiosidad que inspiran los secretos importantes; cada caballero se da prisa en llenar su programa con los nombres de las mejores parejas; las señoritas revelan impaciencia por recibir invitaciones de los jóvenes más ventajosamente conocidos como danzantes; y todos, damas y caballeros, jóvenes y viejos, se preguntan quién es el prometido de la señorita Aragón, y se dan á aventurar las más contradictorias conjeturas.

La noticia del compromiso ha sorprendido á todos. Entre los pretendientes esto ha sido como la explosión de una bomba; pero á las niñas no comprometidas les ha causado vivo regocijo, porque suponen que ahora los no aceptados por Mila no se entregarán á deplorar su mala suerte, sino á emprender nuevas conquistas, en lo cual acaso resulten favorecidas.

—«¿Quién es el novio?»—«¿Quién será él?»

He ahí las preguntas que salen de todos los labios.

Mariana, adoptando la misteriosa actitud de una esfinge, calla cuando le preguntan algo alusivo al secreto, ó contesta que oportunamente serán complacidos, y Mila, acaso para evitar intespestivas excitaciones, se entretiene dando vueltas por los cuartos.

Al entrar Daniel en la sala hállase frente á frente con Mariana, que está cumpliendo con su deber de ama de casa. Viste traje de color de crema con adornos azules; está hermosísima. El, de pies en el umbral, y ella como á dos metros de distancia, se miran emocionados y con la confusión que producen el azoramiento y la sorpresa.

Daniel se inclina; ella le tiende la mano, y cuando él se la estrecha sale un suspiro del pecho de la hermosa.

—Felicito á usted, señora, por el compromiso que va á contraer Mila, y ruego al Cielo que le depare toda la felicidad que se merece.

Mariana se sonríe.

—Gracias, señor Mitral. ¿Cómo le fue por Macuto?

—Muy bien. Aquel es un pueblo delicioso. Con gusto pasaría allí el resto de mi vida.

Daniel observa la sequedad con que Mariana ha correspondido á sus cumplimientos referentes al compromiso de su hija y piensa que ella no estima esa circunstancia como favorable á sus relaciones amorosas, ó que, después de anhelar tanto el casamiento de Mila, como fórmula para su felicidad, quiere ahora lo contrario, inducida por el egoísmo maternal.

Daniel no extraña esta inesperada variación; porque también á él le sucede algo muy raro, en alto grado inexplicable. ¿No era el matrimonio de la hija su mayor deseo, á fin de que la madre no pudiera oponerle por más tiempo fuertes y respetables escrúpulos, que en vano ha intentado vencer? Pues entonces, ¿por qué no le causa alborozo la proximidad de tan deseado suceso?

Como si esperase Mila que estuviese completo el número de invitados, en llegando Mitral, que era el que faltaba, ella se presenta á la admiración de todos : radiante de belleza, vestida de blanco, esbelta, sonriente y distribuyendo con sus hermosos ojos garzos miradas tiernas y candorosamente infantiles.

Habían creído muchos que su tardanza en venir al salón la motivaba el sonrojo que debía de producirle la proximidad del solemne acto que va á cumplirse ; pero al ver que llega casi al mismo tiempo que Daniel Mitral, todos los circunstantes piensan que es éste el afortunado mortal con quien va á comprometer su mano de esposa.

Los pretendientes desengañados sienten, envidia unos, otros dolor, ira los más, y aun en el alma de algunos aparecen las tres afecciones.

Y mientras ellos miran á Mitral con malos ojos, como se mira á los rivales afortunados, él les pasa revista á todos tratando de adivinar quién es el héroe conquistador del corazoncito angelical de Mila.

—Lo felicito, señor Mitral—le dice la respetable anciana doña Rosa de Carrel.

—Agradezco esa felicitación, señora, y desearía conocer la causa de tanta honra.

—¿No es tiempo aún de revelar el secreto?

—Tampoco sé á qué secreto se refiere usted.

—Perdone, pues, mi indiscreción.

—No la ha cometido usted, señora, ni podría cometerla persona tan discreta, á quien ruego que me permita hacerle una pregunta.

—Puede usted hacer cuantas guste, señor Mitral.

—Gracias, señora. ¿Supone usted que soy el prometido de la señorita Aragón?

—En efecto: así lo he creído.

—Pues le aseguro á usted que no es así.

—Lo siento doblemente: por usted y por ella, pues ambos formarían magnífica pareja, muy digna por muchos respectos de ser citada como modelo de matrimonios felices.

Sin saberlo, la respetable anciana le ha hecho vibrar nuevamente ciertas células cerebrales de donde han surgido extraños pensamientos que no ha podido olvidar aún Daniel, á pesar de que le son mortificantes y de que le parecen necios é importunos.

—¡Qué linda está!—añade la señora Carrel refiriéndose á Mila.—¡Qué bien le sienta el traje blanco! Con el de novia debe de quedar divina.

Daniel, como los demás, quédase fascinado por la angelical figura de la señorita Aragón, que con

23

incomparable gracia distribuye besos entre sus amigas y da la mano á los caballeros. Cuando le llega el turno á Mitral todos aprestan el oído para percibir lo que se dicen ; pero nada escuchan, porque ella no le habla con los labios sino con los ojos, ni él tampoco articula palabra alguna, ya porque en este instante sólo atiende á los pensamientos que surgen de las células cerebrales heridas por las palabras de doña Rosa de Carrel, ó ya porque no puede dominar la emoción que le produce lo que permite ver el descote del traje de Mila.

Acaso sea el más discreto de los descotes; pero hay bellezas que aun con ser vislumbradas ó adivinadas basta para producir fascinación irresistible. Y si no fuese bastante para fascinar la garganta de Mila exhibida en toda su escultural esplendidez, allí está la parte superior de su seno, primorosa extensión de nieve y rosa que el ángel del candor quisiera velar, y que los geniecillos del deleite pretenden descubrir aun más.

«Que él y Mila formarían una elegante pareja, modelo de matrimonios felices.» Esto le ha dicho doña Rosa al felicitarle equivocadamente. ¿Por qué no dispondría el Cielo que él fuera digno de esa felicitación? Antes era la hija un obstáculo entre él y la madre; ahora ésta es un abismo entre la hija y él. ¡Qué de problemas tan arduos plantea el destino en la existencia humana!

Nadie sabe todavía de modo cierto quién es el prometido. A las reiteradas preguntas que le dirigen á la señorita Aragón contesta invariablemente:—«Ya lo sabrán.»

A poco sale al corredor acompañada de Cecilia, llama á don Roque Díaz Canales, y los tres entran en el cuarto de don Leonardo, donde permanecen largo rato.

Al volver al salón Mila participa que ha resuelto revelar el nombre de su futuro esposo por medio de una charada. La confusión se aumenta entre los circunstantes, y muchos se preguntan en voz baja si será don Roque el elegido, y no falta quien, presumiendo de sagaz, lo asegure sin vacilar.

Y no es para menos la sorpresa, pues el hecho de haber llamado Mila á don Roque para que tome parte en la representación de la charada, es signo que mucho revela.

¿Y quién es don Roque Díaz Canales? Un solterón muy rico, muy espiritual, muy culto, experto para manejar el chiste, é incomparable en el arte de deleitar conversando; pero con cincuenta y pico de años, de los cuales los cincuenta están bien representados por su majestuosa calva, siempre brillante, y el pico algo disimulado por la tinta «Juvenia».

¿Pensará casarse con don Roque la señorita Aragón? ¿Y á qué obedece tan extravagante matrimonio? Verdad es que él posee más oro que todos los otros pretendientes juntos; ¿pero qué necesidad tiene ella de sacrificarse por dinero? ¿No es bastante rica?

—Como le ha dado pena presentar al novio —dice la tía de Cecilia á la señorita del lado—va á hacerlo conocer por medio de una charada. ¡Qué ocurrencia! Eso sólo puede ocurrírsele á niña tan inexperta.

—Creí que lo de la charada—añade la otra—sería humorada de muchacha incapaz por su edad de comprender la gravedad de estos actos; pero

seguramente es, como muy bien opina usted, por
que le da pena presentar de otro modo á su vejestorio.

—Este compromiso no vale la pena de ser celebrado con un baile.

—Es verdad, pero, amiga mía, mientras una
más vive más ve. Mi hijo, que es un joven apre-
ciado de todos, como á usted le consta, por sus bellas cualidades físicas y morales, está locamente
enamorado de esa niña, y ella ha desdeñado su
amor para aceptar la mano de don Roque.

—Que podría ser su abuelo.

—Efectivamente. Lo que más me sorprende
es cómo han podido los padres de esa niña convenir en semejante enlace.

—Quizás es obra de ellos.

—¿Y qué objeto perseguirán?

—Averígüelo Vargas.

—Dinero no puede ser, pues ellos son muy
ricos, y no necesitan de más para que Mila viva
siempre con lujo. Me inclino á creer que ella no
ha sido obligada, sino que se comprometerá por su
gusto, pues nunca ha estado más contenta que esta
noche.

—Ni más bella. ¡Ah! cuán feliz hubiera sido
yo viendo á mi hijo casado con tan distinguida señorita.

Mientras la mayor parte de los contertulios
dialogan sobre este mismo tema, don Roque Díaz
Canales es objeto de escrupuloso análisis, y hasta
de envidia.

Nunca su calva había parecido más amplia ni
más lustrosa; nadie hasta ahora le había censurado
el empleo de tintas para teñirse el cabello y el bigote; muchos opinan que su cultura social y su

tan ponderada jovialidad no pasan de ser despreciable aptitud de payaso de salón; no falta quien asegure que sus bienes de fortuna son mal habidos, y aun hay quien sostenga que ya va pisando los setenta inviernos.

Mitral duda al principio de que sea don Roque el vencedor, pero luégo acompaña en su creencia á los demás, lo cual le produce violenta indignación.

¿Podrá ese solterón formar con Mila una elegante pareja, modelo de matrimonios felices, como dice doña Rosa de Carrel? ¿No es para enfurecerse úno pensando en la ridiculez de semejante enlace? No es que á él se le importe un bledo que Mila se case con tal ó cual sujeto, es que no es tolerable que un viejo verde se haga dueño de la divina criatura más capaz de colmar de felicidad á un hombre. ¡Ah! de no haber mediado ciertas circunstancias, él no se hubiera dejado arrebatar la gloria de ser esposo de Mila por ningún vejete, aunque fuese el más chistoso y espiritual del mundo.

Va á comenzar la charada.

Todos callan.

Intensa ansiedad muéstrase en cada semblante.

La espectativa es propia de los solemnes momentos.

Comienza la representación.

Los actores son don Roque, Cecilia y Mila. Es una charada ideada por ésta y aumentada y corregida por aquél.

A medida que avanza la representación, los circunstantes van tratando de deducir de ella el nombre del solterón, y pronto se confunden, pues no hay modo de hallar satisfactoria analogía entre sus presunciones y las partes.

La representación concluye.

Se miran unos á otros.

Daniel Mitral se pone en pie. Vivísima alegría irradia su semblante, y en los ojos le brilla la mirada con que el alma expresa sus grandes regocijos.

—¡ Señores :—dice — todos hemos olvidado que hoy es 28 de diciembre, día de los *Santos Inocentes !*

Con una carcajada general se celebra la ocurrencia de Mila. El todo de la charada es *inocentes.*

Los pretendientes, saliendo del abismo del desengaño, la rodean alborozados para felicitarla por su ingeniosa broma.

—Y bien—pregunta uno—¿también es mentira lo del baile ?

—Nó,—contesta ella—el baile se efectuará, porque de lo contrario fuera excesiva la chanza y no me hubiera atrevido á tanto. Lo del compromiso es fácil que me lo perdonen ustedes, pero la falta del baile no lo hubiera sido tanto. ¿ No es verdad, señores ?

—La complacencia de muchos al saber que el compromiso era fingido—dice Daniel—habría evitado que echáramos de menos el baile.

Esta frase, por la cual Daniel se ha incluido entre los que celebran que Mila continúe libre, ha sido oída por Mariana, cuya doble penetración de madre y de amante le advierte que hay en tales palabras algo que no es mera galantería.

Tampoco se le ha pasado inadvertida la extraordinaria alegría que él demostró al saber que era falso lo del compromiso; alegría que aún le dura, que no procura disimular y que es tan extraña como la preocupación y visible tristeza que poco antes revelara.

Mariana esperaba, como era natural, que la noticia del enlace de Mila complaciera á Mitral en sumo grado, y que al descubrirse la broma sufriría muchísimo. Y por creerlo así, por no exponerlo á tal mortificación, contrarió al principio el proyecto de su hija, y luego intentó revelarle el secreto á su amante, lo cual no hizo por falta de oportunidad.

¿Cómo explicarse, pues, lo que ha observado, y que es lo contrario de lo que esperaba?

Hasta este momento ninguno de los caballeros se había atrevido á solicitar de la señorita Aragón el honor de bailar con ella alguna pieza, pues todos esperaban saber antes quién era el prometido; pero en conociendo la verdad le llueven peticiones, y son muchos los que ahora, á un tiempo mismo, le piden el vals de introducción.

Ella, perpleja, no halla por quien decidirse. A todos los estima, y quisiera complacerlos á todos; pero el vals de introducción no es más que uno, y los postulantes son varios. Tras larga vacilación ella se da con suma gracia una palmadita en la frente, como cuando se atrapa la idea salvadora, y dice sonriente:

—Señores: quisiera complacerlos á todos, porque á todos los aprecio, y porque ninguno tiene el derecho de antelación, pues las peticiones fueron simultáneas; pero, obligada á decidirme por alguno, lo hago por quien ha tenido que hacer un viaje para venir á sufrir la broma de la inocentada.

—Ese soy yo—exclama Daniel Mitral dando un paso adelante y golpeándose el pecho con orgullo de vencedor.

Entran los músicos, al frente de los cuales se halla Pedro Elías Gutiérrez.

Comienzan los preludios.

Los parejas sinten ese ligero calofrío que es como la avanzada del cercano placer; se les enfrían las extremidades de los dedos, les vibran los nervios y se les aumentan las palpitaciones del corazón.

Unos van, otros vienen.

Algunos confrontan los programas.

Se dan prisa los que no los tienen llenos.

Gutiérrez alerta á sus colegas.

Suenan unos golpecitos en el atril, y las armonías de *Amor y Primavera* surgen de la numerosa orquesta.

Cada joven ofrece el brazo á su pareja, y comienza el paseíto de estilo.

Daniel, de bracero con la señorita Aragón, al llegar junto al espejo de cuerpo entero se pára y se mira en él. Realmente: doña Rosa de Carrel tiene razón. ¡Qué pareja tan elegante! Qué tal, si en vez de un baile se tratase de una boda; si en lugar de ser simple compañero de vals lo fuera por toda la vida en el hogar?

El traje blanco de Mila le da cierto aspecto de desposada, y esto contribuye á que se multipliquen las imposibles ilusiones de Daniel.

Cuando le coloca la diestra en la cintura y le toma con la otra su blanca manecita, que parece primoroso juguete, un leve suspiro se le escapa.

Fue leve, sí, levísimo; pero no ha pasado inadvertido de Mila, que baja los ojos.

Aun en otra situación de ánimo habríale bastado á Daniel el descote de la señorita Aragón, por discreto que fuera, para herirle la imaginación provocando los más atrevidos anhelos y los más extravagantes propósitos.

El le dice un piropo: ella se ríe, y por el movimiento natural de la risa, se le contrae el pecho, sepárase un tanto la tela, y volviéndose menos discreto el descote, permite que atrevida mirada se pose por allí, en el arranque de las curvas, cual ávida abeja que aletea al pie de unas magnolias en botón, esperando que se abran para libar el delicioso néctar que guardan sus corolas.

Mila es pareja de primer orden: más que á la presión de la mano, parece que va obedeciendo á la voluntad de su compañero, quien, llevado por la idealidad del baile y poseído del arrobamiento que producen los goces sublimes, olvídase de lo que ha visto, de lo que aún pudiera ver, de cuanto hay de tentador ante sus ojos, y se refunden en la potencia de su espíritu todas las facultades y todo el vigor de la materia.

Parécele que aspira ambiente de gloria; que viaja por sobre nubes; que una divinidad lo guía á donde ha de brindarle la excelsa dicha.

Sólo cuando pasa cerca del gran espejo bájase de la región ideal para recordar que la señora de Carrel le ha dicho que él y Mila formarían una elegante pareja, modelo de matrimonios felices.

Y lo que es bailando no hay duda de que la forman bien gentil y bien gallarda. La esbeltez de ella como que cobra al compás de la música mayor realce; su busto, erguido y sereno, ha adquirido por la artística posición cierta majestad de reina; y el rápido movimiento de sus pies apenas

se advierte por leves sacudimientos del traje. Y
en cuanto á él, ¿no dicen todos que es uno de los
jóvenes más elegantes de Caracas? ¿Y quién le
aventaja en el baile? ¿Quién conoce como él todas
las reglas que hay que observar para danzar con
apostura y destreza?

Concluye el vals.

—No tiene usted buena suerte, señor Mitral.
Reconozco que es pecado mortal el haberle hecho
venir de Macuto para darle una broma y para hacerle pasar este mal rato. Me arrepiento de ello.

—De lo que debe usted arrepentirse es de haber dicho semejantes palabras, porque ellas sí
constituyen grave pecado contra verdad.

—Ese es un modo de consolar á una delincuente como otro cualquiera. Sea, pues, como usted lo quiere, en honor de su benevolencia.

—Y de la justicia, Mila. Puede usted contar
entre sus buenas obras la invitación con que me
ha honrado. Las limosnas de felicidad son las más
valiosas de todas.

—Ya quiere usted decir que puedo distribuir
felicidad á mi antojo.

—No es que lo quiero decir: es que lo he
dicho; es que lo digo.

—Lo importante para mí es saber si usted me
perdona que le haya hecho venir. Comprendo que
para usted es para quien ha sido más pesada la
broma, puesto que ha tenido que hacer un viaje,
quizás cuando le era más grata su permanencia
en Macuto. Mamá no quería que lo invitase.

—¿Por qué?

—Porque ella juzgaba eso como grave falta
de consideración. Le alegué que como la invitación
era para un baile, el cual iba á efectuarse, si us-

ted venía, nada podría incomodarle ; pues la inocentada dependía del supuesto motivo del baile y
no de la falta de éste.

—¿ Y ella no insistió ?

—Sí, cómo no ; pero comprendiendo que se
trataba de un capricho suyo, consulté el punto
con papá, quien me autorizó para invitar á usted.

—Dios se lo pague á Don Leonardo ; siempre
tan bueno !

—Mamá pensaba que usted no sería capaz de
venir expresamente por un baile, y que si lo hiciese sería por mera complacencia, lo cual no era
justo pretender.

—No digo por bailar con usted, Mila : por
verla, aun otro que tenga menos corazón que yo,
vendría gustosamente del confín de Venezuela,
y no por tren sino á pie.

—Cuando los hombres dicen á echar flores,
son más pródigos que aquellas enredaderas de flor
de pascua que tanto admirábamos en las márgenes del río de Macuto. ¿ Las recuerda usted, señor
Mitral ?

—Sí las recuerdo.

—Por haberle hecho la invitación á última
hora no le supliqué que me trajese algunos sapozarapos y parchitas de monte. ¿ Ahora no recogió ningunos ?

—Sí ; muchos—contesta Daniel, y en seguida,
queriendo variar el tema de la conversación, pues
le mortifica recordar ciertos abusos contra la candidez, pregunta :—¿ Podré esperar el honor de
bailar otra vez con usted ?

—¿No ha quedado escarmentado ? Pues aquí
tiene mi programa ; todavía está en blanco, por-

que he querido que mis invitadas llenen primer
los suyos.

—De buenas ganas llenaría yo éste con m
nombre.

—¿Qué pecado ha cometido usted para qu
quiera imponerse semejante penitencia?

En oyendo esto, Daniel se estremece de mie
do, como el criminal que teme ser descubierto
pues por la mente le pasa este pensamiento: «¡Ah
si Mila supiese qué pecado, qué grande, qué enor
me, qué imponderable pecado he cometido yo!»

Un calofrío de espanto le baja de la cabeza
los pies, y un sacudimiento nervioso le sube d
los pies á la cabeza.

Ningún delincuente puede oír hablar de de
litos sin que cada frase le lastime la conciencia
cual si fuese hiriente alusión, y hay casos en qu
se teme una acusación como pudiera temerse u
cataclismo; más aún, pues nada es comparable a
infortunio de una alma que en momentos en qu
esté tocando á la puerta de un cielo de radian
tes ilusiones, sea de súbito lanzada al averno d
la más espantosa acusación. Y el alma de Danie
Mitral, sin que él pueda evitarlo, está golpeand
á la entrada de un paraíso donde entonan el gra
himno de la dicha las más bellas y divinas ilu
siones.

Bien sabe él que no merece penetrar allí
que no es digno de tanta gloria, y que en vez d
aspirar al premio de los buenos, sólo debe pensa
en purificarse por medio del dolor. Y aun cre
que ha adivinado la forma de su suplicio; pue
de manera rápida, sorprendente, le ha crecido e
el pecho el anhelo de ser esposo de Mila, y es
anhelo le domina, le tiraniza con el poder irre

istible de todo lo que es á un tiempo mismo fascinador é imposible.

Pretender lo absurdo, vislumbrar la verdadera felicidad y no poder alcanzarla, he ahí la forma más cruel para el suplicio de una alma tan vehemente en sus pasiones como habituada al logro de todos sus deseos.

Daniel medita.

¿Qué será de él cuando la naciente pasión por Mila llegue á su plenitud?

¿Retroceder? ¿Detenerse? ¿Y es propio de la voluntad humana señalar límites á la fatalidad?

¿Y cómo intentarlo cuando cualquier incidente es combustible que desarrolla fuerza impulsora para acelerar los sucesos?

He aquí un ejemplo: mientras los doctores Gil Borges y Guzmán Alfaro esclarecen en presencia de la señorita Aragón el asunto de un vals en disputa, Daniel, observando que no pueden avenirse, propone que se lo cedan á él como fórmula de transacción. Esta propuesta, quizás no tanto por jocosa como por grata, provoca en Mila dilatada risa, y como ahora está Daniel, no de frente como cuando bailaban, sino sentado á su izquierda, advierte que otra vez á ella se le contrae el pecho, separándose un tanto la tela, y que el descote se vuelve indiscreto, permitiendo que la profanación de atrevida mirada caiga sobre el más ideal de los primores.

Daniel se estremece. Ya no es el respetuoso admirador de la divina niña á quien veía con el temor de mancharla; no el que la veneraba reverente como á un ángel de candor, para quien sólo tenía pensamientos de sublime idealismo. Ahora la contempla como á mujer hermosamente tentadora que posee atractivos humanos, que sabe avasallar sentidos, que tiene poder bastante para arrojar fuego en las venas y gérmenes de ensueños voluptuosos en la mente.

Tras del ángel ha aparecido la mujer. ¡ Y qué mujer! Dígalo ese descote que, aprovechando la risa de la pura niña, comete indiscreciones que cambian la faz del culto que ella inspira.......

Va á comenzar la otra pieza. Mitral se levanta para comprometerla, y al pasar cerca de Mariana ésta le dice en voz baja:

—¿ Qué te ha hecho recordar el vals que acabas de bailar?

El no sabe qué responder; nada recuerda, aunque hace esfuerzos mentales.

—¿Ya te estás olvidando de nuestros buenos recuerdos?—vuelve á preguntar Mariana.

—Es que tengo mala memoria.

—No en la memoria, sino en el corazón es donde guardo las impresiones de ciertos sucesos.

—¿Cuál es el título de ese vals?

—*Amor y Primavera.*

Otra vez se queda Daniel pensativo, pero en vano.

—Ya has comenzado á olvidar—añade Mariana.—¡ Feliz de tí!

En seguida se aleja, visiblemente enojada. Daniel la sigue con disimulo, le da alcance y le suplica le diga á qué suceso se ha referido; pero ella, con la altivez de la mujer herida en su orgullo por la inconstancia del amante, le pregunta con sequedad:

—¿ Y qué te importa saberlo?

—Te lo ruego.

—¿En nombre de tu curiosidad?

—En nombre de mi corazón, que se mortificará mucho si no me complaces.

—Pues mortifícate, amigo, y así purgarás la falta de ser tan desmemoriado.

Vuelve á alejarse aprisa.

Daniel se queda pensativo, y en medio de su resentimiento por no haber sido complacido, juzga á Mariana como la mujer más despiadada del mundo.

Qué proporciones tan inmensas adquieren los más fútiles sucesos cuando el ánimo está predispuesto para tomar por agravio todo lo que venga de donde sólo se desean hostilidades. Y Daniel experimenta extraño deseo de ser agraviado por Mariana; quisiera que ella misma pusiera obstáculos entre los dos; que con mortificantes incomplacencias le borrara de la mente los gratos recuerdos de lo pasado, y que en lo sucesivo sólo le diera motivos de queja.

Eso es precisamente lo que le sucede á todo corazón en el momento mismo en que efectúa el tránsito de una pasión á otra.

Luego comienzan las comparaciones, de las cuales resultan conclusiones no ajustadas á la justicia, pues las dicta la predisposición contraria, y siguen después los cargos por negativas que antes parecieron insignificantes y que ahora adquieren magnitud de intolerables ofensas.

Así procede el ánimo de Daniel. Compara la bondad, la dulzura, el carácter afable y tierno de Mila con la arrogancia de Mariana, con su fuerza de voluntad hasta para resistir á sus mismos deseos, y con la inquebrantable rigidez con que va rectamente á su propósito. Luego confronta la belleza angelical de la hija, que había más á el alma que á los sentidos, y la hermosura voluptuosa de la madre, que fascina, que subyuga, que enloquece, que anonada todas las facultades del espíritu y multiplica los ímpetus corporales con el poder irresistible de las más poderosas tentaciones.

Mila es el ángel ; Mariana es la mujer.

La primera hace soñar con el hogar, con el santo hogar donde habita la dicha verdadera; y la ótra con las riberas de los ríos donde los pajarillos entonan el himno matinal entre las ramas, que el viento sacude arrancándoles las hojas, secas para formar mullidos lechos.

Tras de Mila se vislumbran las caritas sonrientes de los hijos, pedazos del corazón ; y tras de Mariana aparecen los fantasmas nocturnos, verdugos de la conciencia.

Sí ; Mila es el ángel y Mariana es la mujer ; pero ésta nada tiene de aquélla, y aquélla si mucho de ésta. Dígalo el descote en momentos de oportuna indiscreción.

¿En qué aventaja la madre á la hija? Los atractivos de la una podrán ser más esplendorosos que los de la ótra ; pero ¿serán por ello más apetecibles ? ¿Las magnolias, por abiertas, son acaso más deseadas que las que guardan en botón un tesoro de virginal fragancia, prometiendo competir con ellas ?

Y además, allí está el alma de Mila, serena, apacible, retratada en su hermosa pupila ; esa alma pura que lleva un séquito de almas por regiones ideales donde florecen los ensueños y revolotean, como mariposas de luz, las ilusiones.

Esa alma es capaz también de sublimes arranques, de violentas sensaciones é ímpetus terri-

bles, porque es capaz de amar con todas las po-
tencias. Por esto Mila se encaró airada con el joven á quien sorprendió denigrando de su padre;
por esto, resuelta y colérica, le señaló la puerta
de la calle; por eso cayó al suelo abatida por un
síncope, y por eso estuvo en cama muchos días.

No es, pues, esta bellísima niña la estatua
insensible de un ángel; es un ángel humano, capaz de los ideales del Cielo y de las pasiones de la
tierra.

Si con tanta vehemencia quiere á su padre,
¿ cómo amará á su esposo ?

Cómo le hubiera gustado á Daniel ver aquella
escena !

La indignación de un ángel debe de ser espectáculo sublime, así como lo es la ternura de
una tigre.

En tanto que el baile continúa, así medita
Daniel Mitral, pues por inquirir lo del vals «Amor
y Primavera» no comprometió la segunda pieza.

Picado de la curiosidad ha requerido varias
veces á Mariana sobre el particular, y ella al fin
le ha dicho que ese vals fue el primero que ambos
bailaron en Macuto.

¿ Y cómo quería «esa mujer» que él se acorda-
se de semejante nimiedad ? No faltaba más, sino
que fuese á llenar los rincones de su memoria con
tales tonterías ! Carga enojosa fuera el amar si
uno estuviese obligado á acopiar en el cerebro ca-
chivaches amorosos de esa especie. ¡Y tan furiosa
que se ha puesto porque él no tuvo el cuidado de
grabar en su memoria, con letras de oro y al re-
lieve, el nombre del primer vals que bailaron en
Macuto ! Pues no deja de tener gracia lo que hace

24

poco le dijo ella en són de reprimenda :—«Creí
que mientras bailabas con Mila te estarías acordando de que el mismo «Amor y Primavera» fue
el de introducción del baile de Macuto.» ¡Que él,
bailando con Mila, se estuviese acordando de cosas viejas !...... Ganas le dieron de decirle : «cuando úno baila con una niña cómo ésa, está en el
Cielo, y no piensa sino en lo porvenir, temeroso
de recordar lo pasado.»

El estado de ánimo de Daniel no le permite
ni observar los deberes sociales, ni preocuparse de
lo que puedan decir los demás. Pensar, pensar y
contemplar á Mila. Es para eso para lo que parece que ha venido al baile. Así, conténtase con
las tres piezas que ha comprometido con ella y á
ninguna otra pareja invita, en lo cual se fija Mariana.

¿Qué es lo que dejando de advertir la madre
no lo advierte la amante? Y Mariana tiene la
perspicacia de ambas.

Todos los pretendientes dé la señorita Aragón
han redoblado sus galantes gestiones, y por doquiera la acosan á requiebros, cual si quisiesen
conquistarle el corazón en un rato, temerosos de
que pueda convertirse en realidad lo que ha resultado ser una inocentada.

Apuradita se ve ella para atender á todos y
para corresponder debidamente á tantos galanteos.
La miman, la obsequian, la florean, le adivinan
sus deseos, le prodigan piropos, le celebran sus
ocurrencias, y tratan sin cesar y por diversos modos de complacerla, como acontece con las personas queridas recién llegadas ; por mejor decir : como pudieran hacerlo con un sér adorado que aca-
base de resucitar.

Cuando Mila y Daniel terminan el último vals ella le pregunta:

—¿Regresará usted mañana á Macuto, señor Mitral?

El le contesta que sí, sólo para saber qué impresión le produciría su ausencia, y ella con suma ingenuidad le dice:

—¡Jesús! ¿No se ha fastidiado todavía de Macuto? Nos hace usted mucha falta los miércoles.

—Si usted me ordena que me quede......

—Ordenárselo nó—interrumpe vivamente Mila, azorada por creer que ha dicho demasiado—sólo me permito significarle el deseo de todos.

Daniel observa que al decir *de todos* le da entonación especial como para que no pase inadvertida la particular importancia de esas dos palabras; pero él, experto en tales asuntos, comprende que aun es más importante y significativo el empeño con que ella quiere esclarecer el sentido de sus palabras.

Así como no es la inocencia absoluta la que concibe pudorosos escrúpulos, tampoco es la indiferencia la que produce sobresaltos en una mujer que ha dicho palabras que pueden ser interpretadas como manifestaciones espontáneas de una pasión amorosa. Esto se lo tiene Daniel muy bien sabido, y por ello pára mientes en la turbación de Mila, que él se complace en aumentar diciéndole:

—¡Quién me hubiera dicho cuando me hallaba en Macuto que usted echaba de menos mi humilde persona en las agradables reuniones de los miércoles!

—Los buenos amigos siempre hacen falta, y

por eso *todos, absolutamente todos* lamentábamos su ausencia.

Vuelve la señorita Aragón á particularizar con la entouación las palabras subrayadas, y otra vez Daniel, fijándose en ello, da á tal empeño la importancia debida.

—Macuto es muy bello—añade él.—Tiene para mí muy grandes atractivos, y los días que allí paso me son muy gratos; pero ya que todos los tertulianos de esta casa desean mi presencia en las reuniones de los miércoles, me quedaré.

—Permítame que le diga, señor Mitral, que si bien es cierto lo que le he dicho, también lo es que nadie pretende que usted, por mera complacencia, posponga sus principales inclinaciones y permanezca en Caracas, donde debe de serle muy tediosa la vida.

—El complacer es gran dicha cuando entre las personas complacidas se halla una gentil personita tan adorable como usted, Mila; y en cuanto á que me cause tedio la vida en Caracas, ¿podrá temer tal cosa quien sepa que en esta ciudad existe usted?

—Dice don Roque, una de las personas más sinceras que conozco, que si á los hombres se les cayese un pelo del bigote por cada mentira que les saliese de la boca, dirigida á alguna mujer, raro fuera el que en dos ó tres días no quedase como á la usanza antigua.

—Pero yo no he mentido al decir que el complacer á usted es uno de tantos modos de ser feliz, y que el mirarla es fórmula eficaz contra el hastío. Y á propósito de don Roque, ¿sabe usted, Mila, que muchos creyeron que él era el afortunado mortal á quien usted había elegido para esposo?

—¿A don Roque?

—Sí; porque como usted lo designó para tomar parte en la representación de la charada......

—¿Pero á quién se le ha podido ocurrir tal cosa?

—A muchos; á casi todos.

—¿A usted también?

—Con franqueza le confieso que hubo momentos intermitentes en que también acogí semejante desatino.

—¡Conque también usted, señor Mitral!

—Yo también. Perdóneme usted.

—Fuerte castigo merece por haber incurrido en tan enorme disparate—dice riéndose Mila—sin embargo, lo perdono.

—Hace usted muy bien, porque el castigo estuvo envuelto en el pecado mismo.

—¿Cómo así?

—Porque cruel martirio fue para muchos el pensar que don Roque iba á alcanzar lo que tantos *ambicionan*.

Daniel ha titubeado para pronunciar esta última palabra, y á punto ha estado de decir *ambicionamos*.

Esto no ha pasado inadvertido de Mila; aun más, le ha producido gratísima sensación; pero sintiendo á la vez ese extraño temor que invade el corazón cuando presiente la proximidad de sucesos de alta trascendencia, fíngese distraída y luego da nuevo giro á la conversación, la cual continúa un rato más, pero sobre fútiles temas.

X

Hace días, desde la noche del baile, se pregunta Daniel Mitral en sus largas meditaciones qué es lo que le está pasando en el alma y á dónde tenderán las ilusiones que allí están ensayando el vuelo, cual avecillas ganosas de viajar por fértiles regiones.

Al Calvario se ha ido en busca de soledad propicia para sus pensamientos, y de fresca brisa que le atenúe el fuego que en la frente le produzca el tanto meditar.

Desde la poética colina, de cuya belleza muchos caraqueños sólo tienen noticia por referencias de viajeros que han sabido apreciarla, Mitral pasea la mirada por sobre la ciudad que, en su deseo de agrandarse, parece resuelta á pasar el Guaire ó á trepar por el Avila. La hermosa perspectiva le embarga totalmente la atención durante largo tiempo, hasta que su mirada se detiene en el techo de la casa de la familia Aragón, como ave mensajera de una alma esclavizada.

Ya se advierte la lenta debilidad de la luz por el oriente, y el tenue tinte de melancolía que es como la avanzada de la noche; ya experimentan los ánimos el misterioso desfallecimiento que hace surgir en la memoria el verso del poeta: *Ya es la hora de la conciencia y del pensar profundo.*

Y Daniel, con la vista fija en el punto indicado, hace examen de conciencia y piensa profundamente.

¿Qué es lo que persigue su alma? ¿A dónde irá?

Bien se advierte que ha variado de rumbo; que ya no va tras los placeres que en otro tiempo le brindó la señora de Aragón en la rebosante copa de todas las complacencias; que ahora siente repugnancia por el amor adulterino; que ya no ve en Mariana á la amante de Macuto, sino á la madre de la niña más adorable de cuantas han visto sus ojos; que quisiera amar como hombre honrado y no como ciego instrumento elegido por el destino para castigar del modo más cruel á quien empleó su juventud en acopiar vergüenzas y oprobios y crímenes, para formar el infierno en que habrían de caer más tarde su cuerpo, su alma, su honor, su dicha conyugal: cuanto hay de apetecible y sagrado para el hombre.

¿Y ese cambio á qué se debe? A que ahora es la imagen de Mila la que tiene siempre delante; la que como ángel guardián le señala con el primoroso índice de su diestra el camino del santo hogar, único punto donde puede hallarse la verdadera dicha; á que quiere amar á la luz del sol, con la cabeza erguida y la conciencia en paz.

Mariana y Mila: esas dos mujeres representan para Daniel lo pasado y lo porvenir. Lo pa-

sado cual jardín desierto, con sus placeres olvida-
dos como flores marchitas, y sus agudos remordimientos como espinas que se aumentan y se agu-
zan cada día; y lo porvenir como paraíso donde
se encierran todos los bienes que el corazón ansía.

Mariana no es ya sino la mujer hermosa;
acaso la de hermosura más espléndida que en la
tierra exista; quizás el conjunto de voluptuosos
atractivos más completo que la naturaleza haya
logrado reunir; pero Mila es la belleza en botón
que triunfará sobre todas sus rivales cuando en
plena lozanía ostente sus hechizos en todo su vigor. Y es además el ángel; es la reina que merece un trono; es la deidad que pide un altar; es
la virgen digna del culto del hogar, ese norte es-
plendoroso hacia donde tiende el alma, cuando,
hastiada de los transitorios goces mundanales, anhela las fruiciones de los santos amores.

Cuando Daniel piensa en la madre se vé á sí
mismo pequeño y ruin, y quisiera borrarse de la
memoria los que antes fueran recuerdos deleita-
bles con que endulzara horas y horas; y cuando
en Mila, le entran vivos deseos de ser bueno, de
no haber pecado nunca, de purificarse para poder
aspirar á la ventura incomparable de fundar un
hogar virtuoso donde pueda adorarla como merece
serlo, con todo el corazón y por toda la existencia.
Después de haber amado con los sentidos, quisiera amar con el alma. Después de haber sido cómplice de un adulterio, sólo anhela ser esposo, padre feliz de una familia honorable. Pero ha de ser
Mila su compañera; pues con ninguna otra que-
rría casarse; ¿y es esto posible? ¿No es disparate
enorme pensar siquiera en llevar á la hija al pie
de los altares después de haber precipitado á la

madre en el más profundo y más espantoso de todos los abismos? ¿Permitiría Mariana que su cómplice se convirtiera en yerno? No hay que pensar en ello. Y entonces, ¿qué será de él? La casi completa extinción de su amor por Mariana revela que otra pasión lo ha venido desalojando, y ésta no puede ser sino la que le ha inspirado Mila, porque es ella el trasunto de la esposa ideal que se ha forjado, y porque sólo á ella se uniría con los indisolubles lazos para continuar el viaje de la vida.

La pasión por Mila está en gestación, ó apenas recién nacida. ¿Cómo será cuando se halle en pleno desarrollo? Será inmensa, sí; incomparablemente poderosa, pues no tendrá tan sólo el carácter de ese violento apetito que provoca la voluptuosidad de las formas perfectas, sino el de la ferviente adoración que infunden las niñas candorosas en cuyos corazones se anidan, como aves del cielo, las virtudes.

Los hechizos materiales subyugan los sentidos, y la belleza moral fascina á el alma: la resultante de esos dos sentimientos es la pasión irresistible de donde surgen la santa aspiración de la dicha conyugal y el anhelo del amor á la familia.

Y como toda pasión crece veloz y adquiere ímpetu de torrente cuando lo imposible se le opone como poderoso obstáculo, ya Daniel presiente que muy pronto se verá arrastrado por el más funesto de los amores, y que no pudiendo alcanzar el codiciado bién, padecerá largo y tantálico suplicio, que por siempre jamás lo hará incomparablemente desgraciado.

¿Por qué conoció á Mariana? ¿Por qué la deseó? ¿Por qué la tomó por la mano y la precipitó al abismo del adulterio?

Si esto no hubiese sucedido, él podría ser el más feliz de los mortales, porque fácil le fuera conquistar la mano de Mila. Sí ; no es necia presunción ; es que á fuer de experto conocedor del corazón femenil, sabe ya á cuantos grados monta la simpatía que ella siente por él.

He ahí, pues, la verdadera felicidad en perspectiva : luminosa, tentadora, espléndida ; pero imposible !

¿ Y por qué lo es ? Porque esa felicidad no se muestra á su vista como galardón, que no merece, sino como móvil de tormento para castigarle por sus grandes faltas ; pues la hija parece ser la elegida por la justicia divina para martirizar al cómplice de la madre. ¡ Y de qué modo ! No hay suplicio mayor.

Habiendo entrevisto tan horrendo destino, ¿ qué le corresponde hacer ? Desecha todos los proyectos, apenas enunciados, por irrealizables. No hay que pensar en poner mar en medio, porque, ¿ si no tuvo fuerza de voluntad para irse lejos cuando quería sustraerse á la fascinación material de Mariana, cómo hacerlo ahora que ama con el alma ? La materia puede ser dominada, porque fácil es saciarla con goces sustitutos, y en siéndolo se calma, aunque sea temporalmente ; pero el alma nó, pues para sus anhelos no hay lenitivos falsos, ni para su penar más consuelo que el logro de sus deseos. Nada extraño á su dolor puede ni un tanto siquiera mitigarlo, y en vano será que con ausencias y distancias se le quiera coartar la libertad de rendir homenaje y culto á la virtud y á la belleza.

Vano fuera el intento de olvidar á Mila, pues ya es para él imperiosa necesidad el verla con frecuencia, porque cuando está á su lado, al mismo tiempo que se recrea admirándole sus bellezas morales, manifiestas hasta en su dulce hablar, se extasía con la visión divina que en momento de inolvidable indiscreción le permitió el descote.

Además, bien se conoce cuánto se complace ella cuando con él conversa, ¿y qué hombre puede renunciar á la gloria de causar con su presencia regocijo á una mujer bellamente angelical?

Ah! si Mariana, sacrificándolo todo, todo, á la dicha de su hija le permitiera hacerla su esposa!... Pero es un delirio; es la idea más extravagante que pueda ocurrírsele á un cerebro desequilibrado. Como amante, ella jamás renunciará á su amor; y como madre, menos ha de permitir que su hija se despose con el cómplice de su adulterio. No hay que pensar en tan enorme disparate: de consiguiente, menester es cruzarse de brazos y esperar que los acontecimientos lo arrastren por el cauce que la poderosa mano de la fatalidad les abra.

Así está meditando Daniel, apoyado en el pedestal de la estatua de Colón y con la mirada fija en el lejano techo de la casa de los Aragones, que ya las sombras de la noche van ocultándole.

Siéntese mentalmente fatigado y prosigue su paseo por entre los curvos senderos de la poética colina.

La noche avanza desplegando sombras, en tanto que la luna marcha majestuosamente, á paso lento, como soberana de estrellas, prodigando luz.

Las noches así, claras y serenas, son propicias para pensar en la felicidad de los recién casados, cuando van de bracero, paseándose, diciéndose ternezas, gozosos, y forjándose ilusiones, con las cuales esmaltan lo porvenir cual « prado por abril de flores lleno ».

Daniel piensa en esa ventura y la codicia; pero para compartirla con Mila, que es la personificación de su ideal de esposa. El matrimonio! El matrimonio! He ahí la idea que está fija en su mente desde hace varios días; desde la noche del baile. Y esa idea se enrojece y le tortura cuando algún incidente viene á irritarla y á aventarla contra el muro de lo imposible, que siempre amenazante le cierra el paso á sus más hermosos ensueños.

La noche sigue avanzando; la luna, cercana al zenit, derrama sobre la tierra raudales de plateada luz, y una pareja de jóvenes que acaban de cumplir el primer semestre de matrimonio pasa por delante de Mitral. Él esposo, con la cabeza inclinada á la izquierda, murmura al oído de su compañera palabras de amor que ella escucha sonriente y con la mirada fija en el sereno firmamento, donde cada estrella le parece una esperanza, y cada combinación sideral un vaticinio de perpetua dicha.

¡Si él pudiera pasearse así con Mila! ¡Qué de dulces palabras le diría! ¡Cuán tiernamente ella sonriera, y cómo le brillarían los ojos: con más esplendor que las estrellas !

Pero no hay que pensar en lo imposible.

Daniel sigue maquinalmente y á conveniente distancia á la feliz pareja. El marido inclina aún más la cabeza, y la esposa muestra al andar el suave balanceo de la mujer que va camino de la maternidad.

Es una joven bellísima, pero no tanto como la señorita Aragón, y aunque es esbelto su cuerpo, carece de la gracia del de aquélla. Camina con majestad, con donaire; con el majestuoso donaire de la primeriza que al pisar lo hace con excesivo cuidado, con el temor de causarle daño al hijo que lleva en las entrañas; pero si Mila estuviese en ese estado, cuán gallardo fuera su porte, y con cuánto gracejo cargara su aún no nacido maternal tesoro.

Olvidándose del mundo, olvidándose de todo; creyéndose á cubierto de indiscretas miradas, ambos esposos siguen charlando paso, (quizás refriéndose al esperado chiquitín) él siempre con la cabeza inclinada, y ella con la misma sonrisa, con la misma mirada, estrechándole con entrambas manos el brazo contra el pecho, y acercando aún más su cara á la de él, como ávida de su aliento y temerosa de perder alguna de las apasionadas palabras que le va diciendo.

Después....... No pueden contenerse: juntan los rostros y se dan un beso.

Daniel se regresa bruscamente. Que es motivo de tormento para el desgraciado la ajena dicha.

¿Por qué, Dios mío, por qué no has dispuesto que él y Mila disfruten de una ventura igual?

¡Ah! él sabría hacerla feliz, y ella merece serlo, porque es pura como una flor del Cielo. Pero él no es digno de tanta felicidad; él está condenado á purgar su crimen adorando á la hija después de haber acompañado á la madre en el pecado.

En verdad que fue un gran pecador; que mereció la excecración social y la cólera divina al valerse de las dotes personales que le concedió naturaleza para anonadar la fidelidad de una mujer y pisotear la honra de un hogar; pero ahora quisiera ser bueno, y arrepentido de lo pasado, y unido á Mila con el sagrado lazo, ser ambos tan felices como la pareja de recién casados que están paseando por el Calvario á la luz de la luna: él con la cabeza inclinada murmurándole al oído dulces palabras de amor, y ella con el suave balanceo de las que van, camino de la maternidad, pisando con cuidado, por temor de causarle daño al hijo que llevan en las entrañas.

Sí; quisiera ser bueno. Quisiera ser un padre de familia dichoso y ejemplar.

El matrimonio es el puerto de salvación que ansía su alma, náufraga en el proceloso mar de la desgracia. ¿ Pero cómo llegar á él.

Al acercarse á un recodo del sendero, Daniel percibe rumor de voces y de besos.—« He aquí otros recién casados—piensa—que gozando de la luna de miel aumentan con la envidia mi pesar.» Y temeroso de interrumpir tan grato idilio, desanda algunos pasos y toma otra vía, pero á poco mira á un joven y á una dama que, sentados en un banco al pie de frondosa cepa de bambúes, se están acariciando. Ella. al verle oculta el rostro con entrambas manos, pero su compañero, haciendo alarde del papel que le corresponde en esa escena de amor, vuélvese de frente y se levanta el sombrero para que Daniel lo mire bien y pueda servirle de testigo cuando hable á sus camaradas de esa aventura. Es Fidel Lemosín, el que llaman *Guiriri*, el fatuo aquel que días pasados interrumpió en la Plaza Bolívar la disertación de Pedro-Emilio Coll para hablar de sus conquistas amorosas.

Piensa Mitral que la desconocida debe de ser alguna prostituta, que por mentir pudor se ha cubierto la cara, ni más ni menos que si fuese una damisela sorprendida en el primer desliz; sonríese por el alarde del úno y por el cómico recato de la ótra, y les pasa por delante fingiendo indiferencia y volviendo á otro lado la mirada. Al llegar á las escalinatas se recuesta del pedestal de la estatua de Colón y resuelve permanecer allí un rato para admirar tan hermosa noche y seguir gozando de la frescura de la brisa. Otra vez dirige la vista hacia donde está la casa de los Aranes. ¿Qué estará haciendo Mila en este instante? Leyendo quizás ó dándole conversación á don Leonardo. No conoce niña más fundamentosa. A estas horas en que tantas á su edad están atisbando á los petimetres que todas las noches les pasan por delante hasta más de veinte veces; ó en peligrosa charla con ellos por la ventana; ó leyendo los papelitos perfumados que acaban de recibir, ella se instruye con buenos libros ó entretiene á su padre con su siempre amena conversación. Tampoco hay hija mejor. Adora en sus padres, y complacerlos es su mayor empeño. La que es buena hija es buena esposa; ¿quién ignora esto? Y Mila es modelo de hijas. Cuánto hubiera dado él por presenciar la escena aquella en que, encarándose con el que denigraba del sifilítico, le censuró su mala acción con la sublime cólera de un ángel vengador y le mostró con el brazo extendido la puerta de la calle. Si él hubiera estado allí, habría sido el primero en sostenerla cuando le dió el síncope, y habría evitado que cayese al suelo. Dicen que con el semblante enrojecido por la ira estaba bellísima. Cómo sorprendió á todos los circunstantes con su impetuoso arrebato. Nadie la había juzgado capaz de tanto coraje. Quien sabe odiar sabe querer. Mila debe de ser para la ternura tan sensible como para la indignación. Feliz de aquel que pueda llamarla esposa.

Daniel oye rumor de voces á su espalda. El

pedestal de la estatua lo oculta á la mirada de los que se acercan; son las dos parejas que estaban en escenas de amor bajo las frondosas cepas de bambúes. Las damas se despiden de sus compañeros con sendos besos y diciéndoles: «Hasta el sábado.»

No pudiendo resistir á la curiosidad, Daniel se inclina para ver.........

¡Parece mentira! Son una viuda y una casada, hermanas, que gozan de alto aprecio en la sociedad caraqueña. ¿Quién habría de imaginárselo? La que se cubrió el rostro cuando él pasaba es la honorable esposa de un señor muy honorable también.

¡Qué impresión tan desagradable! La caída de un ídolo es una cosa horrenda, y esas señoras eran para Daniel Mitral ídolos sociales. ¿Pero es esto posible? ¿Es un hecho real y verdadero lo que ha visto con sus propios ojos? ¿Luego todo lo que dicen sobre la depravación de las costumbres es verdad? ¿Cuántas reputaciones hay entonces por ahí con brillo de oropel y profundamente gangrenadas?

Graves dificultades tiene en verdad el matrimonio, y si hay luz en él, también hay sombras; y qué densas! Si una parte es paraíso, otra es averno; y cuán horrendo! Si produce flores, da asimismo espinas, agudas, muy agudas. Y si es árbol pródigo que regala los más sabrosos frutos, no es menos cierto que entre su follaje se oculta el áspid más venenoso y de mordedura mortal para el alma.

Qué desconsuelo siente Daniel cuando tiene noticia de un adulterio entre gente de pro. El, tan inclinado de suyo al matrimonio, le cobra de pronto

irresistible horror, porque hay sucesos que producen violentas revoluciones en el sistema moral.
Bien sabe él que todo depende de la elección que
se haga; pero ¿cómo adivinar si la prometida será
buena ó mala esposa? Ni la raza, ni la educación,
ni las apariencias, ni la reputación son razones
concluyentes para distinguir á la que será modelo
de fidelidad, y á la que rasgará la honra del marido; porque se han visto muchas que, al parecer
destinadas para el pecado, resultaron Lucrecias;
así como otras que, gozando aún de honrosa reputación y del respeto social, como las dos mencionadas, se van de noche al Calvario acompañadas de
jovencitos que poco se cuidarán de velarles sus
faltas, y mucho de propagar la noticia de sus aventuras amorosas.

Acontece á Mitral lo que á todo culpado; que
como no goza de calma su conciencia, juzga inmi-
nente el merecido castigo, teniendo presente la
evangélica sentencia de *ojo por ojo, diente por diente*. Hasta ahora no ha podido explicarse si ha sido
por sus instintos perversos, ó por la fragilidad de
algunas mujeres, ó por culpa de los maridos de
ellas, por lo que él se ha visto complicado en varios
delitos de adulterio; pero lo cierto es que el crimen
le gravita sobre la conciencia, y junto con él los
temores que le son inherentes. ¿Cómo es, pues,
que incurre á veces en el disparate de aspirar á la
dicha conyugal? ¿No está, por ventura, convencido de que el matrimonio es para él un imposible?
¿Acaso no es natural que tema ser á su vez engañado por su esposa? La sentencia del Evangelio
puede ser adicionada así: *honra por honra*; y la
honra para él vale más que mil vidas.

25

Realmente, los que no han sabido respetar el sagrado del hogar no debieran intentar la fundación de uno que podría ser de pronto anonadado por el cataclismo moral más espantoso: el adulterio. Los que saben de cuánto es capaz una mujer enamorada y frágil, mal harán en confiar su reposo y su honor á la primera que les seduzca el corazón con sus grandes atractivos físicos y con sus aparentes ó débiles virtudes. Y los que temen ser castigados del mismo modo que pecaron ¿podrán hallar felicidad completa y perdurable entre los brazos de la esposa que acaso al abrazarle cierre los ojos por vergüenza ó por desprecio?

«Pero Mila no será así»—exclama Daniel contestando á la voz interior que le ha dictado tan desconsoladores pensamientos.—Mila es un ángel, nunca capaz de ser infiel. Ha nacido para esposa ejemplar, para colmar de dicha á su marido, para ser gala de un hogar y para formar una familia en la santa religión del deber. ¿Pero no han pensado esto mismo de sus respectivas prometidas los que poco después han aparecido ante la sociedad con gran diadema de cuernos? ¿No acaba de ver con sus propios ojos á dos respetabilísimas señoras caer del alto solio de virtud en que hasta ahora las había admirado? Líbrelo Dios de creer que toda mujer es frágil y ninguna digna de ser depositaria de la honra de un hombre y madre de sus hijos legítimos. La veneranda sombra de la que le dió el ser se levantaría del sepulcro para protestar contra semejante creencia, no sólo en su nombre, sino en el de todas las que tienen también derecho á homenajes de respeto, porque de ella no fue la virtud exclusivo patrimonio.

Sí que las hay virtuosas; ¿pero la que él elija

lo será ? ¿ Bastan lo pasado y lo presente para garantizar lo porvenir? ¿Quién es el que puede leer claro en el corazón humano, y especialmente en el corazón femenil? Nó ; no debe casarse, porque el matrimonio es templo que está cerrado para él. ¿ No lo ha profanado varias veces ? Si penetrase en ese templo viviría por siempre en zozobra, temeroso de ser sepultado junto con su honor entre las ruinas, ó poseído de la inquietud de ser objeto de pública irrisión, ó acaso recibiría en breve plazo el castigo de sus horrendas profanaciones.

Dolorosa conclusión es ésa después de haber entrevisto la felicidad de un hogar donde él y Mila formarían una familia al amparo de Dios y de la Ley. Porque á pesar de todo, él ha tenido á veces como un presentimiento de que pudiera desposarse con la señorita Aragón. Gran disparate será el pensarlo siquiera ; pero ello es que ha tenido varias veces ese pensamiento, que ahora ve desvanecer, con el dolor que produce la extinción de las más bellas y queridas esperanzas.

En vano piensa, evocando con la mente la imagen de Mila, que no podría ser adúltera niña que tiene ternura angelical en la mirada y tan viva expresión de candor en la sonrisa. Vano es también su empeño de imaginársela, no sólo como mujer incapaz de pecar, sino como sér divino, de quien únicamente debe esperar el que alcance su mano de esposa perfecta y perdurable dicha. Inútil es asimismo que recuerde cómo ha sabido ella conservarse á salvo de los amoríos propios de las niñas bonitas de su edad, revelando así alteza de criterio y excelsitud de corazón ; todas, todas sus reflexiones por el estilo le son ineficaces. ¡Que á tanto llega el temor de pagar á su vez *honra por honra!*

Una mano que le colocan suavemente en el hombro izquierdo saca á Daniel de su profundo meditar. Es Fidel Lemosín, *Güiriri*, el que acompañaba á la señora que se tapó la cara con entrambas manos.

—Qué pensativo estás, amigo Mitral.

—Él pensar es en mí un vicio, por lo cual soy desgraciado.

—¿Por qué?

—Porque quien piensa sufre.

—Eso será cuando úno no tiene motivos para pensar en cosas gratas.

—Las que más lo sean no tardarán en convertirse en ingratas, pues sólo el dolor es duradero é inmutable.

—Gua! chico: qué *apocalíptico* estás!

—Ya llegará el día en que pienses como yo: *apocalípticamente.*

—Mientras tanto, me divierto. Ya lo has visto. ¿La conociste al pasar?

—Sí, y te juro que nunca la habría juzgado capaz de semejante conducta si no la hubiera visto con mis propios ojos.

—Pues, chico, no eres muy aventajado en achaques mundanos. Nada de raro tienen las escenas que has sorprendido, y si quisieras oírme, te referiría numerosas aventuras mías, para que te des cuenta de lo que valen ciertas reputaciones.

—No quiero conocer tus aventuras.

—Pues haces mal, porque todo hombre debe estar bien informado de ciertas cosas para que no cometa el disparate de casarse.

—¿Luégo crees tú que toda mujer pueda ser infiel?

—No me atrevo á tanto. Convengo en que

hay mujeres virtuosas; pero como el matrimonio me inspira horror *apocalíptico*, las veo á todas con la esmeralda de Nerón.

—Cuando te enamores de veras.........

—Eso no sucederá jamás, jamás. La experiencia me ha enseñado muchas cosas, y por temor de que me pongan un par de cuernos, ni siquiera me tomo el trabajo de pensar en la dicha conyugal que, según dicen, es la mejor de las dichas si se disfruta al lado de una mujer bella, enamorada y virtuosa.

—¡Conque no te casarás!

—Líbreme Dios de ello. Son muchas las que debo, y por ahí podría venirme el castigo para pagarlas todas juntas.

—¿Y con eso que llamas «tu experiencia» no podrías elegir una esposa ejemplar?

—¿Y crees tú que conocer el corazón mujeril es cosa fácil? Además, esas señoras que acabas de ver ¿no eran cuando solteras, por lo formales y recatadas, muy capaces de engañar al más experto? Y hasta hace poco ¿no tenías tú mismo altísimo concepto de ellas? Convéncete, Mitral; hay que ver estas cosas con la esmeralda de Nerón.

Güiriri siempre le ha inspirado desprecio á Daniel, y nunca éste se había dignado sostener un diálogo con él; sin embargo, ahora le está oyendo con profunda atención, porque sus ideas tienen analogía con otras que le han cruzado por la mente, y sus temores son idénticos á los que le han hecho estremecer el corazón.

Después de decir aquellas palabras, Fidel Lemosín cae en la cuenta de que el joven que le acompaña y Daniel no se conocen. En seguida de las presentaciones de estilo los tres bajan las escalinatas hablando sobre el mismo tema.

También al ótro el matrimonio le inspira horror, pero no dice si es ó no *apocalíptico*, como son para *Güiriri* todos los horrores. Su nombre es Julián Santés, y tiene fama de afortunado en materia de amores, lo cual atribuyen muchos á su osadía para con las mujeres, la que no es sino mera variación del menosprecio que éstas le inspiran.

—A lo que más temo—dice Santés contestando á una pregunta de Mitral—es á la preocupación con que siempre viviría; pues justo fuera temer constantemente que me hicieran á mí lo que hice á mi prójimo.

—¿ De manera que usted también cree—pregunta Daniel—que no existen ó que son muy raras las mujeres capaces de guardar la fe conyugal ?

—No serán tan raras, y aun me inclino á creer que son muchas las que podrían ser modelos de esposas; pero bastaría que hubiese una probabilidad de dar con una adúltera, contra novecientas noventa y nueve, para que yo me abstuviese de pensar en el matrimonio.

—Es porque usted no tiene la conciencia en paz.

—En efecto, esa es la càusa.

—Quien la debe la teme.

—Y la paga. Y como para las deudas de la conciencia soy mal pagador, no quiero exponerme.

—¿ Luégo ha renunciado usted á la dicha de formar una familia ?

—En absoluto.

—¿ Y si se enamorase de una niña á quien usted juzgase digna de ser su esposa ?

—Huiría de ella.

—¿Y si le faltase voluntad para ello?

—Me levantaría la tapa de los sesos; haría todo, menos casarme.

—Perdóneme que le haga otra pregunta: ¿y si tampoco tuviese valor para el suicidio?

—Trataría de seducirla, de rebajarla á mis propios ojos, de apearla del altar en que mi amor la hubiera colocado para no pensar más en casarme con ella.

—Terribles son sus ideas á este respecto— añade Daniel en tono de reprensión.

—¡Qué quiere usted, señor mío! Hay sucesos que le matan á uno todas las ilusiones que haya podido forjarse   Antes pensaba yo de modo muy distinto; pero, francamente, no he podido perseverar en ello después de haber tenido citas nocturnas en el Calvario con damas como las que ha visto usted hace poco.

—¿Y sería usted capaz de seducir á una niña á quien juzgase digna de ser llevada al pie del altar?

—Lo intentaría al menos, si no pudiera olvidarla ó si no tuviese valor para suicidarme.

—¿Y ese crimen no le causa horror?

—Y muy grande, pero hay sucesos que traen el irresistible impulso de la fatalidad. El pecado engendra pecados, y los que hemos turbado la paz de un hogar, aniquilado la virtud de una mujer, pisoteado la honra de un hombre y manchado el nombre de unos hijos, ¿qué escrúpulos podríamos tener en sorbernos la inocencia de una niña, ni más ni menos que si fuese una copita de *pousse-café* para facilitar la digestión de otros placeres?

—Veo, señor mío—dice con gravedad Daniel —que la conciencia de usted está á este respecto desquiciada, y su alma muerta para la verdadera dicha, la cual no puede hallarse sino en el seno de una familia honorable, bajo el techo de un hogar que todos respeten, y junto á una esposa que sea modelo de virtud, y firme en el amor.

—¡Qué quiere usted, amigo mío! Del cinco, del diez, del quince por ciento de mujeres infieles que hay en la sociedad, he tenido la buena ó la mala suerte de tropezar con algunas, de las cuales he sido cómplice casi inconsciente, y por eso me ve usted tan distinto de como antes era.

Al llegar á la esquina de la Pedrera los tres jóvenes se detienen para luego seguir por diferentes vías.

—Convéncete—dice *Güiriri* á Daniel dándole la mano—el matrimonio sólo debe inspirarnos horror apocalíptico, y hay que ver á todas las mujeres á través de la esmeralda de Nerón.

XI

Lento puede ser el proceso de las ideas extravagantes, pero seguro cuando caen en cerebros abonados por el continuo meditar, en el cual chocan y pugnan y se destruyen los más contradictorios pensamientos, que surgen de entre cenizas de ilusiones queridas y del polvo de esperanzas muertas.

Hace más de seis meses que viene efectuándose la fecundación de las ideas que dos jóvenes descreídos comunicaron en el Calvario á Daniel Mitral.

¡Cuánto ha meditado sobre ellas! Al principio le parecieron raras, rarísimas y abominables en alto grado; pero á poco comenzó la asimilación, y ya le van pareciendo en todo ajustadas á la lógica, é indispensables para resolver los problemas planteados en su existencia por la mano todopoderosa de la fatalidad.

Ya al matrimonio le ha cobrado horror, aunque no *apocalíptico* como el de Güirirí; y ya se está acostumbrando á ver á las mujeres á través de la esmeralda de Nerón.

Mila le ama, y de qué modo! Se le conoce en
el fulgor de la mirada cuánto goza cuando él está
á su lado; ¡ y cuán dulcemente se sonríe á cada
piropo que le dice! Nada hace por contener en la
cándida niña tan funesta pasión; antes bien, procede como para fomentarla incesantemente, pero
con disimulo para que Mariana no lo advierta,
pues cree posible el ocultar á una madre lo que
puede influír de manera decisiva en la suerte de
su hija.

De sus profundas meditaciones Daniel ha
deducido una innegable y amarguísima observación: que el cinismo se ha apoderado de su alma,
que se le han relajado todos los resortes morales,
y que ya no quedan ni rastros de su antigua no-
ción del deber. Y tan así es esto, que ya no siente
por Mila la santa veneración de otros días, sino
un amor que le fascina los sentidos; que ya no
piensa en el matrimonio cuando en ella piensa,
sino en lo que vió y oyó en el Calvario; que ya
no ve en ella al ángel destinado á brindarle á
su marido toda la felicidad que está al alcance de
los mortales, sino á la mujer que no por bella está
excluida del pecar, y á la hija de la infiel, que
aunque pura y candorosa, puede llevar en sí por
herencia el germen de la infidelidad y del engaño.

La visión que en el baile del 28 de diciembre
le permitió el imprudente descote del traje de
Mila ha cobrado tal magnitud en su mente, y con
tanta persistencia se le ha grabado allí, que ha
venido á ser origen de multitud de aspiraciones y
de ensueños, nada dignos en verdad de ser presen-
tados en homenaje de amor á la angelical criatura,
que si tiene formas tentadoras de mujer bellísima,

cierto es también que posee alma de ángel y corazón divino.

Hay deseos que son profanaciones, y de esos
los há tenido Daniel, inspirados por Mila ; pues
ya ha comenzado á verla también con la esmeralda de Nerón.

De las cenizas de la hidalguía de Daniel sale
á veces débil protesta contra sí mismo ; pero en
breve la acalla, oponiéndole los principios de una
peregrina filosofía, ideada para disculpar sus faltas ; para asentar que lo sucedido es lo que inde-
fectiblemente debía suceder, y para declinar toda
responsabilidad, juzgándose inconsciente instrumento de la fatalidad.

¿Cómo principió el conflicto? Casualmente se
halló cierto día frente á una mujer hermosísima,
que al lado de su marido iba en un tren ; le bastó
verlos para comprender que ella se hallaba al
borde del abismo del adulterio, pronta á rodar al
primer empujón de una mano audaz, y que él estaba condenado á padecer el más horrendo de los
castigos que pueden caer sobre la cabeza de los
maridos culpados que, después de haber derrochado
su vigor y su salud en excesos juveniles, por re-
poner sus perdidos bienes de fortuna fundan hogares en vez de asilarse en un hospital, y se casan
con jóvenes hermosas, cuando debieran ponerse en
manos de enfermeras viejas y feas. ¿Era posible
que resistiese al impulso misterioso que lo lan-
zaba tras de aquella mujer? ¿Es de la humana
condición el ser capaz de renunciar á placeres tan
sublimes como los que la hechicera desconocida
podría ofrecerle? Le tendió los brazos y cayó en
ellos ; ¿cómo evitarlo? Si no en los suyos, ¿hubiérase librado de caer en otros? Hay sucesos que

no son sino lógica consecuencia de otros sucesos.
Ahora el conflicto ha tomado otra faz. La primera
pasión, adormecida, casi muerta en el corazón de
él por seis años de ausencia y por la interposición
de otros amores, renació al conjuro de la siempre
espléndida hermosura de Mariana; pero en breve
se extinguió, porque la pasión que comienza, la
que no ha sido saciada es la que puede perseverar
por largo tiempo en la pugna contra resistencias
tan sólidas como las que le oponía el amor maternal de su antigua amante, y porque su alma, fas-
cinada por la angelical pureza de Mila, soñó con
dichas mayores y codició la incomparable felicidad del hogar y el santo amor de la familia. Estas
nuevas sensaciones se hicieron aún más profundas
cuando creyó que la señorita Aragón comprome-
tería con otro su mano de esposa, y en saliendo
del engaño fuéronse gradualmente transformando
en el amor más puro y más ardiente. Pero ese
amor pedía un imposible; que tanto era el casarse
con la hija después de haber pecado con la madre, y por eso lo que vió en el Calvario, lo que
le dijeron los jóvenes que allí encontró, y sus
posteriores reflexiones quitáronle á su amorosa
pasión cuanto de noble tenía, dejándole tan sólo
los ardientes anhelos que brotan de la seducción
de los sentidos.

    ¿Y qué es lo que ahora se propone? El mismo
lo ignora. Comprende que es gran crimen el fomentar un amor funesto en el pecho de Mila,
pues de ese modo le está preparando segura y
cruel desgracia; pero ni le es posible alejarse, ni
menos aún convenir en que ella le entregue el corazón á otro y con él su mano de esposa. Ya que no
puede ser suya, que de nadie sea: esa es la pauta

de su conducta actual, y á ella se ajusta estrictamente, sin que sean poderosos á desviarle ni una línea cuantos alegatos aduce el fantasma de su hidalguía caballeresca ante el supremo tribunal de la conciencia.

De ahí que nunca falte á las tertulias de los miércoles, y que sea uno de los más asiduos galanteadores de la señorita Aragón, en lo cual quiere que Mariana sólo vea un simulacro destinado á despistar á los contertulios de la casa, para que no adviertan sus amores adulterinos. Con supina hipocresía dice á su antigua amante que no va allí sino por verla, que quisiera estar viéndola todo el día, y que son para él instantes felicísimos aquellos en que puede repetirle que la ama, y oír de sus labios promesas de volver á ser algún día tan apasionada y complaciente como en otro tiempo.

Mariana finge creer cuanto le oye y hace esfuerzos por ocultarle la gran pena que le tortura el alma, porque ella sabe ya á qué atenerse; pero quiere, á fuerza de habilidad y de ingenio, retener á Mitral bajo su amoroso yugo y evitar que su hija incurra en la desgracia de amarle. Sabiendo cuan ineficaz y aun contraproducente es en tales casos la franca oposición, disimula su intento con destreza, despliega ante él todo el poderío de sus seductores atractivos, le promete que pronto volverá á ser tan complaciente como antes, y se empeña en que su hija se decida á aceptar la mano de otro de sus pretendientes, que, según se lo dice á menudo, es el más digno de ella.

Mila extraña los inesperados consejos de su madre, pues antes solía decirle que jamás le haría indicaciones á ese respecto y que sólo trataría de que los jóvenes que visitaran su casa fueran todos perfectos caballeros, á fin de que cualquiera que entre ellos fuese elegido, la elección mereciese su absoluta aprobación. ¿Por qué quiere ahora meterle por los ojos á Lisandro Sánchez? ¿Que es muy bueno? Es verdad, ¿pero qué hacer si no le ama? ¿Por qué su madre no ha perseverado en la anterior conducta, indudablemente la más natural y justa? Que la deje elegir libremente como se lo había prometido y ya ella sabrá á quien debe entregar su mano. ¿Que á quién? Al que le ha entregado ya su corazón, que bien lo merece. ¿No es Daniel Mitral un perfecto caballero? Sí que lo es; pruébalo de manera innegable el haberle dispensado su madre el honor de invitarle á las tertulias de los miércoles. ¿Es Sánchez más simpático? ¿Acaso tan instruido y talentoso? ¿Más generoso y culto? ¿Más elegante? ¿Tiene una alma tan noble como la de él, y cuenta con más bienes de fortuna? ¿Pues si en nada le supera, y en muchas bellas cualidades ni aun le iguala, por qué ha de preferirle, posponiendo al ótro, por quien sí siente verdadera inclinación? ¿Por los consejos de su madre? Bien sabe Dios que desea obedecerle y complacerla en todo, en prueba de lo cual no se ha atrevido á manifestarle aún sus simpatías por Mitral; ¿pero no le había prometido ella absoluta imparcialidad? ¿No le ha dicho mil veces que en recayendo la elección en un amigo de la casa obtendrá su beneplácito? ¿A són de qué, pues, esa manifiesta parcialidad en favor de Sánchez? Cuando en esto piensa, se le llenan de lágrimas los ojos; pues dado el interés que tiene su madre de que prefiera á ese joven, otra cualquiera elección le será en alto grado enojosa. Para calcular el desagrado que le produciría su negativa, basta considerar que debe de ser inmenso su deseo, puesto que, contra su modo de pensar y de sentir, le está dando consejos que no esperaba. Y ella diera la mitad de su existencia por ahorrarle una lágrima á su madre. Por no causarle el más leve dolor renunciaría gustosa la felicidad que pudiera alcanzar en lo porvenir. Pero ¿y si se tratase sólo de un mero capricho maternal, sería justo que sacrificara á ello todo el caudal de ventura que podría hallar al lado de Daniel? Indudablemente nó; mas es el caso que no se atreve á manifestarle su simpatía por Mitral; tanto porque supone que esto le causará profundo desagrado, como porque hasta ahora él no le ha dicho nada formalmente. Sólo se ha limitado á galanteos; pero muy expresivos, por cierto, y que revelan claramente que la ama. ¿Por qué no se le habrá declarado? ¿Temerá ser rechazado? Pues ella le hará comprender que no será así; le animará del modo más discreto posible y oirá con júbilo su declaración de amor. Daniel tiene fama de embrollador en punto de amoríos, y son muchas las niñas á quienes ha dado calabazas después de largos compromisos, y quizás por esto es por lo que su madre no le prefiere; pero ahora está más juicioso que antes y seguramente no se conducirá mal con ella.

Son estos los pensamientos que cruzan de continuo por la mente de Mila, y que están cruzando ahora que se halla en la sala, la mano en la mejilla, sentada en una poltrona de damasco, y contemplando el retrato de Mitral que en la noche anterior ingresó en el hermoso álbum de terciopelo rojo. Allí están los de todos sus pretendientes, y no es por casualidad seguramente por lo que se hallan juntos el de Daniel Mitral y el de Lisandro

Sánchez. Ella los ha colocado así inteucionalmen-
te, no sólo para compararlos, sino para que su madre observe en cuánto aventaja físicamente el primero á su candidato.

¡Y qué bien está Daniel en el retrato! Es
uno de los mejores que han salido de los afamados
talleres fotográficos de Manrique. La inteligencia
le brilla en los grandes ojos negros; la amplia
frente muéstrase como majestuosa morada del talento; la pequeña boca, semi oculta por el airoso
bigote, parece que está á punto de sonreír; su nariz, de alas un tanto abiertas con exceso, revela intrepidez y energía; y en todo su rostro se advierte
la seductora expresión que resulta de la armonía
del conjunto y del reflejo de una alma vivaz y
altiva.

En la fisonomía de Lisandro Sánchez nada de
esto hay, y sin serlo, parece antipática cuando se
la compara con la de Daniel Mitral.

Mila espera que su madre las compare también cuando las vea juntas, y reconozca que ha
hecho muy bien al decidirse por Daniel; por eso
ha puesto los dos retratos uno al lado del otro; y
si pudiese poner del mismo modo las dos almas,
también lo haría, convencida de antemano de que
la de su elegido es la más radiante, pues reúne en
sí la luz de todas las virtudes.

Mitral es, según Mila, un hombre perfecto.
¿Por qué su mamá no opina como ella? Debe de
ser porque como él ha sido informal con otras, teme
que ahora también lo sea. Pero ya verá que nó.

Estos pensamientos muestran claramente el
estado de ánimo de la señorita Aragón, y anuncian
que en el horizonte de su existencia se está condensando una tempestad que acaso le anonade con los-

rayos de la desgracia el alma, donde ya se están anidando, cual blancas avecillas, las ilusiones de amor.

Con la mirada aún fija en el retrato de su amado, recuerda las dulces frases que él le dijo la noche anterior. Siempre tiene una nueva expresión con que halagarla, y nunca emplea ninguno de los manoseados piropos que figuran en el repertorio de todo enamorado. Daniel sabe galantear.

Es el más diestro de todos, y sus requiebros los más ingeniosos. De manera muy delicada y hábil le dió á entender que ese retrato era para ella. Pues si es así, con sumo placer lo acepta, y todos los días le dedicará largos ratos de amorosa contemplación. ¡Ah, si así pudiera contemplar á la propia persona de él! Pero nunca puede verle detenidamente cara á cara, porque en su mirada hay una expresión de dominio que la deslumbra y la obliga á bajar los ojos.

Antes creía, ateniéndose á la indiferencia que los otros pretendientes le inspiraban, que no le sería fácil apasionarse de un hombre; pero ahora se pregunta á dónde irá á parar el amor que en tan breve tiempo ha adquirido grandísima magnitud y sólido poder.

Impensadamente vuelve la vista hacia el espejo que le queda enfrente y mira allí su seductora imagen. Poseída de la vanidad que tanto se desarrolla en los corazones enamorados, se recrea contemplando sus propios atractivos y se pregunta si serán poderosos á rendir por siempre al hombre á quien tanto ama. Lo son, sin duda, y lo serán aún más, pues á proporción que se vigoriza su organismo con los dones de la pubertad, su belleza va haciéndose menos angelical, pero más humana; es decir: más adecuada para la seducción de los sentidos.

Ya hay fuego en sus ojos; ya sus sonrisas tienen fluido voluptuoso; ya podría encender en un corazón, con sola una mirada, la hoguera de los ardientes anhelos; y ya le fuera fácil, con sólo sonreír, lanzar dentro de unas venas gérmenes palpitantes, que conducidos al cerebro se convirtiesen en bandada de atrevidos ensueños.

Entra Mariana; Mila no lo advierte.

¿Por qué estará tan pensativa su hija? Tiene ante sí abierto el álbum de los retratos y la mirada fija en el espejo. Acércase lentamente. La alfombra acalla sus pisadas. Lo que había supuesto: el álbum está abierto por donde se halla el retrato de Daniel. Agudo dolor le punza el corazón; llévase la mano al pecho, y para no caer se apoya en la poltrona que ocupa su hija, quien al sentir un ligero movimiento vuelve la cara asustada y cierra el álbum. Un beso maternal se le posa en la frente y la más amarga de las lágrimas que han derramado las madres se le esconde entre los rubios cabellos.

—Véte á bañar, hija: ya son las diez.

Mila, profundamente conmovida, levántase y sale. Mariana coge el álbum y busca el retrato de Daniel. ¿Qué significa esto? ¿Por qué lo ha colocado junto al de Lisandro Sánchez? ¡Ah; sí: ya lo comprende todo: ha querido compararlos, y fácil es adivinar el resultado.

¡Dios mío! ¡Dios mío! Nunca había imaginado ella que esto pudiera suceder tan pronto. La hija de sus entrañas es ya su rival; y su adulterio el abismo que habrá de impedir á Mila que alcance la felicidad que ansía. ¿Cómo pensar que fuese

tan cruel el martirio con que ha de purgar su pecado? Los celos por un lado, (y celos inspirados por
su hija para que le sean más crueles) y por otro el
dolor imponderable de tener que impedirle el enlace
que anhela, son tormentos harto insufribles para
una madre cuya mayor aspiración es ver risueña y
venturosa á su única hija, á su hija del alma.

Mariana compara á su vez los dos retratos.
¡Cuánta diferencia! ¡Cuán grande debe de ser el
asombro de Mila por los consejos que ella le da
para que prefiera á Sánchez, como si Mitral no exis-
tiese. La pobre niña se habrá preguntado estu-
pefacta por qué su madre no le ha recomendado al
más apuesto, al más simpático, al más talentoso y
más culto de sus pretendientes. Y acaso para que
advierta la diferencia que hay entre Daniel y Lisandro, ha colocado juntos sus retratos.

En meditando así, Mariana se sobrecoge de
espanto; pues comprende cuán horrenda es la tor-
menta que se está condensando sobre su hogar.

¿Cómo conjurarla?

He ahí el problema.

XII

Durante tres meses ha desplegado Mariana toda su fuerza seductora de mujer hermosa y enamorada para someter otra vez á Mitral bajo el yugo de su amor.

Supone ella que su incomplacencia de ahora, después de haberse mostrado tan complaciente en otro tiempo, exasperó á su amante, y extinguiendo su antigua pasión, preparó el advenimiento de la que en mala hora le inspiró su hija, y de la funestísima de ésta.

Es ahora cuando se ha convencido de que realmente era muy grande el peligro que envolvía el trato de los dos jóvenes; peligro que había presentido, pero del cual no tardó en despreocuparse, porque él se le ha venido mostrando cada día más enamorado, acaso para engañarla mejor. ¡Qué hipócrita!

Pero bien : ¿ama Daniel á Mila? Porque hasta ahora lo que podría asegurar es que ella está enamorada de él. Y algo hay en su interior que la induce á no juzgarle tan malvado.

Lo importante, pues ; lo que hay que hacer sin pérdida de tiempo, es encadenarlo de nuevo á su voluntad, y seducirlo y rendirlo y embriagarlo á fuerza de placeres.

Consecuente con este programa, ha venido preparando hábilmente el cambio de escena para que él mismo no se sorprenda de tan inesperado proceder ; porque después de haberse mostrado tan intransigente, no está bien que de la noche á la mañana, sin él solicitarlo, se le rinda otra vez á discreción.

Pronto va á llegar Daniel, pues este día es el del onomástico de Mila, y faltan pocos minutos para las nueve de la noche.

A causa de los padecimientos de su padre, agravados recientemente, la señorita Aragón, como buena hija, no ha querido celebrar su día. No habrá más que una simple tertulia, amenizada sólo con dulces, helados y refrescos.

La agravación de la enfermedad de don Leonardo ha trastornado el proyecto de Mariana para pasar una temporada en Macuto, la cual debía producir uno de estos dos efectos: ó la separación de los jóvenes, si Daniel no los seguía ; ó la repetición de aquellos inolvidables idilios con que en pasados días se deleitaron, y con los cuales quisiera otra vez rendir á su amante para evitar que se le adueñe del corazón otro amor aún más funesto que el que á ella la perdió.

Ya sea porque los celos que le inspira Mila le hayan aumentado el ardimiento de su pasión, ó porque juzgue que el único medio de salvar á su hija es el que ha ideado, lo cierto es que Mariana se halla, no sólo resuelta á ser para Daniel la misma de antes, sino ansiosa de serlo pronto.

Hubiera querido volver á Macuto, tanto para aprovechar la facilidad que allí pudiera tener, como para que los recuerdos de lo pasado, renacidos en los inolvidables sitios, contribuyeran al logro de sus deseos.

Bien sabe Dios cuánto le cuesta violar el respeto que debe á su hija, ¿pero no es por su bién por lo que así procede?

¡Cuánto siente no haber podido ir á Macuto, para no manchar su propio hogar! Pero los médicos no han juzgado prudente el viaje, pues don Leonardo ha pasado malísimos días.

Daniel se ha conducido muy bien, es decir: ha cumplido visitando todas las noches á la atribulada familia Aragón para ofrecerle sus servicios, y aun ha realizado muchas veces la hazaña de permanecer largos ratos en el cuarto del enfermo, oyéndole las aventuras de su juventud, á la cual ya no bendice con tanta frecuencia como antes.

Mila agradece en alto grado las atenciones de Daniel, sobre todo las visitas que le hace á su padre, y lo recompensa hablando á solas con él cuando es propicia la ocasión.

¡Cuántas cosas se han dicho en esos diálogos y cómo mortifican á Mariana! Pero ésta persiste en no declararse por la franca oposición; pues no olvida ni un momento que el contrariar amores es echarles combustible.

Una gran duda tortura perennemente á Mariana, pues, no podría asegurarlo, pero parécele que en cierta ocasión sorprendió á Daniel y á Mila cogiéndose las manos en el cuarto del enfermo, mientras éste se cabeceaba adormecido por una inyección de morfina.

Ya se pregunta á veces si Daniel será un

malvado; pero como le ama aún, más que nunca, no tarda en arrepentirse de tan dura suposición, y en seguida le disculpa, haciendo esfuerzos por preferir la creencia de que, despechado, exasperado é impaciente por sus negativas, ha resuelto llamar á los celos en su auxilio, como lo hizo en Macuto cuando le fingía amor á las señoritas Millo y Trejo, para someterla de nuevo á su capricho. No le censuraría que tal hiciera si la pretensa rival fuese otra y no su hija; pues como en fingirse enamorado de ésta, dadas las seductoras prendas de él, había el peligro de inspirarle una pasión funesta, esa pasión ha comenzado ya á ponerse en evidencia.

Comienzan á llegar los contertulios.

Casi á un tiempo entran Daniel Mitral y Lisandro Sánchez. Mariana y Mila observan esta coincidencia, la cual exhibe, aun más claramente que la colocación de los retratos, la superioridad de las prendas físicas del úno sobre las del ótro.

Daniel es un bello joven: bello y elegante, y además simpático. Lisandro es simplemente un apreciable caballero que de esas buenas cualidades sólo tiene pequeñas partes.

Mitral se sienta al lado de Mila, que buen cuidado ha tenido de que hubiese á su lado asiento vacío.

—Reitero á usted mis más sinceras felicitaciones, señorita—dícele Daniel en alta voz, y en seguida añade paso:—Mi alma ha estado contigo todo el día.

—Y junto á tí la mía—responde Mila.

—¿ De veras que has pensado mucho en mí ?

—Ni un solo instante he dejado de hacerlo. Te doy expresivas gracias por el álbum que me enviaste de cuelga y sobre todo por la poesía que escribiste en la primera página. ¡ Qué bella es !

—¿ Te ha gustado mucho ?

—Ya la sé de memoria.

—No lo creo.

—Más tarde, si fuere posible, te la recitaré.

—¡ Quién fuera poesía !

—¿ Para qué ?

—Para habitar en esa cabecita de ángel.

—¿ No te conformas con que tu imagen viva en ella ? Alcemos la voz, pues ya hay quien esté tratando de cazar nuestras palabras.

—Perdone usted—añade Daniel en voz más alta—la pequeñez del regalo. Yo hubiera querido obsequiarla con algo digno de usted ; pero ¿ dónde hallarlo ?

—Por sobre todos los regalos que usted pudiera dedicarme están sus bellísimos versos.

—¿Cuál es el asunto de esa poesía ?—pregunta la señora Casil.

—La libertad de una mariposa que yo apresé en la playa de Macuto cuando era niña, y que el señor Mitral, compadeciéndose de la infeliz, y quitándomela de las manos, echó á volar.

—Según eso, el señor Mitral es partidario de la libertad de las mariposas.

—Sobre todo de las que sean apresadas por niñas capaces de comprender y estimar un buen consejo.

—¿Y también lo es de la libertad de los corazones ?

—Al contrario : creo que todo corazón debe

ser esclavo ; sólo que distingo las diversas clases de servidumbre.

—¿ A cuál de éllas está sometido el de usted ?

—A la del amor—responde Daniel sin vacilar.

A muchos sorprende tan franca respuesta y la entonación con que ha sido dada. Mila baja los ojos y Mariana clava los suyos en su amante, como tratando de leer en su faz lo que no han dicho sus labios.

—¿ Luego usted ama ?—vuelve á preguntar la señora Casil.

—¡ Desgraciado de mí si así no fuese !

¿A qué amor se referirá Daniel ? se pregunta Mariana. ¿Al que ella le inspiró ó al que siente por Mila ? Debe de ser á este último, porque del otro no haría él alarde tal. Y Mila así lo comprende, pues lo revelan su azorado semblante y sus ojos bajos. Ansiando está Mariana que Daniel se explique con más claridad, cuando doña Rosa le hace esta pregunta :

—Y entonces, ¿ cuándo tendremos bodas ?

Comprende Daniel que debe dar una respuesta que no alarme á su amante, y que su amada pueda explicársela á su modo.

—No todos los amores paran en eso—contesta—porque no es siempre la fortuna compañera del amor.

En seguida, no queriendo continuar semejante conversación, pide permiso para ir á saludar á don Leonardo, y sale.

—Buenas noches, señor Aragón.

—¡ Hola ! amigo Mitral. ¿ Cómo está usted ?

—Bien, gracias. Dijéronme que se le habían

calmado un poco los dolores, lo cual celebro mucho.

—Efectivamente ; desde ayer casi no me quejo, por lo cual he podido recordar que tal día como hoy, hace de esto veintitrés años, seduje á una morenita preciosísima. Tenía quince abriles, color arrosquetado, boca pequeñita y siempre roja, abundante cabellera, ojos negros y muy hermosos ; en fin : era una joya de carne y hueso.

—¿ No tenía padres ?

—Sí ; padre y madre, pero yo los hice emborrachar. Figúrese usted : la muchacha se llamaba Micaela, y yo les había hecho creer que me casaría con ella. Como era día de su santo, y sus padres algo despreocupados, costee un banquete y le hice un gran regalo. Pasamos el día bebiendo, bebiendo y bebiendo ; y cuando llegó la noche, gran rasca por toda la companía.

—¿Y Micaela ?

—*Cayó en mis brazos y me hallé en el cielo*, como dijo Felipe Tejera.

—¿Y la abandonó después ?

—Al principio·saliéronme hablando de matrimonio ; pero me propuse arreglarlo todo á fuerza de dinero y lo conseguí. Por algún tiempo vivimos felizmente, pero la tal Micaela resultó ser una especie de acure en el oficio de echar hijos al mundo ; pues cada año se presentaba con dos muchachos.

—¿Y entonces sí la abandonó ?

—Ya lo creo : ¿cómo iba á seguir esa contabilidad por partida doble ?

—¿Luégo quedó la infeliz cargada de hijos, sin recursos y desvalida ?

—Con seis barrigoncitos.

—¡Seis?

—Y dos más en el saco.

—¡Pobre criatura!

—Pero no era la primera, ni fue la última.

—¡Cuánto cinismo!—dice para sí Daniel al tiempo en que entra Mila.

—¿Cómo te sientes, papá?

—Bien, hija: muy bien.

—¿Nada te duele?

—Absolutamente.

—Ya es hora de tomar la cucharada.

—Ni á tiros tomo yo eso ahora.

—Sí, papaíto: sí la tomarás.

—Esa medicina sabe á demonio frito.

—Ayúdeme á obligarlo, señor Mitral.

—Mis súplicas fueran innecesarias, porque ¿qué es lo que no puede conseguir la ternura de una hija tan amorosa como usted?

—Y tan majadera algunas veces—gruñe don Leonardo.

—Ya ve usted, señor Mitral, que papá no me hace justicia.

—Le ha dirigido ese inmerecido epíteto—dice Daniel—por pura broma.

—Nó, señor: se lo he dicho en serio; pues con sus impertinencias esta niña no me deja vivir tranquilo.

—Pero si no lo hiciera así—vuelve á decir el joven—usted no tomaría los medicamentos y estaría peor.

Entran en el cuarto otros dos jóvenes, uno de los cuales, Félix Ernesto Urclán, acaba de ser presentado á la señora de la casa. Después de los primeros cumplimientos d on Leonardo pregunta al nuevo contertulio:

—¿ Qué viene usted siendo de José Félix Urclán ?

—Hijo, señor.

—¿ Conque usted es hijo de Félix ?

—¿ Le conoce usted, don Leonardo ?

—Mucho, muchísimo. Si fuimos en nuestra
dichosa juventud vales corridos. Ahora recuerdo
una aventura que nos ocurrió un lunes de carna-
val...... Vete, Mila, para referir á estos jóvenes
una ocurrencia que no debes oír.

—Antes de irme tengo que darte la cucharada.

—Ya vuelves á importunarme; después la to-
maré.

—Nó, nó; ha de ser ahora mismo; si no, no
me voy.

—¡ Ah muchacha terca !

—Por tu bién, papaíto; todo eso lo hago por
tu bién.

—La señorita tiene razón—dice Urclán.—Debe
complacerla, don Leonardo.

—Con tal de que se vaya para referirles la
aventura..........

—En cuanto tomes el medicamento, me retiro.

—Venga, pues, ese extracto de diablo concen-
trado.

En tomando la cucharada, don Leonardo lanza
un vocablo enorme y sucio, que retiñe las mejillas
de Mila y la hace salir aceleradamente.

¿ A qué reproducir la narración de la aludida
aventura, si aun los mismos jóvenes que la están
oyendo se han sonrojado ? Urclán, sobre todo,
muéstrase avergonzado de que su padre haya figu-
rado en ella. Es una aventura de taberna y lupa-
nar, narrada pornográficamente, llena de términos
incultos, propios del cínico libertino, é intercalada

de bendiciones á aquella alegre juventud que tantos placeres le brindó.

Al concluirse el relato, Daniel sale del cuarto llevando impregnado en la ropa el insoportable hedor del yodoformo.

Mila, que en ir y venir por el corredor ha estado atisbando con disimulo la salida de su amado, le sale al encuentro y le pregunta:

—¿ Qué es lo que querías decirme?

Los dos enamorados han convenido en hacerse una seña cuando tienen algo que decirse en privado, para que entonces entrambos se procuren la ocasión de hablarse; y Daniel, antes de retirarse Mila del cuarto, se había pasado tres veces la punta de los dedos de la mano izquierda por la ceja derecha, que es la seña convenida.

—Lo que quiero decirte es que yo había pensado pedir tu mano en este día; pero no me he atrevido porque comprendo que es otro el candidato de tu mamá y que ella reprobaría mi pretensión. Creo que es indispensable que trascurra algún tiempo más mientras se convence de que no aceptarás á Lisandro Sánchez y pueda yo captarme sus simpatías. Entre tanto, debemos ocultarle bien nuestro amor, pues sería capaz de odiarme si cayèse en la cuenta de que soy yo el inconveniente para que la complazcas aceptando al ótro.

De tan cínico modo engaña Daniel Mitral á la incauta niña que ha tenido la desgracia de apasionarse de él.

—No tengas cuidado, Daniel—contesta ella—me conformo con saber que me amas y que no me olvidarás.

—Por otra parte—añade él—yo desearía celebrar nuestro compromiso con un gran baile, mejor que el que diste en tu broma de inocentes; pero como tu padre está en ese estado, no hubiéramos podido bailar hoy.

—¿Sabes que no soy adicta á celebrar de ese modo los compromisos?

—¿Por qué?

—Porque vosotros los hombres soléis jugarles muy malas partidas á las mujeres, por lo cual no debe celebrarse anticipadamente con tanta pompa lo que ha de parar en amargas calabazas.

—¿Luégo dudas de mí?

—Eres el mejor de todos; pero al fin y al cabo, eres hombre.

—Me juzgas con ciertas reservas mentales que no merezco—dice Daniel afectando seriedad.

—No te enojes, *mi hijito*. Tú sabes que para mí no tienes defectos, y que por eso te adoro como á un dios.

Con qué ternura ha pronunciado Mila estas frases, sobre todo la cariñosa expresión «mi hijito», que es la que emplea cuando hablando con su amado se le asoma el alma á los labios.

En advirtiendo Mila que algún dicho suyo ha desagradado á Daniel, su sensible corazón se conmueve profundamente, y apresurándose á desimpresionarle pone en su acento toda la dulzura de su cariño para dirigirle ternísimas expresiones, entre las cuales figura la muy frecuente de *mi hijito*.

¡Ah......... si ella conociese la verdad! ¡Si supiese cuán horrenda y pavorosa es! ¡Daniel el mejor de los hombres!......... ¡El que para ella no tiene defectos!......... ¡El que adora como á un dios!.........

Las alabanzas inmerecidas lastiman más las conciencias enfermas que las acusaciones mismas.

Por eso Daniel, cuando Mila le habla en esos términos, siente remordimientos de proceder tan miserablemente con una niña tan cándida, tan pura y tan digna de no cifrar sus esperanzas de venturoso porvenir en el amor del cómplice de su adúltera madre.

Llega Mariana al corredor y los jóvenes cambian rápidamente el tema de la conversación.

—Por lo visto—dice Daniel á Mila—usted tiene que sacar una campaña cada vez que va á darle un remedio á don Leonardo.

—¡Y qué campaña! Ya usted vió cuánto trabajo me costó el hacerle tomar la cucharada.

—¿Y cuando se los da la señora—pregunta Daniel á Mariana que se acerca—no los toma?

—Ni lo intento siquiera—dice la aludida—porque entonces se resiste aún más.

Mila vuelve á la sala y Daniel le dice á su amante fingiendo intensa admiración:

—Pareces una hada con ese traje blanco, Mariana mía.

—¿Todavía te parezco hermosa?—pregunta ella con asombro.

Daniel la observa con mirada penetrante, tratando de descubrir si ese *todavía* envuelve maliciosa intención, y por si acaso, acude para desvanecerla al poder de las dulces mentiras, que tan irresistibles son cuando van de sus labios al oído de su amante.

—¿Que si aún me pareces hermosa? Más que eso: divina; y por ello te adoro como nunca. Cuando te veo; cuando estás á mi lado, quisiera echarme á tus piés ó estrecharte entre mis brazos. ¡Ah, Mariana mía, qué cruel has sido conmigo! ¿Hasta cuándo durará mi martirio? ¿Es que te causa regocijo el verme padecer?

—¡No me hables así, Daniel, por Dios!

—¡Siempre la misma: indiferente, fría y aun á veces perversa!

—¿Pero es verdad que me amas como antes?

—Aunque no lo mereces, por desgracia es así.

—¿Por desgracia por qué?

—Porque ya este amor no me produce sino tormentos y amarguras, después de haber hecho de mí el hombre más feliz de la tierra. Amame, Mariana mía: ámame como antes, porque te adoro.

Eu diciendo esto, Daniel se transfigura, porque está realmente emocionado; porque los nervios le están vibrando; porque la sangre se le ha inflamado; porque en tanto que se posa en su cerebro numerosa bandada de excitantes recuerdos, y que surgen de su corazón espirales de ardentísimos anhelos, sus miradas van de los rojos y provocativos labios de su amante á la garganta tentadora y espléndida donde un brillante lunar semeja ave lejana entre la albura de una nube estival.

Esos labios, aun cerrados, le dicen muchas cosas: le hablan de placeres inolvidables, de deleites supremos; esa garganta le demanda, con la majestad de su blancura alabastrina, el tributo de sus apasionadas caricias; y ese lunar le recuerda la vez primera que lo quemó con un beso.

Cuando Daniel se halla á solas con Mariana, parécele que es la hija hecha mujer la que está á punto de rendírsele; y cuando junto á Mila, ve en ésta á su antigua amante, pero no profanada aún por las garras del sátiro. Y es que la belleza de la madre y la belleza de la hija tienen tantos grados de semejanza cuantos permite la diferencia de la edad de ambas. De ahí proviene cierta compenetración de los sentimientos que han inspirado, y la posibilidad de que el úno se sobreponga al ótro.

—¡Ah, Daniel: qué dichosos podemos ser todavía!

—¿Y por qué no lo somos? Tuya es la culpa.

—Porque á veces pienso que ya mi amor no puede hacerte feliz.

—¿Y no te he dicho siempre que sin tí la felicidad no existe para mí, ni existirá jamás?

—Es cierto; ¿pero eres sincero, vida mía, cuando así me hablas?

—¿Y por qué lo dudas? ¿Es que necesitas de algún pretexto para perseverar en tu crueldad? Pues no es ello necesario. Sigue mortificándome: soportaré resignado mi suplicio; pero abstente de juzgarme como no merezco serlo.

—Perdóname, Daniel, y espera, que pronto serás complacido.

—Te advierto que no quiero sacrificios.

—¿Y por qué ha de serlo para mí el complacerte?

—Porque comprendo que ya no sientes placer en ello, y que si lo hicieres, será más por benevolencia que por amor.

—Extraño lo que dices. ¿Acaso podría la benevolencia inducirme á tanto? Antes no confundías tan distintos sentimientos, Daniel.

Comprendiendo éste que la frialdad con que ha acogido la promesa de Mariana podría infundirle sospechas, muéstrase de pronto alborozado y anhelante de que llegue pronto el venturoso instante que ha de hacerle olvidar todas sus amarguras.

27

—He querido probar tu constancia—le dice Mariana—y cerciorarme de que no es el vicio, sino el amor verdadero lo que hacia mí te empuja.

—¿Y estás convencida ya?

—Sí; lo estoy.

—Entonces, ¿cuándo será?

—Aún no puedo decírtelo.

—Ya empiezan los aplazamientos indefinidos. Mucho temo que á esta promesa le suceda lo que á la del retrato. ¿Sabes cuántos meses hace que me lo ofreciste?

—¿Pero para qué lo quieres?

—¿Que para qué? Para pasar horas enteras contemplándolo como quisiera pasarlas en tu presencia.

—¿Lo guardarías muy bien?

—Te lo juro.

—¿No temes que algún amigo te lo vea?

—Confía en mi prudencia.

—Pues cuenta con él.

—¿Esta misma noche?

—Nó; tengo que retratarme expresamente y sin que nadie lo sepa, para darte uno nuevo; pues no conservo sino el que está en el álbum.

—¿Y cuándo será eso?

—Cuando Aragón mejore un poco.

—Él plazo es largo; pero, en fin: sea.

—Mila extrañaría mi salida en estos días y debo retratarme sin que ella lo advierta. Haré sacar tres retratos; te daré uno y romperé los otros.

—Pues regálamelos todos y así tendré tres retratos distintos y una sola diosa verdadera.

XIII

Son las diez de la mañana.

Desde la esquina de abajo Daniel Mitral está mirando atentamente hacia la casa de la familia Aragón; porque después de haber esperado por más de cuarenta días que don Leonardo mejorase, la noche anterior Mariana le prometió que en la mañana siguiente iría á retratarse para cumplirle su promesa.

Hace una hora que está en acecho.

Sale la señora de Aragón y se encamina á pie, sola, á la esquina de arriba, en cruzando la cual Daniel se dirige hacia la casa de ella.

El anteportón ha quedado abierto, no hay criados por allí, y Mila está tocando en el piano el brindis de Lucrecia.

Daniel entra en la sala; las notas del instrumento y la alfombra acallan sus pisadas; avanza hacia la niña, que está de espalda, y se pára detrás.

Mila se acaba de bañar; su húmeda y suelta cabellera llégale hasta más abajo del talle, y entre sus finas hebras quiébrase la luz matinal en cambiantes bellísimos, en tanto que sus preciosas manos, como dos alborozadas palomas de incomparable blancura, saltan de tecla en tecla levantando armonías.

Daniel la contempla absorto; luego se le acerca aún más, pues siente la poderosa atracción del imán de su belleza; aspira la divina fragancia que su cuerpo exhala; siente ímpetus de sátiro; se inclina estremeciéndose de emoción, y...... un beso, ave de amor que aleteaba sobre sus trémulos labios, se anida en la cabecita de la niña gentil, entre la selva luminosa de sus largos cabellos.

Ella da un salto y quiere gritar, pero otro beso le cierra los labios.

—No te asustes, mi bién: soy yo.

Cual azucena que doblega el viento, Mila, temblorosa y lívida, busca un apoyo para no caer.

Los brazos de Daniel la sostienen. Ese apoyo es una profanación.

Tiene Mila en este instante el encanto indescriptible de la mujer recién bañada: la abundante cabellera le baja en desorden por la espalda como cascada de oro y luz; en las mejillas comienza á reaparecerle, por la lenta reacción de la sangre, el sonrosado color de la mosqueta; los pequeños labios, levemente amoratados por la frialdad del agua, se le entreabren, como pétalos de fucsia, dejando ver brillantes dientecitos que parecen gotas de rocío; y del terso y fresco cutis le emergen, como ambiente de gloria, el aroma de las muchachas bonitas y el perfume del exquisito jabón de Cachemira.

Daniel la contempla en sus brazos ebrio de pasión, hasta que recobrando ella la conciencia de sí misma, y advirtiendo el peligro á que se halla expuesta, siente la santa indignación de la inocencia ofendida; despréndese bruscamente de los brazos que la han profanado, y recostándose de una poltrona clava la vista en el suelo, como mirando un abismo abierto á sus pies.

El instinto advierte á Daniel que si la dejase reflexionar mediría en toda su abominable magnitud la indigna acción que acaba de cometer, y hasta podría representárselo en su exaltada imaginación de virgen agraviada como un sátiro que atisba los descuidos de las niñas para profanarlas con impuros besos.

Menester es, pues, salir al encuentro de sus reproches y neutralizar su indignación tomando la interesante actitud de todo arrepentido y fingiéndose encolerizado consigo mismo por haber cometido una torpeza.

Con ademanes de cómico consumado déjase caer en el sofá, como abrumado por el peso imponderable del más sincero arrepentimiento y del dolor más cruel. Comienza la comedia.

Mila continúa recostada de la poltrona, frente á él.

Largo silencio.

Daniel finge un sollozo: ella alza los húmedos ojos y los fija en él.

A cada cual le parece percibir, en medio de la profunda calma que en la estancia reina, los latidos del propio corazón.

La ansiedad se pasea por la red nerviosa de ambos enamorados; á Mila la mortifica el pensar que su amado está sufriendo horriblemente por haberla asustado, y Daniel siéntese sobrecogido de espanto, pues cree que tan desagradable situación puede resolverse en un estallido de ira, como aquel con que ella castigó al joven que osó denigrar de su padre.

Mila es un ángel; sí; pero él no ignora de cuánto es ella capaz en punto de ira, como sabe también que nada es más temible que la cólera de un ángel.

Sigue el silencio.

Es preciso evitar á toda costa que estalle la indignación de la agraviada niña, en cuyo pecho debe de estar condensándose pavorosa borrasca de improperios. Así piensa Daniel, en tanto que Mila, conmovida por la humilde actitud del contrito amado, anhela una coyuntura propicia para decirle que le perdona y que le adora.

Otro sollozo.

Mila no puede más. Esos sollozos son dardos que le traspasan el alma. Acércase al joven y le dice con ternísimo acento:

—¿ Por qué lloras, Daniel ?

A éste no le conviene hablar aún, y sólo contesta dándose una palmada en la frente.

«Está furioso consigo mismo por el susto que me ha dado»—piensa la cándida niña, y separándole las manos de la cara le dice:

—No sufras más; ya estoy tranquila; ya me pasó. Ves ?

—¡ Soy un bárbaro !—exclama él, y se da otra palmada.

Nuevos esfuerzos hace ella para consolarle; da más melodía á su angelical acento, é impregna de más dulzura sus miradas y sonrisas; pero el astuto seductor continúa representando su papel como una sierpe que se enrolla para herir.

—Si no ha sido nada, Daniel: no más que un ligero susto que ya me pasó. ¿Por qué te mortificas tanto?

Vuelve él á cubrirse la cara con entrambas manos y á simular una explosión de dolor interno; pues habiendo logrado su primer propósito, quiere ir más lejos, llevando tras sí á la incauta niña, á quien el amor y la conmiseración vuelven tan dócil.

Puesto que los sollozos la enternecen tanto, y ya que enternecida puede ser doblegada, cual desvalida flor, por el ardiente soplo del lúbrico capricho, resuelto está á llorar, aun á torrentes.

Otro sollozo.

Mila se sienta á su lado, en el mismo sofá.

Daniel siente un estremecimiento nervioso y el júbilo del triunfo; se descubre la cara; levanta la cabeza; despliega las alas de la nariz, cual sátiro que husmea; y aspira con delirio el ambiente de gloria que forman el aroma de las muchachas bonitas y el perfume del exquisito jabón de Cachemira.

Mila, palpitante de emoción, se mira en las húmedas pupilas de su amado, donde la salacidad relampaguea; deja que le tienda un brazo por el talle, y le abandona, en medio de la fascinación que la embriaga, una de las manitas que cual alborozadas palomas de blancura incomparable saltaban de tecla en tecla levantando bandadas de dulces armonías.

—¿Me amas?
—Te adoro.

———

Tiempo es ya de tender sobre esa escena un velo de puntos suspensivos.

....
....
....
....

XIV

Bastaríale á Mariana la penetración maternal, y estaría de consiguiente de más la perspicacia de la amante, para comprender que la simpatía que une á su hija y á Daniel ha adquirido proporciones inmensas, y que ya ha dejado de ser simpatía estática para convertirse en simpatía dinámica; es decir: que se aman de vehemente manera, y que ha habido manifestaciones recíprocas de más ó menos importancia.

Hace muchos días que viene observando á Mila sumamente preocupada, y aun azorada cuando está en presencia de Daniel, á quien no se atreve á ver de frente.

Y en cuanto á él ¡qué cambio! Ya no escucha de sus labios palabras de amor en los momentos en que pueden verse á solas, lo que él evita con empeño: y cuando el miércoles antepasado le dió el retrato que tantas veces le había pedido, lo recibió con tal frialdad, que le entraron ganas de quitárselo y romperlo.

Y lo que más la mortifica es el pensar que

ella ha tenido la culpa, pues de aplazamiento en aplazamiento ha dado tiempo á que Daniel, comenzando por fingir pretensiones á la mano de Mila, para engañar á los contertulios, y acaso para infundirle celos á ella misma, le inspirase á esa niña funestísima pasión, y la abrigara él también en el pecho, quizás sin darse cuenta de ello, hasta que se le reveló cuando yá, harto poderosa, no podía ser extinguida, ni aun siquiera dominada.

Mil veces se ha dicho Mariana á sí misma que no ha debido mostrarse incomplaciente con su amante, pues así lo único que podría conseguir sería exasperarlo y obligarlo á emanciparse de su yugo para rendir á otro el corazón; que lo conveniente, que lo indispensable era aprisionarlo bien en la red de sus incomparables seducciones, y mantenerlo ebrio de amor, haciéndole apurar hasta las heces la copa de las supremas complacencias. Pero ahora sí está resuelta á todo, á todo. Otra vez sojuzgará á Daniel, y cuando sea el momento propicio, ponderará su inconstancia y le aconsejará á su hija que se abstenga de aspirar al amor de hombre tan falso, que no piensa en casarse. Y como Mila es tan impresionable y estará tan resentida de su indiferencia, lo olvidará y tal vez detestará.

Sí; así ha de suceder. ¿Qué es lo que no puede lograrse con los buenos consejos de una madre?

Antes pecó por amor á Daniel; ahora reincidirá por salvar á su hija. Duro es el trance; ¿pero qué hacer?

¡Que sea preciso echarse más cieno aún, como homenaje inevitable de su amor maternal!......

¡Que semejante sacrificio le sea impuesto por su deber de madre!......

¿Hay algo más espantoso?

La conciencia se le estremece de horror; pero es preciso.

Sólo resta saber si Daniel lo querrá; pues varias veces que ella ha intentado hablarle de eso para participarle que está dispuesta á cumplirle lo que le ha prometido, él, lejos de animarla en tal sentido, ha variado el tema de la conversación, manifestándose así poco deseoso de que le cumpla sus promesas.

¿Será que ya no cree en ellas y que tantos aplazamientos le hayan hecho suponer que ha sido objeto de irritantes burlas?

Pues ya se convencerá de que no es así; de que ahora sí está resuelta á rendirse á su voluntad; pero siempre que á ella solamente quiera, y que la ame como antes: con todo el corazón.

Tales pensamientos desfilan por la mente de la hermosa al tiempo en que se está peinando delante del lujoso tocador de su cuarto; y como si fuese necesario conocer las fuerzas de seducción con que puede contar, pasa revista á sus físicos atractivos cerciorándose de que son aún bastante poderosos para reencadenarle el corazón á su antiguo amante.

Una sonrisa de satisfacción se le asoma á los labios. ¿Cómo no ha de estar satisfecha? Sus soberbias formas muéstranse triunfadoras, aun á pesar del amplio peinador que las envuelve; las curvas majestuosas que arrancan de su talle son siluetas de incomparables hechizos, como los que la artística fantasía entrevé en éxtasis y el amor ansía para ofrendas de su culto; sus brazos, en este

instante desnudos, son verdaderos primores, entre
los cuales debe de estar el paraíso con que soñó
Mahoma ; su garganta, su espléndida garganta es
la misma de siempre, la que surge como maravilla
de alabastro del hechicero busto que el desabo-
tonado peinador deja ver en toda su tentadora esplendidez ; ¿ y qué línea, cuál rasgo del armonioso
conjunto de la más acabada belleza falta en su
rostro ?

Ah ! cuando Daniel tenga á su alcance tesoro
tal, ¿ pensará en emanciparse de tan dulce dominio ? Ya sabe ella cómo debe sojuzgarlo para
siempre, y cómo ha de prosternarlo á sus pies bajo
la mano todopoderosa de su incontrastable voluntad.

Dentro de dos horas debe de llegar, pues son
las siete de la noche y es día de tertulia. Quiere
mostrarse á sus ojos bien fascinadora ; desearía
realzar aun más su belleza para deslumbrarlo,
para enloquecerlo de amor. ¿ Qué traje se pondrá ?
Eso no hay que preguntarlo : el rojo. Daniel le
ha dicho que ese color le sienta admirablemente, y
un día añadió que cuando la ve vestida así, siente, como el toro, ímpetus de abalanzarse á ella ;
pero no para hacerle daño, sino para levantarla
en brazos, colocarla sobre un altar, caer en seguida de rodillas y adorarla en fervoroso éxtasis.

En poniéndose el indicado traje, colócase otra
vez frente al espejo. Daniel tiene razón : ¡ qué
bien le sienta ! Su hermoso busto, sobre todo, y
sus magníficas caderas aparecen en todo el esplendor de su arrogancia escultural. Y sus gruesos
brazos, ricos de carne, muéstranse oprimidos por
la tela, induciendo á pensar cuán dulce y apetecible debe de ser la esclavitud entre ellos.

¿Podrá resistir Daniel? Si lo intentase, aún tiene de reserva las sonrisas. Una, y de las más hechiceras, le aparece á guisa de ensayo entre los encendidos labios, cual rayito de luz que besara á un entreabierto botón de rosa purpurina.

Y en último caso, le bastará estrecharle una mano con vigor, con energía, con pasión, para encenderle la sangre y poblarle el cerebro de tentadores recuerdos y de incitantes visiones. Sí; ella conoce muy bien el arte de dominar á su antiguo amante, y sería capaz de desalojarle del pecho cualquiera extraña pasión que allí se hubiese establecido; pues el poder de sus incomparables hechizos no puede ser por ninguno contrastado.

Ahora se ha ataviado y peinado con más esmero que nunca, pues á ello la han inducido muy poderosos sentimientos: el orgullo de la mujer hermosa que quiere no ser rivalizada por nadie; el amor de la amante que ansía reconquistar el corazón que fue su esclavo, y el celo maternal que á todo trance desea evitar un horrible cataclismo, del cual la inocente hija sería la primera víctima.

Si sus temores son exagerados, mejor; pero si ya han mediado entre ambos jóvenes demostraciones amorosas, entonces sólo aspira á interrumpirlas, para luego, convenciendo á Mila de la falsedad é inconstancia de Daniel, inducirla á casarse, aunque sea por despecho, con Lisandro Sánchez. Lo demás lo harán el tiempo y la ausencia, pues una vez casados les aconsejará que se den largo paseo por Europa.

¡Ah! bien sabe Dios cuánto ha venido sufriendo ella desde que comenzó á abrigar temores de que su hija y Mitral pudieran amarse. ¿Por qué

no lo previó con tiempo? Siempre le había dicho
á Mila que con tal que el elegido de su corazón
fuese alguno de los contertulios de la casa, su aprobación sería absoluta, pues jamás admitiría en sus
reuniones á ningún joven indigno de ser su esposo. Y claro está; la pobre niña ha creído posible
su matrimonio con Mitral, y éste, ¡el muy cana-
lla! ha fomentado su cariño. Pero, ¿cómo iba á
creer que fuera tanta la perversidad de su amante?

¡Cuán cierto es que Dios ciega á las personas
que quiere perder!

Horrible, pavoroso es el conflicto que está le-
vantándose ante sí. Su pecado es inmenso, cierto
es; pero parece que el castigo va á abarcar también á la pobre Mila.

—¡Dios mío! ¡Dios mío!—exclama Mariana
después de las anteriores reflexiones—sólo te ruego que sobre mi cabeza culpada caiga todo el castigo; que nada alcance á mi inocente hija.

Rueda una lágrima por la tersa mejilla de la
hermosa......

La mota de polvos borra la húmeda huella, y
tratando de serenarse, Mariana apresta los labios á
la sonrisa y sale de la estancia.

XV

Hace varios días duerme Mila tan mal, que ya muchas personas han observado en su semblante vestigios de insomnio.

Desde que fué su madre á retratarse, há como cinco semanas, es su sueño entrecortado, y son los intervalos más largos que los breves ratos en que puede disfrutar de calma su cabeza, convertida en volcán de ardientes pensamientos y sobre el cual se marchitarían las flores, principalmente los azahares, esos purísimos emblemas de inocencia.

Allí, sobre el caliente lecho y entre las sombras y el silencio de la media noche, está pensando en los mil juramentos de Daniel.

¿ Le cumplirá lo prometido ?

Todavía no ha salido de su estupor. Aún no ha podido explicarse cómo fue aquello. ¿ Estaba loca ? ¿ Ébria acaso ? ¿ Por qué la abandonó su fuerza de voluntad ? ¿ Qué trastorno moral fue aquél, y qué desfallecimiento corporal el que sintió ? ¿ Cómo pudo perder en el supremo instante la conciencia de sus grandes deberes y el equilibrio de su sólida virtud?

Todo en ello es oscuro, lóbrego, cavernoso, y ni una lucecilla consoladora aparece en la negrísima noche que reina en su cerebro y en su alma.

¿La esperanza? Esa estrella no es visible para todas las almas que han caído, y aunque la infeliz niña la busca y la invoca, no le es fácil engañarse á sí misma, porque ¿qué es lo que ha advertido en Daniel desde aquella fatal mañana? Cierto inusitado despego que le ha helado la sangre.

Cuando más ha necesitado de sus juramentos y de sus consuelos, él se ha mostrado esquivo para con ella; y si le toca el punto es sólo para encargarle encarecidamente que cuidado si le dice algo á su madre.

Y tan hostigada que ésta la tiene para que se case con Lisandro Sánchez. Si ella supiese que ya sólo puede ser esposa de Daniel Mitral ó permanecer deshonrada por toda la vida! El le hizo creer que ese sería el único medio de arrancarle el consentimiento á su madre; pero, ¿por qué entonces ese empeño en ocultarle la falta? ¿No sería mejor confesarlo todo y efectuar el matrimonio cuanto antes?

¡Qué ansiedad, Dios eterno!

¡Cómo se retuerce de dolor sobre su lecho cuando piensa en la horrenda pérdida de su irrecuperable castidad!

¡Y cuán rápidamente se le suben á la cabeza olas de ardiente sangre cuando por allí le pasa la idea de que Daniel pueda burlarse de ella!

¡Ah, de lo que fuera capaz!

Lo mataría; sí, con sus propias manos.

Pero, ¿á qué mortificarse con tan crueles conjeturas? ¿Por qué temer lo peor y no esperar lo justo?

Daniel la ama; sí; la adora sinceramente, puesto que así se lo ha dicho muchas veces, y difícilmente hallaría una esposa mejor que ella, y en ninguna parte otra que lo quisiera tanto. ¿Es de dudarse, pues, que le cumpla su promesa de matrimonio?

Cuando tras esas reflexiones se hace Mila esta pregunta, vacila en responderse á sí misma, porque de pronto le asalta el temor de que Mitral no convenga en confiar su honra á quien no ha sabido guardar la suya; pero, tratando de consolarse, atribuye á su amante cuantas bellas cualidades morales puedan albergarse en un pecho humano, le juzga incapaz de una felonía, reconoce que la ama mucho, y como consecuencia de esto levanta en su mente un magnífico castillo de sublimes ilusiones.

Pensando así, Mila oye la una de la noche que da á lo lejos el reloj de la Catedral.

Pasa media hora más, y aún piensa, y piensa, y sigue pensando.

De rato en rato vuelve la almohada, que su volcánica cabeza calienta con desesperante prontitud, en tanto que el colchón le escuece la espalda, y la sábana de hilo le pesa y la sofoca cual si fuese gruesa plancha de plomo.

Cuando logra ahuyentar del cerebro la tropa desordenada de sus negros pensamientos, cierra los ojos llamando al sueño; pero breve es el vacío, pues á poco fórmasele como una nebulosa, sobre la cual van aglomerándose manchas negras hasta

28

que, convertidas en pavoroso nubarrón, comienza á vomitar tétricas visiones y horribles pensamientos que le llenan de espanto la conciencia.

Varias veces ha ensayado el vulgar consejo de contar mentalmente, y aunque muchos aseguran que antes de llegar á ciento suele presentarse el sueño apetecido, á ella no le ha ocurrido tal; pues sin saber cómo, hállase su mente ocupada por el recuerdo de la bestial manera con que aquella mañana la trató Daniel. ¡Dios mío, cómo le fulguraban los ojos! ¡Cuán henchidas tenía las venas de la frente, y qué encendido y desfigurado el semblante!

Entonces, como por un cosmorama, le desfilan por la mente todas las peripecias de la horrenda escena. Y siente frío en el corazón, y se le aumenta el calor de la cabeza, y vuelve la almohada, y le escuece más aún el colchón la espalda, y echa á un lado la sábana de hilo que le pesa y la sofoca como gruesa plancha de plomo.

De pronto se incorpora en la cama...... Como que ha escuchado el ruido de una puerta que se abre...... y ahora parece que se cierra....... Alguien anda por el corredor.... ¿Serán ladrones?.... Sí; seguramente son unos foragidos que vienen á robar la casa. ¡Qué miedo, Dios mío!..... ¡qué miedo!......

Un temblor nervioso le agita todo el cuerpo, y conteniendo la respiración y castañeteándole los dientes se arrebuja en la sábana.

Así permanece largo rato.

Quisiera avisar á su padre; nó, á él nó. ¿Qué podría hacer el pobrecito? A su madre sí; á ella sí debe avisarle, pero es el caso que el miedo con su helada y poderosa mano la retiene en la cama.

Nó; no puede moverse. Ni aun siquiera se atreve á salir de bajo la sábana, con la cual hasta la cabeza se ha cubierto.

Es tan fuerte el estremecimiento de sus nervios, que toda la cama tiembla agitadamente como sacudida por poderosa mano.

¿Cuántos serán?

Cuatro á lo menos; ocho quizás.

¿Estarán armados? Ya lo creo; de los pies á la cabeza: con anchas dagas, agudísimos puñales y enormes trabucos.

Uno de ellos debe de ser un negro horrible, de rostro patibulario, ojos encarnizados, frente estrecha, nariz aplastada, labios gruesísimos, dientes enormes y separados, desnudo de la cinta arriba, con una arrugada cicatriz en cualquier parte de la cara y unas manazas inmensas: tal como dice la tradición barcelonesa que era Tremaria. Otro tal vez sea un mulato formidable, de ancho tórax, altísima estatura, cara redonda, ojos semi cerrados y cabello lacio, cuyos mechones le caen sobre la frente. El tercero quizás es blanco, pero sucio, desaseado, con aspecto de anarquista polaco ó de bandido calabrés......

Y como ésos los demás: horribles, salvajes, abominables. ¿Cuántos serán? No menos de diez, probablemente. Y harán lo que les plazca, porque en la casa no hay más hombre que su padre, y, ¿qué puede hacer el pobrecito? ¡Qué conflicto, Dios mío; qué conflicto! Entrarán en las piezas, abrirán escaparates, se apoderarán de cuanto tenga valor, y matarán á todos los de la casa para que nada digan. Ya le parece que la están asesinando. ¿Cuál de esos foragidos será su matador? Figúrase ya que cualquiera de ellos le está apretando con sus callosas manos la garganta que tanto admira Daniel. Querrá gritar y no podrá, porque también le taparán la boca, y tal vez se la llenen con la punta de una sábana, como le hizo cierto bandido á uno de los personajes de no recuerda qué novela.

Y los otros, mientras tanto, asesinarán á su papá y á su mamá. Los sorprenderán dormidos, y les clavarán agudísimos puñales......

¡Dios mío! ¡Dios mío! dale fuerza y valor para ir á enfrentárseles ; arrebatarles las armas y defender á sus pobrecitos padres que van á perecer de modo tan horrible......

El negro, tal vez sea el negro de rostro patibulario el que sacrifique á su madre : la sorprenderá dormida, y le hará lo que Otelo á Desdémona : le cubrirá con una almohada la cabeza y la oprimirá fuertemente hasta asfixiarla...... y ella gritará, pero nadie la socorrerá...... y el negro apretará con toda su fuerza, como Otelo á Desdémona......

¡Virgen Santa!...... Parece que los ladrones han entrado en el cuarto de su madre!......

Ya no vacila más : echa á un lado la sábana ; arrodíllase sobre la cama, da un reverente beso á la estampa del Niño de Atocha que está á la cabecera, tírase al suelo y se encamina, descalza y en dormilona, á despertar á Mariana.

Al pasar por la pieza contigua, donde en un antiguo butacón de suela duerme su padre, éste se despierta é intenta hablar, pero ella le hace señas para que calle, se le acerca y le dice al oído:

—¡Ladrones!

Luégo sigue, y con tiento entreabre la puerta del aposento de su madre, donde hay luz.........

El paralítico se llena de espanto por lo que mira. Su hija retrocede bruscamente, cual si hubiese recibido una descarga eléctrica; tambalea, torna á acercarse y á mirar y á retirarse; crispa los puños y los levanta al cielo; con entrambas manos se oprime la cabeza, como si se le subiese una tromba de hirviente sangre; cae de rodillas una y otra vez, y al levantarse, se golpea á sí misma como creyéndose dormida y queriendo despertarse; se mesa los cabellos y se restriega los ojos, y mira por todas partes para cerciorarse de que no está soñando; por tercera vez se asoma por la entrejunta puerta y...... cual un proyectil humano se lanza adentro.

¿ Qué es lo que ha visto ?

Muchas cosas : entre otras, un puñal y un revólver, que junto con un paltó-levita y otras piezas de ropa están sobre un velador.

Mila desenvaina el puñal y alza la mano armada...... Daniel salta del lecho, impelido vigorosamente por los desnudos brazos que lo estrechaban, baja el acero como un rayo, y rozando la epidermis del seductor se hunde hasta el puño en el vientre de la adúltera.

. . . .

¡ Sombrío epílogo !

Un hombre huye despavorido, llevando sobre la conciencia el peso imponderable de dos crímenes ; en medio de la estancia una joven inmóvil, desnuda, con la suelta cabellera desgreñada y con los ojos fijos en los dispersos jirones de su dormilona de batista, semejante á una marmórea estatua de la locura ; sobre el enlodado y ensangrentado lecho el cadáver de una hermosa mujer, imagen horizontal de la expiación, con un puñal clavado en el vientre ; y allí, en la pieza contigua, un sifilítico que lanza gritos espantosos y obscenas imprecaciones ; que lo ha adivinado todo ; que quiere levantarse y no puede, porque la parálisis lo mantiene enclavado en un antiguo butacón de suela ; que pide una arma para matarse, ya que no puede matar ; y que, comprendiendo en un rato de lucidez que el presente cataclismo es lógica consecuencia de lo pasado, recuerda, por primera vez arrepentido, sus juveniles excesos, y grita con voz atronadora y terrible :

—¡¡ MALDITA JUVENTUD !!

FIN DE LA NOVELA

CPSIA information can be obtained
at www.ICGtesting.com
Printed in the USA
BVHW070249220620
581990BV00002B/53